Soboryane

Nikolai Leskov

Соборяне

Николай С. Лесков

Soboryane

ISNB: 978-1-61895-267-7

Соборяне

ISNB: 978-1-61895-267-7

СОБОРЯНЕ

ЧАСТЬ ПЕРВАЯ

ГЛАВА 1

Люди, житьё-бытьё которых составит предмет этого рассказа, суть жители старгородской соборной поповки. Это — протоиерей Савелий Туберозов, священник Захария Бенефактов и дьякон Ахилла Десницын. Годы ранней молодости этих людей, так же как и пора их детства, нас не касаются. А чтобы видеть перед собою эти лица в той поре, в которой читателю приходится представлять их своему воображению, он должен рисовать себе главу старогородского духовенства, протоиерея Савелия Туберозова, мужем уже пережившим за шестой десяток жизни. Отец Туберозов высок ростом и тучен, но ещё очень бодр и подвижен. В таком же состоянии и душевные его силы: при первом на него взгляде видно, что он сохранил весь пыл сердца и всю энергию молодости. Голова его отлично красива: её даже позволительно считать образцом мужественной красоты. Волосы Туберозова густы, как грива матёрого льва, и белы, как кудри Фидиева Зевса[1]. Они художественно поднимаются могучим чубом над его высоким лбом и тремя крупными волнами падают назад, не достигая плеч. В длинной раздвоенной бороде отца протопопа и в его небольших усах, соединяющихся с бородой у углов рта, мелькает ещё несколько чёрных волос, придающих ей вид серебра, отделанного чернью. Брови же отца протопопа совсем черны и круто заломанными латинскими S-ами сдвигаются у основания его довольно большого и довольно толстого носа. Глаза у него коричневые, большие, смелые и ясные. Они всю жизнь свою не теряли способности освещаться присутствием разума; в них же близкие люди видали и блеск радостного восторга, и туманы скорби, и слезы умиления; в них же сверкал порою и огонь негодования, и они бросали искры гнева — гнева не суетного, не сварливого, не мелкого, а гнева большого человека. В эти глаза глядела прямая и честная душа протопопа Савелия, которую он, в своём христианском уповании, верил быти бессмертною.

---

[1] ...как кудри Фидиева Зевса — Речь идёт о не дошедшей до нас статуе Зевса работы великого греческого скульптора Фидия (V век до н. э.).

Захария Бенефактов, второй иерей Старгородского собора, совсем в другом роде. Вся его личность есть воплощённая кротость и смирение. Соответственно тому, сколь мало желает заявлять себя кроткий дух его, столь же мало занимает места и его крошечное тело и как бы старается не отяготить собою землю. Он мал, худ, тщедушен и лыс. Две маленькие бульки серо-жёлтеньких волосинок у него развеваются только над ушами. Косы у него нет никакой. Последние остатки её исчезли уже давно, да и то была коса столь мизерная, что дьякон Ахилла иначе её не называл, как мышиный хвостик. Вместо бороды у отца Захарии точно приклеен кусочек губочки. Ручки у него детские, и он их постоянно скрывает и прячет в кармашки своего подрясника. Ножки у него слабые, тоненькие, что называется соломенные, и сам он весь точно сплетён из соломки. Добрейшие серенькие глазки его смотрят быстро, но поднимаются вверх очень редко и сейчас же ищут места, куда бы им спрятаться от нескромного взора. По летам отец Захария немножко старше отца Туберозова и значительно немощнее его, но и он, так же как и протопоп, привык держаться бодро и при всех посещающих его недугах и немощах сохранил и живую душу и телесную подвижность.

Третий и последний представитель старогородского соборного духовенства, дьякон Ахилла, имел несколько определений, которые будет нелишним здесь привести все, дабы при помощи их могучий Ахилла сколько-нибудь удобнее нарисовался читателю.

Инспектор духовного училища, исключивший Ахиллу Десницына из синтаксического класса[2] за «великовозрастие и малоуспешие», говорил ему:

— Эка ты, дубина какая, протяженно сложенная![3]

Ректор, по особым ходатайствам вновь принявший Ахиллу в класс риторики[4], удивлялся, глядя на этого слагавшегося богатыря и, изумляясь его величине, силе и бестолковости, говорил:

— Недостаточно, думаю, будет тебя и дубиной называть, поелику в моих глазах ты по малости целый воз дров.

Регент же архиерейского хора, в который Ахилла Десницын попал по извлечении его из риторики и зачислении на причетническую должность, звал его «непомерным».

— Бас у тебя, — говорил регент, — хороший, точно пушка стреляет; но

---

[2] Синтаксический класс — последний класс семинарии.

[3] ...протяженно сложенная... — (правильно: «спротяженно сложенная») — слова из рождественской всенощной (вечернего богослужения, совершаемого под праздники и воскресные дни).

[4] Класс риторики — младший класс семинарии.

непомерен ты до страсти, так что чрез эту непомерность я даже не знаю, как с тобой по достоинству обходиться.

Четвёртое же и самое веское из характерных определений дьякону Ахилле было сделано самим архиереем, и притом в весьма памятный для Ахиллы день, именно в день изгнания его, Ахиллы, из архиерейского хора и посылки на дьяконство в Старый Город. По этому определению дьякон Ахилла назывался «уязвлённым». Здесь будет уместно рассказать, по какому случаю стало ему приличествовать сие последнее название «уязвлённого».

Дьякон Ахилла от самых лет юности своей был человек весьма весёлый, смешливый и притом безмерно увлекающийся. И мало того, что он не знал меры своим увлечениям в юности: мы увидим, знал ли он им меру и к годам своей приближающейся старости.

Несмотря на всю «непомерность» баса Ахиллы, им все-таки очень дорожили в архиерейском хоре, где он хватал и самого залётного верха и забирал под самую низкую октаву. Одно, чем страшен был регенту непомерный Ахилла, это — «увлекательностью». Так он, например, во всенощной никак не мог удержаться, чтобы только трижды пропеть «Свят Господь Бог наш», а нередко вырывался в увлечении и пел это один-одинёшенек четырежды, и особенно никогда не мог вовремя окончить пения многолетий. Но во всех этих случаях, которые уже были известны и которые потому можно было предвидеть, против «увлекательности» Ахиллы благоразумно принимались меры предосторожности, избавлявшие от всяких напастей и самого дьякона и его вокальное начальство: поручалось кому-нибудь из взрослых певчих дёргать Ахиллу за полы или осаживать его в благопотребную минуту вниз за плечи. Но недаром сложена пословица, что на всякий час не обережёшься. Как ни тщательно и любовно берегли Ахиллу от его увлечений, все-таки его не могли совсем уберечь от них, и он самым разительным образом оправдал на себе то теоретическое положение, что «тому нет спасения, кто в самом себе носит врага». В один большой из двунадесятых праздников[5] Ахилла, исполняя причастный концерт[6], должен был делать весьма хитрое басовое соло на словах: «и скорбьми уязвлён». Значение, которое этому соло придавал регент и весь хор, внушало Ахилле много забот: он был неспокоен и тщательно обдумывал, как бы ему не ударить себя лицом в грязь и отличиться перед любившим пение преосвященным и перед всею губернскою аристократией, которая соберётся в церковь. И зато

[5] Двунадесятые праздники — двенадцать (церковнослав. «двунадесять») главных праздников православной церкви.
[6] Причастный концерт — песнопение, исполняемое перед принятием причастия молящимися.

справедливость требует сказать, что Ахилла изучил это соло великолепно. Дни и ночи он расхаживал то по своей комнате, то по коридору или по двору, то по архиерейскому саду или по загородному выгону, и все распевал на разные тоны: «уязвлён, уязвлён, уязвлён», и в таких беспрестанных упражнениях дождался наконец, что настал и самый день его славы, когда он должен был пропеть своё «уязвлён» пред всем собором. Начался концерт. Боже, как велик и светло сияющ стоит с нотами в руках огромный Ахилла! Его надо было срисовать — пером нельзя его описывать... Вот уже прошли знакомые форшлаги[7], и подходит место басового соло. Ахилла отодвигает локтем соседа, выбивает себе в молчании такт своего соло «уязвлён» и, дождавшись своего темпа, видит поднимающуюся с камертоном регентскую руку... Ахилла позабыл весь мир и себя самого и удивительнейшим образом, как труба архангельская, то быстро, то протяжно возглашает! «И скорбьми уязвлён, уязвлён, у-й-я-з-в-л-е-н, у-й-я-з-в-л-е-н, уязвлён». Силой останавливают Ахиллу от непредусмотренных излишних повторений, и концерт кончен. Но не кончен он был в «увлекательной» голове Ахиллы, и среди тихих приветствий, приносимых владыке подходящею к его благословению аристократией, словно трубный глас с неба с клироса снова упал вдруг: «Уязвлён, уй-яз-влен, уй-я-з-в-л-е-н». Это поёт ничего не понимающий в своём увлечении Ахилла; его дёргают — он поёт; его осаживают вниз, стараясь скрыть за спинами товарищей, — он поёт: «уязвлён»; его, наконец, выводят вон из церкви, но он все-таки поёт: «у-я-з-в-л-е-н».

— Что тебе такое? — спрашивают его с участием сердобольные люди.

— «Уязвлён», — воспевает, глядя всем им в глаза, Ахилла и так и остаётся у дверей притвора[8], пока струя свежего воздуха не отрезвила его экзальтацию.

В сравнении с протоиереем Туберозовым и отцом Бенефактовым Ахилла Десницын может назваться человеком молодым, но и ему уже далеко за сорок, и по смоляным чёрным кудрям его пробежала сильная проседь. Роста Ахилла огромного, силы страшной, в манерах угловат и резок, но при всем этом весьма приятен; тип лица имеет южный и говорит, что происходит из малороссийских казаков, от коих он и в самом деле как будто унаследовал беспечность и храбрость и многие другие казачьи добродетели.

---

[7] Форшлаг (нем. Vorschlag) — мелодические украшения из одного или двух звуков, предшествующих основному звуку мелодии.
[8] Притвор — наиболее просторная, западная часть христианского храма.

ГЛАВА 2

Жили все эти герои старомодного покроя на старгородской поповке[9], над тихою судоходною рекой Турицей. У каждого из них, как у Туберозова, так и у Захарии и даже у дьякона Ахиллы, были свои домики на самом берегу, как раз насупротив высившегося за рекой старинного пятиглавого собора с высокими куполами. Но как разнохарактерны были сами эти обыватели, так различны были и их жилища. У отца Савелия домик был очень красивый, выкрашенный светло-голубою масляною краской, с разноцветными звёздочками, квадратиками и репейками[10], прибитыми над каждым из трех его окон. Окна эти обрамливались ещё резными, ярко же раскрашенными наличниками и зелёными ставнями, которые никогда не закрывались, потому что зимой крепкий домик не боялся холода, а отец протопоп любил свет, любил звезду, заглядывавшую ночью с неба в его комнату, любил лунный луч, полосой глазета ложившийся на его разделанный под паркет пол.

В домике у отца протопопа всякая чистота и всякий порядок, потому что ни сорить, ни пачкать, ни нарушать порядок у него некому. Он бездетен, и это составляет одну из непреходящих скорбей его и его протопопицы.

У отца Захарии Бенефактова домик гораздо больше, чем у отца Туберозова; но в бенефактовском домике нет того щегольства и кокетства, каким блещет жилище протоиерея[11]. Пятиоконный, немного покосившийся серый дом отца Захарии похож скорее на большой птичник, и к довершению сходства его с этим заведением во все маленькие переплёты его зелёных окон постоянно толкутся различные носы и хохлики, друг друга оттирающие и друг друга преследующие. Это все потомство отца Захарии, которого бог благословил яко Иакова, а жену его умножил яко Рахиль[12]. У отца Захарии далеко не было ни зеркальной чистоты протопопского дома, ни его строгого порядка: на всем здесь лежали следы детских запачканных лапок; изо всякого угла торчала детская головёнка; и все это шевелилось детьми, все здесь и пищало и

---

[9] Поповка — поселение близ церкви, в котором жило духовенство.

[10] Репейка — резное деревянное украшение.

[11] Протоиерей — старший священник.

[12] ...потомство отца Захарии, которого бог благословил яко Иакова, а жену его умножил яко Рахиль. — По библейскому преданию, родоначальник израильского народа Иаков (Израиль) имел двенадцать сыновей, в том числе от второй жены, Рахили, двоих — Иосифа и любимого сына Вениамина (Бытие, XXX, 22-24; XXXVI, 24).

пело о детях, начиная с запечных сверчков и оканчивая матерью, убаюкивавшею своё потомство песенкой:

> Дети мои, дети!
> Куда мне вас дети?
> Где вас положити?

Дьякон Ахилла был вдов и бездетен и не радел ни о стяжаниях, ни о домостройстве. У него на самом краю Заречья была мазаная малороссийская хата, но при этой хате не было ни служб, ни заборов, словом, ничего, кроме небольшой жердяной карды[13], в которой по колено в соломе бродили то пегий жеребец, то буланый мерин, то вороная кобылица. Убранство в доме Ахиллы тоже было чисто казацкое: в лучшей половине этого помещения, назначавшейся для самого хозяина, стоял деревянный диван с решётчатою спинкой; этот диванчик заменял Ахилле и кровать, и потому он был застлан белою казацкою кошмой[14], а в изголовье лежал чеканенный азиатский седельный орчак[15], к которому была прислонена маленькая блинообразная подушка в просаленной китайчатой наволочке. Пред этим казачьим ложем стоял белый липовый стол, а на стене висели бесструнная гитара, пеньковый укрючный аркан[16], нагайка и две вязанные пукольками уздечки. В уголку на небольшой полочке стоял крошечный образок Успения Богородицы с водружённою за ним засохшею вербочкой и маленький киевский молитвословик[17]. Более решительно ничего не было в жилище дьякона Ахиллы. Рядом же, в небольшой приспешной, жила у него отставная старая горничная помещичьего дома, Надежда Степановна, называемая Эсперансою[18].

Это была особа старенькая, маленькая, жёлтенькая, вострорылая, сморщенная, с характером самым неуживчивым и до того несносным, что, несмотря на свои золотые руки, она не находила себе места нигде и попала в слуги бездомовного Ахиллы, которому она могла сколько ей угодно трещать и чекотать, ибо он не замечал ни этого треска, ни чекота и самое крайнее раздражение своей старой служанки в решительные минуты прекращал только громовым: «Эсперанса, провались!» После таких слов Эсперанса обыкновенно исчезала, ибо знала, что иначе Ахилла

---

[13] Карда — скотный двор в поле, загородка для скота.

[14] Кошма — род войлока, изготовляемого из овечьей шерсти.

[15] Орчак — седельный остов из кожи.

[16] Укрючный аркан (укрюк) — жердь с верёвкой, на конце которой петля для поимки пасущихся коней.

[17] Молитвословик — молитвенничек (собрание молитв).

[18] Эсперанса (франц. esperance) — надежда.

схватит её на руки, посадит на крышу своей хаты и оставит там, не снимая, от зари до зари. В виду этого страшного наказания Эсперанса боялась противоречить своему казаку-господину.

Все эти люди жили такою жизнью и в то же время все более или менее несли тяготы друг друга и друг другу восполняли не богатую разнообразием жизнь. Отец Савелий главенствовал над всем положением; его маленькая протопопица чтила его и не слыхала в нем души. Отец Захария также был счастлив в своём птичнике. Не жаловался ни на что и дьякон Ахилла, проводивший все дни свои в беседах и в гулянье по городу, или в выезде и в мене своих коней, или, наконец, порой в дразнении и в укрощении своей «услужающей Эсперансы».

Савелий, Захария и Ахилла были друзья, но было бы, конечно, большою несправедливостью полагать, что они не делали усилий разнообразить жизнь сценами лёгкой вражды и недоразумений, благодетельно будящими человеческие натуры, усыпляемые бездействием уездной жизни. Нет, бывало нечто такое и здесь, и ожидающие нас страницы туберозовского дневника откроют нам многие мелочи, которые вовсе не казались мелочами для тех, кто их чувствовал, кто с ними боролся и переносил их. Бывали и у них недоразумения. Так, например, однажды помещик и местный предводитель дворянства, Алексей Никитич Плодомасов[19], возвратясь из Петербурга, привёз оттуда лицам любимого им соборного духовенства разные более или менее ценные подарки и между прочим три трости: две с совершенно одинаковыми набалдашниками из червонного золота для священников, то есть одну для отца Туберозова, другую для отца Захарии, а третью с красивым набалдашником из серебра с чернью для дьякона Ахиллы. Трости эти пали между старгородским духовенством как библейские змеи, которых кинули пред фараона египетские кудесники[20].

— Сим подарением тростей на нас наведено сомнение, — рассказывал дьякон Ахилла.

— Да в чем же вы тут, отец дьякон, видите сомнение? — спрашивали его те, кому он жаловался.

---

[19] Алексей Никитич Плодомасов — персонаж очерков Лескова «Старые годы в селе Плодомасове».
Трости эти... как библейские змеи, которых кинули пред фараона египетские кудесники. — «И призвал фараон мудрецов и египетских чародеев... Каждый из них бросил свой жезл, и они сделались змеями...» (Числа, VII, 11-12).

[20] Трости эти... как библейские змеи, которых кинули пред фараона египетские кудесники. — «И призвал фараон мудрецов и египетских чародеев... Каждый из них бросил свой жезл, и они сделались змеями...» (Числа, VII, 11-12).

— Ах, да ведь вот вы, светские, ничего в этом не понимаете, так и не утверждайте, что нет сомнения, — отвечал дьякон, — нет-с! тут большое сомнение!

И дьякон пускался разъяснять это специальное горе.

Во-первых, — говорил он, — мне, как дьякону, по сану моему такого посоха носить не дозволено и неприлично, потому что я не пастырь, — это раз. Повторительно, я его теперь, этот посох, ношу, потому что он мне подарен, — это два. А в-третьих, во всем этом сомнительная одностойность: что отцу Савелью, что Захарии одно и то же, одинаковые посошки. Зачем же так сравнять их?.. Ах, помилуйте же вы, зачем?.. Отец Савелий... вы сами знаете... отец Савелий... он умница, философ, министр юстиции, а теперь, я вижу, и он ничего не может сообразить и смущён, и даже страшно смущён.

— Да чем же он тут может быть смущён, отец дьякон?

— А тем смущён, что, во-первых, от этой совершенной одностойности происходит смешанность. Как вы это располагаете, как отличить, чья эта трость? Извольте теперь их разбирать, которая отца протопопа, которая Захариина, когда они обе одинаковы? Но, положим, на этот бы счёт для разборки можно какую-нибудь заметочку положить — или сургучом под головкой прикапнуть, или сделать ножом на дереве нарезочку; но что же вы поделаете с ними в рассуждении политики? Как теперь у одной из них против другой цену или достоинство её отнять, когда они обе одностойны? Помилуйте вы меня, ведь это невозможно, чтоб и отец протопоп и отец Захария были одностойны. Это же не порядок-с! И отец протопоп это чувствует, и я это вижу-с и говорю: «Отец протопоп, больше ничего в этом случае нельзя сделать, как, позвольте, я на отца Захариину трость сургучную метку положу или нарезку сделаю». А он говорит: «Не надо! Не смей, и не надо!» Как же не надо? «Ну, говорю, благословите: я потаённо от самого отца Захарии его трость супротив вашей ножом слегка на вершок урежу, так что отец Захария этого сокращения и знать не будет», но он опять: «Глуп, говорит, ты!..» Ну, глуп и глуп, не впервой мне это от него слышать, я от него этим не обижаюсь, потому он заслуживает, чтоб от него снесть, а я все-таки вижу, что он всем этим недоволен, и мне от этого пребеспокойно... И вот скажите же вы, что я трижды глуп, — восклицал дьякон, — да-с, позволяю вам, скажите, что я глуп, если он, отец Савелий, не сполитикует. Это уж я наверно знаю, что мне он на то не позволяет, а сам сполитикует.

И дьякон Ахилла, по-видимому, не ошибся. Не прошло и месяца со времени вручения старгородскому соборному духовенству упомянутых наводящих сомнение посохов, как отец протопоп Савелий вдруг стал собираться в губернский город. Не было надобности придавать какое-нибудь особенное значение этой поездке отца Туберозова, потому что протоиерей, в качестве благочинного[21], частенько езжал в консисторию[22]. Никто и не толковал о том, зачем протопоп едет. Но вот отец Туберозов, уже усевшись в кибитку, вдруг обратился к провожавшему его отцу Захарии и сказал:

— А послушай-ка, отче, где твоя трость? Дай-ка ты мне её, я её свезу в город.

Одно это обращение с этим словом, сказанным как будто невзначай, вдруг как бы озарило умы всех провожавших со двора отъезжавшего отца Савелия.

Дьякон Ахилла первый сейчас же крякнул и шепнул на ухо отцу Бенефактову:

— А что-с! Я вам говорил: вот и политика!

— Для чего ж мою трость везти в город, отец протопоп? — вопросил смиренно моргающий своими глазами отец Захария, отстраняя дьякона.

— Для чего? А вот я там, может быть, покажу, как нас с тобой люди уважают и помнят, — отвечал Туберозов. — Алёша, беги, принеси посошок, — послал домой сынишку отец Захария.

— Так вы, может быть, отец протопоп, и мою трость тоже свозите показать? — вопросил, сколь умел мягче, Ахилла.

— Нет, ты свою пред собою содержи, — отвечал Савелий.

— Что ж, отец протопоп, «пред собою»? И я же ведь точно так же... тоже ведь и я предводительского внимания удостоился, — отвечал, слегка обижаясь, дьякон; но отец протопоп не почтил его претензии никаким ответом и, положив рядом с собою поданную ему в это время трость отца Захарии, поехал.

Туберозов ехал, ехали с ним и обе наделавшие смущения трости, а дьякон Ахилла, оставаясь дома, томился разрешением себе загадки: зачем Туберозов отобрал трость у Захарии?

— Ну что тебе? Что тебе до этого? что тебе? — останавливал Захария мятущегося любопытством дьякона.

— Отец Захария, я вам говорю, что он сполитикует.

— Ну а если и сполитикует, а тебе что до этого? Ну и пусть его сполитикует.

— Да я нестерпимо любопытен предвидеть, в чем сие будет заключаться. Урезать он мне вашу трость не хотел позволить, сказал: глупость; метки я ему советовал положить, он тоже и это отвергнул. Одно, что я предвижу...

---

[21] Благочинный — священник, осуществляющий административный надзор за несколькими церквами.

[22] Консистория — управление церковно-административным округом (епархией), во главе которого стоит архиерей.

Ну, ну... ну что ты, болтун, предвидеть можешь? Одно, что... он непременно драгоценный камень вставит.

— Да! ну... ну куда же, куда он драгоценный камень вставит?

— В рукоять.

— Да в свою или в мою?

— В свою, разумеется, в свою. Драгоценный камень, ведь это драгоценность.

— Да ну, а мою же трость он тогда зачем взял? В свою камень вставлять будет, а моя ему на что?

Дьякон ударил себя рукой по лбу и воскликнул:

— Одурачился!

— Надеюсь, надеюсь, что одурачился, — утверждал отец Захария, добавив с тихою укоризной: — а ещё ведь ты, братец мой, логике обучался; стыдно!

— Что же за стыд, когда я ей обучался, да не мог понять! Это со всяким может случиться, — отвечал дьякон и, не высказывая уже более никаких догадок, продолжал тайно сгорать любопытством — что будет?

Прошла неделя, и отец протопоп возвратился. Ахилла-дьякон, объезжавший в это время вымененного им степного коня, первый заметил приближение к городу протоиерейской чёрной кибитки и летел по всем улицам, останавливаясь пред открытыми окнами знакомых домов, крича: «Едет! Савелий! едет наш поп велий![23]» Ахиллу вдруг осенило новое соображение.

— Теперь знаю, что такое! — говорил он окружающим, спешиваясь у протопоповских ворот. — Все эти размышления мои до сих пор предварительные были не больше как одною глупостью моею; а теперь я наверное вам скажу, что отец протопоп кроме ничего как просто велел вытравить литеры греческие, а не то так латинские. Так, так, не иначе как так; это верно, что литеры вытравил, и если я теперь не отгадал, то сто раз меня дураком после этого назовите.

— Погоди, погоди, и назовём, и назовём, — частил в ответ ему отец Захария, в виду остановившейся у ворот протопоповской кибитки.

Отец протопоп вылез из кибитки важный, солидный; вошёл в дом, помолился, повидался с женой, поцеловал её при этом три раза в уста, потом поздоровался с отцом Захарией, с которым они поцеловали друг друга в плечи, и, наконец, и с дьяконом Ахиллой, причём дьякон Ахилла поцеловал у отца протопопа руку, а отец протопоп приложил свои уста к его темени. После этого свидания началось чаепитие, разговоры, рассказы губернских новостей, и вечер уступил место ночи, а отец протопоп и не заикнулся об интересующих всех посохах. День, другой и третий прошёл,

---

[23] Велий (церковнослав.) — великий.

а отец Туберозов и не заговаривает об этом деле, словно свёз он посохи в губернию да там их оба по реке спустил, чтоб и речи о них не было.

— Вы же хоть полюбопытствуйте! спросите! — беспрестанно зудил во все дни отцу Захарию нетерпеливый дьякон Ахилла.

— Что я буду его спрашивать? — отвечал отец Захария. — Нешто я ему не верю, что ли, что стану отчёт требовать, куда дел?

— Да все-таки ради любознательности спросить должно.

— Ну и спроси, зуда, сам, если хочешь ради любознательности.

— Нет, вы, ей-богу, со страху его не спрашиваете.

— С какого это страху?

— Да просто боитесь; а я бы, ей-богу, спросил. Да и чего тут бояться-то? спросите просто: а как же, мол, отец протопоп, будет насчёт наших тростей? Вот только всего и страху.

— Ну, так вот ты и спроси.

— Да мне нельзя. — А почему нельзя?

— Он меня может оконфузить.

— А меня разве не может?

Дьякон просто сгорал от любопытства и не знал, что бы такое выдумать, чтобы завести разговор о тростях; но вот, к его радости, дело разрешилось, и само собою. На пятый или на шестой день по возвращении своём домой отец Савелий, отслужив позднюю обедню, позвал к себе на чай и городничего, и смотрителя училищ, и лекаря, и отца Захарию с дьяконом Ахиллой и начал опять рассказывать, что он слышал и что видел в губернском городе. Прежде всего отец протопоп довольно пространно говорил о новых постройках, потом о губернаторе, которого осуждал за неуважение ко владыке и за постройку водопроводов, или, как отец протопоп выражался: «акведуков».

— Акведуки эти, — говорил отец протопоп, — будут ни к чему, потому город малый, и притом тремя реками пересекается; но магазины, которые все вновь открываются, нечто весьма изящное начали представлять. Да вот я вам сейчас покажу, что касается нынешнего там искусства...

И с этими словами отец протопоп вышел в боковую комнату и через минуту возвратился оттуда, держа в каждой руке по известной всем трости.

— Вот видите, — сказал он, поднося к глазам гостей верхние площади золотых набалдашников.

Ахилла-дьякон так и воззрился, что такое сделано политиканом Савелием для различения одностойных тростей; но увы! ничего такого резкого для их различия не было заметно. Напротив, одностойность их даже как будто ещё увеличилась, потому что посредине набалдашника той и другой трости было совершенно одинаково вырезано окружённое

11

сиянием всевидящее око; а вокруг ока краткая, в виде узорчатой каймы, вязная надпись.

— А литер, отец протопоп, нет? — заметил, не утерпев, Ахилла.

— К чему здесь тебе литеры нужны? — отвечал, не глядя на него, Туберозов.

— А для отличения их одностойности?

— Все ты всегда со вздором лезешь, — заметил отец протопоп дьякону и при этом, приставив одну трость к своей груди, сказал: — вот это будет моя.

Ахилла-дьякон быстро глянул на набалдашник и прочёл около всевидящего ока: «Жезл Ааронов расцвёл[24]».

— А вот это, отец Захария, будет тебе, — докончил протопоп, подавая другую трость Захарии.

На этой вокруг такого же точно всевидящего ока такою же точно древлеславянскою вязью было вырезано: «Даде в руку его посох».

Ахилла как только прочёл эту вторую подпись, так пал за спину отца Захарии и, уткнув голову в живот лекаря, заколотился и задёргался в припадках неукротимого смеха.

— Ну, что, зуда, что, что? — частил, обернувшись к нему, отец Захария, между тем как прочие гости ещё рассматривали затейливую работу резчика на иерейских посохах. — Литеры? А? литеры, баран ты этакой кучерявый? Где же здесь литеры?

Но дьякон не только нимало не сконфузился, но опять порскнул и закатился со смеху.

— Чего смеёшься? чего помираешь?

— Это кто ж баран-то выходит теперь? — вопросил, едва выговаривая слова, дьякон.

— Да ты же, ты. Кто же ещё баран?

Ахилла опять залился, замотал руками и, изловив отца Захарию за плечи, почти сел на него медведем и театральным шёпотом забубнил:

— А вы, отец Захария, как вы много логике учились, так вы вот это прочитайте: «Даде в руку его посох». Нуте-ка, решите по логике: чему такая надпись соответствует!

— Чему? Ну говори, чему?

— Чему-с? А она тому соответствует, — заговорил протяжнее дьякон, — что дали мол, дескать, ему линейкой палю в руку.

— Врёшь.

---

[24] «Жезл Ааронов расцвёл». — Согласно библейскому преданию, жезл первосвященника Аарона, воткнутый в землю, «расцвёл, пустил почки, дал цвет и принёс миндали». Так бог утвердил первенство потомков Аарона среди израильского народа (Числа, XVII, 8).

— Вру! А отчего же вон у него «жезл расцвёл»? А небось ничего про то, что в руку дано, не обозначено? Почему? Потому что это сделано для превозвышения, а вам это для унижения черкнуто, что, мол, дана палка в лапу.

Отец Захария хотел возразить, но и вправду слегка смутился. Дьякон торжествовал, наведя это смущение на тихого отца Бенефактова; но торжество Ахиллы было непродолжительно.

Не успел он оглянуться, как увидел, что отец протопоп пристально смотрел на него в оба глаза и чуть только заметил, что дьякон уже достаточно сконфузился, как обратился к гостям и самым спокойным голосом начал:

— Надписи эти, которые вы видите, я не сам выдумал, а это мне консисторский секретарь Афанасий Иванович присоветовал. Случилось нам, гуляя с ним пред вечером, зайти вместе к золотарю; он, Афанасий Иванович, и говорит: вот, говорит, отец протопоп, какая мне пришла мысль, надписи вам на тростях подобают, вот вам этакую: «Жезл Ааронов», а отцу Захарии вот этакую очень пристойно, какая теперь значится. А тебе, отец дьякон… я и о твоей трости, как ты меня просил, думал сказать, но нашёл, что лучше всего, чтобы ты с нею вовсе ходить не смел, потому что это твоему сану не принадлежит…

При этом отец протопоп спокойно подошёл к углу, где стояла знаменитая трость Ахиллы, взял её и запер ключом в свой гардеробный шкаф.

Такова была величайшая из распрей на старогородской поповке.

— Отсюда, — говорил дьякон, — было все начало болезням моим. Потому что я тогда не стерпел и озлобился, а отец протопоп Савелий начал своею политикой ещё более уничтожать меня и довёл даже до ярости. Я свирепел, а он меня, как медведя на рогатину, сажал на эту политику, пока я даже осатаневать стал.

Это был образчик мелочности, обнаруженной на старости лет протопопом Савелием, и легкомысленности дьякона, навлёкшего на себя гнев Туберозова; но как Москва, говорят, от копеечной свечи сгорела, так и на старогородской поповке вслед за этим началась целая история, выдвинувшая наружу разные недостатки и превосходства характеров Савелия и Ахиллы.

Дьякон лучше всех знал эту историю, но рассказывал её лишь в минуты крайнего своего волнения, в часы расстройства, раскаяний и беспокойств, и потому когда говорил о ней, то говорил нередко со слезами на глазах, с судорогами в голосе и даже нередко с рыданиями.

13

ГЛАВА 3

— Мне, — говорил сквозь слезы взволнованный Ахилла, — мне по-настоящему, разумеется, что бы тогда следовало сделать? Мне следовало пасть к ногам отца протопопа и сказать, что так и так, что я это, отец протопоп, не по злобе, не по ехидству сказал, а единственно лишь чтобы только доказать отцу Захарии, что я хоть и без логики, но ничем его не глупей. Но гордыня меня обуяла и удержала. Досадно мне стало, что он мою трость в шкаф запер, а потом после того учитель Варнавка Препотенский ещё подоспел и подгадил... Ах, я вам говорю, что уже сколько я на самого себя зол, но на учителя Варнавку вдвое! Ну, да и не я же буду, если я умру без того, что я этого просвирниного сына учителя Варнавку не взвошу!

— Опять и этого ты не смеешь, — останавливал Ахиллу отец Захария.

— Отчего же это не смею? За безбожие-то да не смею? Ну, уж это извините-с!

— Не смеешь, хоть и за безбожие, а все-таки драться не смеешь, потому что Варнава был просвирнин сын, а теперь он чиновник, он учитель.

— Так что, что учитель? Да я за безбожие кого вам угодно возделаю. Это-с, батюшка, закон, а не что-нибудь. Да-с, это очень просто кончается: замотал покрепче руку ему в аксиосы[25], потряс хорошенько, да и выпустил, и ступай, мол, жалуйся, что бит духовным лицом за безбожие... Никуда не пойдет-с! Но боже мой, боже мой! как я только вспомню да подумаю — и что это тогда со мною поделалось, что я его, этакого негодивца Варнавку, слушал и что даже до сего дня я еще с ним как должно не расправился! Ей, право, не знаю, откуда такая слабость у меня? Ведь вон тогда Сергея-дьячка за рассуждение о громе я сейчас же прибил; комиссара Данилку мещанина за едение яиц на улице в прошедший Великий пост я опять тоже неупустительно и всенародно весьма прилично по ухам оттрепал, а вот этому просвирнину сыну все до сих пор спускаю, тогда как я этим Варнавкой более всех и уязвлен! Не будь его, сей распри бы не разыграться. Отец протопоп гневались бы на меня за разговор с отцом Захарией, но все бы это не было долговременно; а этот просвирнин сын Варнавка, как вы его нынче сами видеть можете, учитель математики в уездном училище, мне тогда, озлобленному и уязвленному, как подтолдыкнул: «Да это, говорит, надпись туберозовская еще, кроме того, и глупа». Я, знаете, будучи уязвлен, страх как жаждал, чем бы и

---

[25] ...замотал покрепче руку ему в аксиосы... — т. е. в волосы. «Аксиос!» (греч. «Достоин!») возглашается при пострижении, совершаемом во время посвящения в духовный сан. Поэтому в быту духовенства волосы стали называться «аксиосами».

самому отца Савелия уязвить, и спрашиваю: чем же глупа? А Варнавка говорит: «Тем и глупа, что еще самый факт-то, о котором она гласит, недостоверен; да и не только недостоверен, а и невероятен. Кто это, говорит, засвидетельствовал, что жезл Ааронов расцвел? Сухое дерево разве может расцвесть?» Я было его на этом даже остановил и говорю. «Пожалуйста, ты этого, Варнава Васильич, не говори, потому что бог иде же хощет, побеждается естества чин»; но при этом, как вся эта наша рация у акцизничихи у Бизюкиной происходила, а там все это разные возлияния да вино все хорошее: все го-го, го-сотерн да го-марго, я... прах меня возьми, и надрызгался. Я, изволите понимать, в винном угаре, а Варнавка мне, знаете, тут мне по-своему, по-ученому торочит, что «тогда ведь, говорит, вон и мани факел фарес[26] было на пиру Вальтасаровом написано, а теперь, говорит, ведь это вздор; я вам могу это самое сейчас фосфорною спичкой написать». Ужасаюсь я; а он все дальше да больше: «Да там и во всем, говорит, бездна противоречий...» И пошел, знаете, и пошел, и все опровергает; а я все это сижу да слушаю. А тут опять еще эти го-марго, да уж и достаточно даже сделался уязвлен и сам заговорил в вольнодумном штиле. «Я, говорю, я, если бы только не видел отца Савелиевой прямоты, потому как знаю, что он прямо алтарю предстоит и жертва его прямо идет, как жертва Авелева[27], то я только Каином быть не хочу, а то бы я его...» Это, понимаете, на отца Савелия-то! И к чему-с это; к чему это я там в ту пору о нем заговорил? Ведь не глупец ли? Ну, а она, эта Данка Нефалимка[28], Бизюкина-то, говорит: «Да вы еще понимаете ли, что вы лепечете? Вы еще знаете ли цену Каину-то? что такое, говорит, ваш Авель? Он больше ничего как маленький барашек, он низкопоклонный искатель, у него рабская натура, а Каин гордый деятель — он не помирится с жизнию подневольною. Вот, говорит, как его английский писатель Бирон изображает[29]...» Да и пошла-с мне расписывать! Ну, а тут все эти го-ма-го меня тоже наспиртуозили, и вот вдруг чувствую, что хочу я быть Каином,

---

[26] Мани факел фарес (правильно: мене, текел, перес) — слова, по библейскому преданию появившиеся на стене зала, в котором пировал вавилонский царь Валтасар во время осады города персами. Призванный на пир пророк Даниил разъяснил смысл этих слов: «мене — исчислил Бог царство твоё и положил конец ему; текел — ты взвешен на весах и найден очень лёгким; перес — разделено царство твоё и дано мидянам и персам» (Книга пророка Даниила, V, 26-28).

[27] ...и жертва его прямо идёт, как жертва Авелева... — Ср.: «И призрел Господь на Авеля и на дар его. А на Каина и на дар его не призрел» (Бытие, IV, 4-5).

[28] Данка Нефалимка... — Здесь игра слов: Данка — уменьшительное от имени Дарья; Дан и Нефалим — сыновья Иакова.

[29] Вот, говорит, как его английский писатель Бирон изображает... — Каин в одноимённой драме Байрона изображён бунтарём.

15

да и шабаш. Вышел я оттуда домой, дошел до отца протопопова дома, стал пред его окнами и вдруг подперся по-офицерски в боки руками и закричал: «Я царь, я раб, я червь, я бог![30]» Боже, боже: как страшно вспомнить, сколь я был бесстыж и сколь же я был за то в ту ж пору постыжен и уязвлен! Отец протопоп, услыхав мое козлогласие, вскочили с постели, подошли в сорочке к окну и, распахнув раму, гневным голосом крикнули: «Ступай спать, Каин неистовый!» Верите ли: я даже затрепетал весь от этого слова, что я «Каин», потому, представьте себе, что я только собирался в Каины, а он уже это провидел. Ах, боже! Я отошел к дому своему, сам следов своих не разумеючи, и вся моя стропотность тут же пропала, и с тех пор и доныне я только скорблю и стенаю. Повторив этот рассказ, дьякон обыкновенно задумывался, поникал головой и через минуту, вздохнув, продолжал мягким и грустным тоном:

— Но вот-с дние бегут и текут, а гнев отца протопопа не проходит и до сего дня. Я приходил и винился; во всем винился и каялся, говорил: «Простите, как бог грешников прощает», но на все один ответ: «Иди». Куда? я спрашиваю, куда я пойду? Почтмейстерша Тимониха мне все советует: «В полк, говорит, отец дьякон, идите, вас полковые любить будут». Знаю я это, что полковые очень могут меня любить, потому что я и сам почти воин; но что из меня в полку воспоследует, вы это обсудите? Ведь я там с ними в полку уж и действительно Каином сделаюсь... Ведь это, ведь я знаю, что все-таки один он, один отец Савелий ещё меня и содержит в субординации, — а он... а он...

При этих словах у дьякона закипали в груди слезы, и он, всхлипывая, заканчивал:

— А он вот какую низкую штуку со мною придумал: чтобы молчать! Что я ни заговорю, он все молчит... За что же ты молчишь? — восклицал дьякон, вдруг совсем начиная плакать и обращаясь с поднятыми руками в ту сторону, где полагал быть дому отца протопопа. — Хорошо, ты думаешь, это так делать а? Хорошо это, что я по дьяконству моему подхожу и говорю: «благослови, отче?» и, руку его целуя, чувствую, что даже рука его холодна для меня! Это хорошо? На Троицын день пред великою молитвой я, слезами обливаясь, прошу: «благослови...» А у него и тут умиления нет. «Буди благословен», говорит. Да что мне эта форменность, когда все это без ласковости! Дьякон ожидал утешения и поддержки.

— Заслужи, — замечает ему отец Захария, — заслужи хорошенько, он тогда и с лаской простит.

— Да чем же я, отец Захария, заслужу?

---

[30] «Я царь, я раб, я червь, я бог!» — строка из оды Г. Р. Державина «Бог».

— Примерным поведением заслужи.

— Да каким же примерным поведением, когда он совсем меня не замечает? Мне, ты, батя, думаешь, легко, как я вижу, что он скорбит, вижу, что он нынче в столь частой задумчивости. «Боже мой! — говорю я себе, — чего он в таком изумлении? Может быть, это он и обо мне...» Потому что ведь там, как он на меня ни сердись, а ведь он все это притворствует: он меня любит...

Дьякон оборачивался в другую сторону и, стуча кулаком по ладони, выговаривал:

— Ну, просвирнин сын, тебе это так не пройдёт! Будь я взаправду тогда Каин, а не дьякон, если только я этого учителя Варнавку публично не исковеркаю!

Из одной этой угрозы читатели могут видеть, что некоему упоминаемому здесь учителю Варнаве Препотенскому со стороны Ахиллы-дьякона угрожала какая-то самая решительная опасность, и опасность эта становилась тем грознее и ближе, чем чаще и тягостнее Ахилла начинал чувствовать томление по своём потерянном рае, по утраченном благорасположении отца Савелия. И вот, наконец, ударил час, с которого должны были начаться кара Варнавы Препотенского рукой Ахиллы и совершенно совпадавшее с сим событием начало великой старогородской драмы, составляющей предмет нашей хроники.

Чтобы ввести читателя в уразумение этой драмы, мы оставим пока в стороне все тропы и дороги, по которым Ахилла, как американский следопыт[31], будет выслеживать своего врага, учителя Варнавку, и погрузимся в глубины внутреннего мира самого драматического лица нашей повести — уйдём в мир неведомый и незримый для всех, кто посмотрит на это лицо и близко и издали. Проникнем в чистенький домик отца Туберозова. Может быть, стоя внутри этого дома, найдём средство заглянуть внутрь души его хозяина, как смотрят в стеклянный улей, где пчела строит свой дивный сот, с воском на освещение лица божия, с мёдом на усладу человека. Но будем осторожны и деликатны: наденем лёгкие сандалии, чтобы шаги ног наших не встревожили задумчивого и грустного протопопа; положим сказочную шапку-невидимку себе на голову, дабы любопытный зрак наш не смущал серьёзного взгляда чинного старца, и станем иметь уши наши отверзтыми ко всему, что от него услышим.

---

[31] ...как американский следопыт... — Образ следопыта типичен для американских писателей-романтиков, таких, как, например, Фенимор Купер.
Пепелище — здесь: жилище.

ГЛАВА 4

Над Старгородом летний вечер. Солнце давно село, Нагорная сторона, где возвышается острый купол собора, озаряется бледными блесками луны, а тихое Заречье утонуло в тёплой мгле. По пловучему мосту, соединяющему обе стороны города, изредка проходят одинокие фигуры. Они идут спешно: ночь в тихом городке рано собирает всех в гнёзда свои и на пепелища[32] свои. Прокатила почтовая телега, звеня колокольчиком и перебирая, как клавиши, мостовины, и опять все замерло. Из далёких лесов доносится благотворная свежесть. На острове, который образуют рукава Турицы и на котором синеет бакша кривоносого чудака, престарелого недоучки духовного звания, некоего Константина Пизонского, называемого от всех «дядей Котином», раздаются клики:

— Молвоша! где ты, Молвоша!

Это старик зовёт резвого мальчишку, своего приёмыша, и клики эти так слышны в доме протопопа, как будто они раздаются над самым ухом сидящей у окна протопопицы. Вот оттуда же, с той же бакши, несётся детский хохот, слышится плеск воды, потом топот босых ребячьих ног по мостовинам, звонкий лай игривой собаки, и все это кажется так близко, что мать протопопица, продолжавшая все это время сидеть у окна, вскочила и выставила вперёд руки. Ей показалось, что бегущее и хохочущее дитя сейчас же упадёт к ней на колени. Но, оглянувшись вокруг, протопопица заметила, что это обман, и, отойдя от окна в глубину комнаты, зажгла на комоде свечу и кликнула небольшую, лет двенадцати, девочку и спросила её:

— Ты, Феклинька, не знаешь ли, где наш отец протопоп?

— Он, матушка, у исправника в шашки играет.

— А, у исправника. Ну бог с ним, когда у исправника. Давай мы ему, Феклушка, постель постелем, пока он воротится.

Феклинька принесла из соседней комнаты в залу две подушки, простыню и стёганое жёлтое шерстяное одеяло; а мать протопопица внесла белый пикейный шлафрок и большой пунцовый фуляр. Постель была постлана отцу протопопу на большом, довольно твёрдом диване из карельской берёзы. Изголовье было открыто; белый шлафрок раскинут по креслу, которое поставлено в ногах постели; на шлафрок положен пунцовый фуляр. Когда эта часть была устроена, мать-протопопица вдвоём с Феклинькой придвинули к головам постели отца Савелия тяжёлый, из карельской же берёзы, овальный стол на массивной тумбе,

---

[32] Пепелище — здесь: жилище.

поставили на этот стол свечу, стакан воды, блюдце с толчёным сахаром и колокольчик. Все эти приготовления и тщательность, с которою они исполнялись, свидетельствовали о великом внимании протопопицы ко всем привычкам мужа. Только устроив все как следовало, по обычаю, она успокоилась, и снова погасила свечу, и села одиноко к окошечку ожидать протопопа. Глядя на неё, можно было видеть, что она ожидает его неспокойно; этому и была причина: давно невесёлый Туберозов нынче особенно хандрил целый день, и это тревожило его добрую подругу. К тому же он и устал: он ездил нынче на поля пригородных слобожан и служил там молебен по случаю стоящей засухи. После обеда он немножко вздремнул и пошёл пройтись, но, как оказалось, зашёл к исправнику, и теперь его ещё нет. Ждёт его маленькая протопопица ещё полчаса и ещё час, а его все нет. Тишина ненарушимая. Но вот с нагорья послышалось чьё-то довольно приятное пение. Мать протопопица прислушивается. Это поёт дьякон Ахилла; она хорошо узнает его голос. Он сходит с Батавиной горы и распевает:

> Ночною темнотою
> Покрылись небеса;
> Все люди для покоя
> Сомкнули очёса[33].

Дьякон спустился с горы и, идучи по мосту, продолжает:

> Внезапно постучался
> Мне в двери Купидон;
> Приятный перервался
> В начале самом сон.

Протопопица слушает с удовольствием пение Ахиллы, потому что она любит и его самого за то, что он любит её мужа, и любит его пение. Она замечталась и не слышит, как дьякон взошёл на берег, и все приближается и приближается, и, наконец, под самым её окошечком вдруг хватил с декламацией:

> Кто там стучится смело?
> Сквозь двери я спросил.

---

[33] «Ночною темнотою…» — стихотворение М. В. Ломоносова «Из Анакреона», ставшее популярной песней.

Мечтавшая протопопица тихо вскрикнула: «Ах!» и отскочила в глубь покоя.

Дьякон, услыхав это восклицание, перестал петь и остановился.

— А вы, Наталья Николаевна, ещё не започивали? — отнёсся он к протопопице и с этими словами, схватясь руками за подоконник, вспрыгнул на карнизец и воскликнул: — А у нас мир!

— Что? — переспросила протопопица.

— Мир, — повторил дьякон, — мир. Ахилла повёл по воздуху рукой и добавил:

— Отец протопоп… конец…

— Что ты говоришь, какой конец? — запытала вдруг встревоженная этим словом протопопица.

— Конец… со мною всему конец… Отныне мир и благоволение. Ныне которое число? Ныне четвёртое июня; вы так и запишите: «Четвёртого июня мир и благоволение», потому что мир всем и Варнавке учителю шабаш.

— Ты это что-то… вином от тебя не пахнет, а врёшь.

— Вру! А вот вы скоро увидите, как я вру. Сегодня четвёртое июня, сегодня преподобного Мефодия Песношского[34], вот вы это себе так и запишите, что от этого дня у нас распочнётся.

Дьякон ещё приподнялся на локти и, втиснувшись в комнату по самый по пояс, зашептал:

— Вы ведь небось не знаете, что учитель Варнавка сделал?

— Нет, дружок, не слыхала, что такое ещё он, негодивец, сотворил.

— Ужасная вещь-с! он человека в горшке сварил.

— Дьякон, ты это врёшь! — воскликнула протопопица.

— Нет-с, сварил!

— Истинно врёшь! — человека в горшок не всунешь.

— Он его в золяной корчаге сварил, — продолжал, не обращая на неё внимания, дьякон, — и хотя ему это мерзкое дело было дозволено от исправника и от лекаря, но тем не менее он теперь за это предаётся в мои руки.

— Дьякон, ты врёшь; ты все это врёшь.

— Нет-с, извините меня, даже ни одной минуты я не вру, — зачастил дьякон и, замотав головой, начал вырубать слово от слова чаще. — Извольте хорошенько слушать, в чем дело и какое его было течение: Варнавка действительно сварил человека с разрешения начальства, то есть

---

[34] Мефодий Песношский (Пешношский) — ученик и последователь Сергия Радонежского, основатель Пешношского монастыря в Московском княжестве (1361). Мефодий участвовал в строительстве монастыря и «пеш носил» бревна — отсюда прозвание его самого и название основанного им монастыря.

лекаря и исправника, так как то был утопленник; но этот сваренец теперь его жестоко мучит и его мать, госпожу просвирню, и я все это разузнал и сказал у исправника отцу протопопу, и отец протопоп исправнику за это... того-с, по-французски, пробире-муа, задали, и исправник сказал: что я, говорит, возьму солдат и положу этому конец; но я сказал, что пока ещё ты возьмёшь солдат, а я сам солдат, и с завтрашнего дня, ваше преподобие, честная протопопица Наталья Николаевна, вы будете видеть, как дьякон Ахилла начнёт казнить учителя Варнавку, который богохульствует, смущает людей живых и мучит мёртвых. Да-с, сегодня четвёртое июня, память преподобного Мефодия Песношского, и вы это запишите...

Но на этих словах поток красноречия Ахиллы оборвался, потому что в это время как будто послышался издалека с горы кашель отца протопопа.

— Во! грядёт поп Савелий! — воскликнул, заслышав этот голос, Ахилла и, соскочив с фундамента на землю, пошёл своею дорогой. Протопопица осталась у своего окна не только во мраке неведения насчёт всего того, чем дьякон грозился учителю Препотенскому, но даже в совершенном хаосе насчёт всего, что он наговорил здесь. Ей некогда было и раздумывать о нескладных речах Ахиллы, потому она услыхала, как скрипнули крылечные ступени, и отец Савелий вступил в сени, в камилавке[35] на голове и в руках с тою самою тростью, на которой было написано: «Жезл Ааронов расцвёл».

Протопопица встала, разом засветила две свечи и из-под обеих зорко посмотрела на вошедшего мужа. Протопоп тихо поцеловал жену в лоб, тихо снял рясу, надел свой белый шлафор, подвязал шею пунцовым фуляром и сел у окошка.

Протопопица совершенно забыла про все, что ей за несколько минут пред этим наговорил дьякон, и потому ни о чем не спросила мужа. Она пригласила его в смежную маленькую продолговатую комнатку, которая служила ей спальней и где теперь была приготовлена для отца Савелия его вечерняя закуска. Отец Савелий сел к столику, съел два сваренные для него всмятку яйца и, помолясь, начал прощаться на ночь с женой. Протопопица сама никогда не ужинала. Она обыкновенно только сидела перед мужем, пока он закусывал, и оказывала ему небольшие услуги, то что-нибудь подавая, то принимая и убирая. Потом они оба вставали, молились пред образом и непосредственно за тем оба начинали крестить один другого. Это взаимное благословение друг друга на сон грядущий они производили всегда оба одновременно, и притом с такою ловкостью и быстротой, что нельзя было надивиться, как их быстро мелькавшие одна

---

[35] Камилавка — высокая бархатная шапка в виде расширяющегося кверху цилиндра; даётся священнику как награда. Камилавка священника — фиолетового цвета, монашеская — чёрного.

мимо другой руки не хлопнут одна по другой и одна за другую не зацепятся.

Получив взаимные благословения, супруги напутствовали друг друга и взаимным поцелуем, причём отец протопоп целовал свою низенькую жену в лоб, а она его в сердце; затем они расставались: протопоп уходил в свою гостиную и вскоре ложился. Точно так же пришёл он в свою комнату и сегодня, но не лёг в постель, а долго ходил по комнате, наконец притворил и тихо запер на крючок дверь в женину спальню.

— Отец Савелий, ты чего-то не в светлом духе? — спросила через стенку протопопица, хорошо изучившая все мельчайшие черты мужнина характера.

— Нет, друг, я спокоен, — отвечал протопоп.

— Тебе, отец Савелий, не подать ли на ночь чистый платочек? — осведомилась она, вскочив и приложив нос к створу двери.

— Платочек? да ведь ты в субботу дала мне платочек!

— Ну так что ж что в субботу?.. Да отопритесь вы в самом деле, отец Савелий! Что это вы ещё за моду такую взяли, чтоб от меня запираться?

Протопоп молча откинул крючок, а Наталья Николаевна принесла чистый фуляровый платок и, пользуясь этим случаем, они с мужем снова начали прощаться и крестить друг друга тем же удивительным для непривычною человека способом и затем опять расстались. Дверь теперь оставалась отворённою: объяснилось, зачем старик непременно хотел её припереть. Отцу протопопу не спалось, и он чувствовал, что ему не удастся уснуть: прошёл час, а он ещё все ходил по комнате в своём белом пикейном шлафоре и пунцовом фуляре под шеей. В старике как бы совершалась некая борьба. При всем внешнем достоинстве его манер и движений он ходил шагами неровными, то несколько учащая их, как бы хотел куда-то броситься, то замедляя их и, наконец, вовсе останавливаясь и задумываясь. Это хождение продолжалось ещё с добрый час, прежде чем отец Савелий подошёл к небольшому красному шкафику, утверждённому на высоком комоде с вытянутою доской. Из этого шкафа он достал Евгениевский «Календарь[36]», переплетённый в толстый синий демикотон[37], с жёлтым юхтовым[38] корешком, положил эту книгу на стоявшем у его постели овальном столе, зажёг пред собою две

---

[36] Евгениевский «Календарь». — «Церковный календарь», изданный в 1803 г. русским историком, митрополитом Киевским Евгением (Болховитиновым) (1767-1837).

[37] Демикотон (франц. demicoton) — плотная хлопчатобумажная ткань.

[38] Юхтовый (от слова «юфть») — изготовленный из обработанной коровьей или бычьей кожи.

экономические свечи[39] и остановился: ему показалось, что жена его ещё ворочается и не спит. Это так и было.

— Будешь читать, верно? — спросила его в эту минуту из-за стены своим тихим заботливым голоском Наталья Николаевна.

— Да, я, друг Наташа, немножко почитаю, — отвечал отец Туберозов, — а ты, одолжи меня, усни, пожалуй.

— Усну, мой друг, усну, — отвечала протопопица.

— Да, прошу тебя, пожалуй усни, — и с этими словами отец протопоп, оседлав свой гордый римский нос большими серебряными очками, начал медленно перелистывать свою синюю книгу. Он не читал, а только перелистывал эту книгу и при том останавливался не на том, что в ней было напечатано, а лишь просматривал его собственной рукой исписанные прокладные страницы. Все эти записки были сделаны разновременно и воскрешали пред старым протопопом целый мир воспоминаний, к которым он любил по временам обращаться.

Очутясь между протопопом Савелием и его прошлым, станем тихо и почтительно слушать тихий шёпот его старческих уст, раздающийся в глухой тиши полуночи.

ГЛАВА 5

ДЕМИКОТОНОВАЯ КНИГА ПРОТОПОПА ТУБЕРОЗОВА

Туберозов просматривал свой календарь с самой первой прокладной страницы, на которой было написано: «По рукоположении[40] меня 4-го февраля 1831 года преосвященным Гавриилом в иерея получил я от него сию книгу в подарок за моё доброе прохождение семинарских наук и за поведение». За первою надписью, совершенною в первый день иерейства Туберозова, была вторая: «Проповедовал впервые в соборе после архиерейского служения. Темой проповеди избрал текст притчи о сыновьях вертоградаря[41]. Один сказал: «не пойду», и пошёл, а другой отвечал: «пойду», и не пошёл. Свёл сие ко благим действиям и благим намерениям, позволяя себе некоторые намёки на служащих, присягающих

---

[39] Экономические свечи — свечи из низшего сорта стеарина.

[40] Рукоположение — возложение рук высшего духовного лица на голову посвящаемого в духовный чин.

[41] Притча о сыновьях вертоградаря — Евангелие от Матфея (XXI, 28-31).

и о присяге своей небрегущих, давая сим тонкие намёки чиноначалиям и властям. Говорил плавно и менее пышно, чем естественно. Владыка одобрили сию мою пробу пера. Однако же впоследствии его преосвященство призывал меня к себе и, одобряя моё слово вообще, в частности же указал, дабы в проповедях прямого отношения к жизни делать опасался, особливо же насчёт чиновников, ибо от них-де чем дальше, тем и освященнее. Но за прошлое сказание не укорял и даже как бы одобрил.

1832 года, декабря 18-го, был призван высокопреосвященным и получил назначение в Старгород, где нарочито силён раскол. Указано противодействовать оному всячески.

1833 года, в восьмой день февраля, выехал с попадьёй из села Благодухова в Старгород и прибыл сюда 12-го числа о заутрене. На дороге чуть нас не съела волчья свадьба. В церкви застал нестроение. Раскол силён. Осмотревшись, нахожу, что противодействие расколу по консисторской инструкции дело не важное, и о сём писал в консисторию и получил за то выговор».

Протоиерей пропустил несколько заметок и остановился опять на следующей: «Получив замечание о бездеятельности, усматриваемой в недоставлении мною обильных доносов, оправдывался, что в расколе делается только то, что уже давно всем известно, про что и писать нечего, и при сём добавил в сём рапорте, что наиглавнее всего, что церковное духовенство находится в крайней бедности, и того для, по человеческой слабости, не противодейственно подкупам и даже само немало потворствует расколу, как и другие прочие оберегатели православия, приемля даяния раскольников. Заключил, что не с иного чего надо бы начать, к исправлению скорбей церкви, как с изъятия самого духовенства из-под тяжкой зависимости. Образцом сему показал раскольничьи сравнения синода с патриаршеством и сим надеялся и деятельность свою оправдать и очередной от себя донос отбыть, но за опыт сей вторично получил выговор и замечание и вызван к личному объяснению, при коем был назван «непочтительным Хамом[42], открывающим наготу отца». Сие, надлежит подразумевать, удостоен был получить за то, что сознал, как бедное, полуголодное духовенство само за неволю нередко расколу потворствует, и наипаче за то, что про синод упомянул... Простите, пожалуйте, кто обижен! В забвение вами мне сея великия вины вспомяну

---

[42] ...непочтительным Хамом... — По библейскому преданию Хам, увидев, что отец его Ной спит обнажённым, не прикрыл его одеждой и рассказал об этом братьям (Бытие, IX, 21-22).

вам слова светского, но светлого писателя господина Татищева[43]: «А голодный, хотя бы и патриарх был, кусок хлеба возьмёт, особливо предложенный». Вот и патриарху на орехи!»

Ниже, через несколько записей, значилось: «Был по делам в губернии и, представляясь владыке, лично ему докладывал о бедности причтов. Владыка очень о сём соболезновали; но заметили, что и сам Господь наш не имел где главы восклонить[44], а к сему учить не уставал. Советовал мне, дабы рекомендовать духовным читать книгу «О подражании Христу[45]». На сие ничего его преосвященству не возражал, да и вотще было бы возражать, потому как и книги той духовному нищенству нашему достать негде.

Политично за вечерним столом у отца соборного ключаря[46] ещё раз заводил речь о сём же предмете с отцом благочинным и с секретарём консистории; однако сии речи мои обращены в шутку. Секретарь с усмешкой сказал, что «бедному удобнее в царствие Божие внити[47]», что мы и без его благородия знали, а отец ключарь при сём рассказали небезынтересный анекдот об одном академическом студенте, который впоследствии был знаменитым святителем и проповедником. Сей будто бы ещё в мирском звании на вопрос владыки, имеет ли он какое состояние, ответствовал:

— Имею, ваше преосвященство.

— А движимое или недвижимое? — вопросил сей, на что оный ответствовал:

— И движимое и недвижимое.

— Что же такое у тебя есть движимое? — вновь вопросил его владыка, видя заметную мизерность его костюма.

— А движимое у меня дом в селе, — ответствовал вопрошаемый.

— Как так, дом движимое? Рассуди, сколь глуп ответ твой.

А тот, нимало сим не смущаясь, провещал, что ответ его правилен, ибо

---

[43] ...вспомяну вам слова... Татищева... — цитата из «Духовной» Василия Никитича Татищева (1686-1750), государственного деятеля и историка, сподвижника Петра Великого.

[44] ...и сам господь наш не имел где главы восклонить... — «... лисицы имеют норы и птицы небесные гнёзда, а Сын человеческий [Христос] не имеет, где приклонить голову» (Евангелие от Матфея, VIII, 20).

[45] «О подражании Христу» — сочинение средневекового монаха, религиозного философа Фомы Кемпийского (1380-1471).

[46] Соборный ключарь — священник, ответственный за соборное имущество и за порядок во время богослужения.

[47] «бедному удобнее в царствие Божие внити» — неточная цитата из Евангелия от Матфея (XIX, 24) и Евангелия от Луки (XVIII, 25).

дом его такого свойства, что коль скоро на него ветер подует, то он весь и движется.

Владыке ответ сей показался столь своеобразным, что он этого студиозуса за дурня уже не хотел почитать, а напротив, интересуяся им, ещё вопросил:

— Что же ты своею недвижимостью нарицаешь?

— А недвижимость моя, — отвечал студент, — матушка моя дьячиха да наша коровка бурая, кои обе ног не двигали, когда отбывал из дому, одна от старости, другая же от бескормицы.

Немало сему все мы смеялись, хотя я, впрочем, находил в сём более печального и трагического, нежели комедийной весёлости, способной тешить. Начинаю замечать во всех значительную смешливость и легкомыслие, в коих доброго не предусматриваю.

Житие моё провожу в сне и в ядении. Расколу не могу оказывать противодействий ни малым чем, ибо всеми связан, и причтом своим полуголодным и исправником дуже сытым. Негодую, зачем я как бы в посмешище с миссионерскою целию послан: проповедовать — да некому; учить — да не слушают! Проповедует исправник меня гораздо лучше, ибо у него к сему есть такая миссионерская снасть о нескольких концах, а от меня доносов требуют. Владыко мой! к чему сии доносы? Что в них завёртывать? А мне, по моему рассуждению, и сан мой не позволяет писать их. Я лучше чистой бумаги пожертвую…

Представлял рапортом о дозволении иметь на Пасхе словопрение с раскольниками, в чем и отказано. Вдобавок к форменной бумаге секретарь, смеючись, отписал приватно, что если скука одолевает, то чтобы к ним проехался. Нет уж, покорнейше спасибо, а не прогневайтесь на здоровье. И без того мой хитон обличает мя, яко несть брачен[48], да и жена в одной исподнице гуляет. Следовало бы как ни на есть поизряднее примундириться, потому что люди у нас руки целуют, а примундироваться ещё пока ровно не на что; но всего что противнее, это сей презренный, наглый и бесстыжий тон консисторский, с которым говорится: «А не хочешь ли, поп, в консисторию съездить подоиться?» Нет, друже, не хочу, не хочу; поищите себе кормилицу подебелее.

13-го октября 1835 года. Читал книгу об обличении раскола. Все в ней есть, да одного нет, что раскольники блюдут своё заблуждение, а мы своим правым путём небрежем; а сие, мню, яко важнейшее.

Сегодня утром. 18-го марта сего 1836 года, попадья, Наталья

---

[48] …мой хитон обличает мя, яко несть брачен… — в такой одежде, как моя, нельзя идти на брачный пир. Смысл: дела мои обличают меня, ибо они недостойны. Слова из «Последования к св. Причащению», читаемого верующими перед принятием причастия. Здесь: я бедно одет.

Николаевна намекнула мне, что она чувствует себя непорожнею. Подай Господи нам сию радость! Ожидать в начале ноября.

9-го мая на день св. Николая Угодника, происходило разрушение Деевской староверческой часовни. Зрелище было страшное, непристойное и поистине возмутительное; а к сему же ещё, как назло, железный крест с купольного фонаря сорвался и повис на цепях, а будучи остервененно понуждаем баграми разорителей к падению, упал внезапно и проломил пожарному солдату из жидов голову, отчего тот здесь же и помер. Ох, как мне было тяжко все это видеть: Господи! да, право, хотя бы жидов-то не посылали, что ли, кресты рвать! Вечером над разорённою молельной собирался народ, и их, и наш церковный, и все вместе много и горестно плакали и, на конец того, начали даже искать объятий и унии[49].

10-го мая. Были большие со стороны начальства ошибки. Пред полунощью прошёл слух, что народ вынес на камень лампаду и начал молиться над разбитою молельной. Все мы собрались и видим, точно, идёт моление, и лампада горит в руках у старца и не потухает. Городничий велел тихо подвести пожарные трубы и из них народ окачивать. Было сие весьма необдуманно и, скажу, даже глупо, ибо народ зажёг свечи и пошёл по домам, воспевая «мучителя фараона[50]» и крича: «Господь поборает вере мучимой; и ветер свещей не гасит»; другие кивали на меня и вопили: «Подай нам нашу Пречистую покровенную Богородицу и поклоняйся своей простоволосой в немецком платье». Я только указал городничему, сколь неосторожно было сие его распоряжение о разорении, и срывании крестов, и отобрании иконы, но ему что? Ему лишь бы у немца выслужиться.

12-го мая. Франтовство одолело! взял в долг у предводительской экономки два шёлковые платья предводительшины и послал их в город окрасить в масака[51] цвет, как у губернского протодиакона, и сошью себе ряску шёлковую. Невозможно без этой аккуратности, потому что становлюсь повсюду вхож в дворянские дома, а унижать себя не намерен.

17-го мая. Попадья Наталья Николаевна намекнула, что она в рассуждении своего положения ошиблась.

20-го июня. По донесению городничего, за нехождение со крестом о Пасхе в дома раскольников, был снова вызван в губернию. Изложил сие дело владыке обстоятельно, что не ходил я к староверам не по нерадению,

---

[49] Уния — единение, соединение.

[50] ...пошёл по домам, воспевая «мучителя фараона»... — Правильно: «гонителя фараона». Цитируется церковное песнопение о воинстве фараона, гнавшемся за уходящими из Египта «сынами Израилевыми» и потопленном в Чермном (Красном) море (Исход, XIV, 27-28).

[51] Масака — темно-лиловый цвет.

ибо то даже было в карманный себе ущерб; но я сделал сие для того, дабы раскольники чувствовали, что чести моего с причтом посещения лишаются.

Владыко задумались и потом объяснение моё приняли; но не мимо идёт речь, что царь жалует, да его псарь не жалует. Так как дело сие о моей манкировке некоторою своей стороной касалось и гражданской власти, то, дабы положить конец сей пустой претензии и обонпол[52], владыка послали меня объяснить сие важное дело губернатору. Но и было же объяснение!.. Оле[53] мне, грешному, что я только там вытерпел! Оле и вам, ближние мои, братия мои, искреннии и други, за срамоту мою и унижение, которые я перенёс от сего куцего нечестивца! Губернатор, яко немец, соблюдая амбицию своего Лютера[54], русского попа к себе не допустил, отрядил меня для собеседования о сём к правителю. Сей же правитель, поляк, не по-владычнему дело сие рассмотреть изволил, а напустился на меня с криком и рыканием, говоря, что я потворствую расколу и сопротивляюсь воле моего государя. Оле же тебе, ляше прокажённый, и ты с твоею прожжённою совестию меня сопротивлением царю моему упрекаешь! Однако я сие снёс и ушёл молча, памятуя хохлацкую пословицу: «скачи, враже, як пан каже». И вышло так, что все описанное случилось как бы для обновления моей шёлковой рясы, которая, при сём скажу, сделана весьма исправно и едва только при солнце чуть оттеняет, что из разных материй.

23 марта. Сегодня, в Субботу Страстную[55], приходили причетники и дьякон. Прохор просит, дабы неотменно идти со крестом на Пасхе и по домам раскольников, ибо несоблюдение сего им в ущерб. Отдал им из своих денег сорок рублей, но не пошёл на сей срам, дабы принимать деньги у мужичьих ворот как подаяние. Вот теперь уже рясу свою вижу уже за глупость, мог бы и без неё обойтись, и было бы что причту раздать пообильнее. Но думалось: «нельзя же комиссару и без штанов».

24-го апреля 1837 года. Был осрамлен до слёз и до рыданий. Опять был на меня донос, и опять предстоял пред оным губернаторским правителем за невхождение со крестом во дворы раскольников. Донос сделан самим моим причтом. Как перенести сию низость и неблагородство! Мыслитель и администратор! сложи в просвещённом уме своём, из чего жизнь попа русского сочетавается. Возвращаясь домой, целую дорогу сетовал на себя, что не пошёл в академию. Оттоль поступил бы в монашество, как другие;

---

[52] Обонпол (церковнослав.) — по ту сторону.

[53] Оле (церковнослав.) — увы.

[54] Лютер, Мартин (1483-1546) — деятель реформации в Германии, основатель лютеранства, одного из главных направлений протестантизма.

[55] Суббота Страстная — суббота Страстной недели Великого поста.

был бы с летами архимандритом[56] , архиереем; ездил бы в карете, сам бы командовал, а не мною бы помыкали. Суетой сею злобно себя тешил, упорно воображая себя архиереем, но, приехав домой, был нежно обласкан попадьёй и возблагодарил Бога, тако устроившего, яко же есть.

25-го апреля. Был я осрамлен в губернии; но мало в сравнении пред тем, сколь дома сегодня остыжен, как школьник. Вчера только вписал я мои нотатки о моих скорбях и недовольствах, а сегодня, встав рано, сел у окна и, размышляя о делах своих, и о прошедшем своём, и о будущем, глядел на раскрытую пред окном моим бакшу полунищего Пизонского. Прошлый год у него на грядах некая дурочка Настя, обольщённая проходящим солдатом, родила младенца и сама, кинувшись в воду, утонула. Пизонскнй в одинокой старости своей призрел сего младенца, и о сём все позабыли; позабыл и я во главе прочих. Но утром днесь поглядаю свысока на землю сего Пизонского да думаю о делах своих, как вдруг начинаю замечать, что эта свежевзоранная, чёрная, даже как бы синеватая земля необыкновенно как красиво нежится под утренним солнцем и ходят по ней бороздами в блестящем пере тощие чёрные птицы и свежим червём подкрепляют своё голодное тело. Сам же старый Пизонский, весь с лысой головы своей озарённый солнцем, стоял на лестнице у утверждённого на столбах рассадника и, имея в одной руке чашу с семенами, другою погружал зёрна, кладя их щепотью крестообразно, и, глядя на небо, с опущением каждого зёрна, взывал по одному слову: «Боже! устрой, и умножь, и возрасти на всякую долю человека голодного и сирого, хотящего, просящего и произволящего, благословляющего и неблагодарного», и едва он сие кончил, как вдруг все ходившие по пашне чёрные глянцевитые птицы вскричали, закудахтали куры и запел, громко захлопав крылами, горластый петух, а с рогожи сдвинулся тот, принятый сим чудаком, мальчик, сын дурочки Насти; он детски отрадно засмеялся, руками всплескал и, смеясь, пополз по мягкой земле. Было мне все это точно виденье. Старый Пизонский был счастлив и громко запел: «Аллилуйя!» — «Аллилуйя, Боже мой!» — запел и я себе от восторга и умилённо заплакал. В этих целебных слезах я облегчил мои досаждения и понял, сколь глупа была скорбь моя, и долго после дивился, как дивно врачует природа недуги души человеческой! Умножь и возрасти, Боже, благая на земли на всякую долю: на хотящего, просящего, на произволящего и неблагодарного… Я никогда не встречал такой молитвы в печатной книге. Боже мой, Боже мой! этот старик садил на долю вора и за него молился! Это, может быть, гражданскою критикой не очищается, но это ужасно трогает. О моя мягкосердечная Русь, как ты прекрасна!

---

[56] Архимандрит — монашеский чин.

6-го августа, день Преображения Господня. Что это за прелестная такая моя попадья Наталья Николаевна! Опять: где, кроме святой Руси, подобные жены быть могут? Я ей говорил как-то, сколь меня трогает нежность беднейшего Пизонского о детях, а она сейчас поняла или отгадала мысль мою и жаждание: обняла меня и с румянцем стыдливости, столь ей идущим, сказала: «Погоди, отец Савелий, может, Господь даст нам». (Она разумела: даст Детей.) Но я по обычаю, думая, что подобные её надежды всегда суетны и обманчивы, ни о каких подробностях её не спрашивал, и так оно и вышло, что не надо было беспокоиться. Но и из ложной сей тревоги вышла превосходная трогательность. Сегодня я говорил слово к убеждению в необходимости всегдашнего себя преображения, дабы силу иметь во всех борьбах коваться, как металл некий крепкий и ковкий, а не плющиться, как низменная глина, иссыхая сохраняющая отпечаток последней ноги, которая на неё наступила. Говоря сие, увлёкся некоею импровизацией и указал народу на стоявшего у дверей Пизонского. Хотя я по имени его и не назвал, но сказал о нем как о некоем посреди нас стоящем, который, придя к нам нагий и всеми глупцами осмеянный за своё убожество, не только сам не погиб, но и величайшее из дел человеческих сделал, спасая и воспитывая неоперённых птенцов. Я сказал, сколь сие сладко — согревать беззащитное тело детей и насаждать в души их семена добра. Выговорив это, я сам почувствовал мои ресницы омоченными и увидал, что и многие из слушателей стали отирать глаза свои и искать очами по церкви некоего, его же разумела душа моя, искать Котина нищего, Котина, сирых питателя. И видя, что его нету, ибо он, поняв намёк мой, смиренно вышел, я ощутил как бы некую священную острую боль и задыхание по тому случаю, что смутил его похвалой, и сказал: «Нет его, нет, братия, меж нами! ибо ему не нужно это слабое слово моё, потому что слово любве давно огненным перстом Божиим начертано в смиренном его сердце. Прошу вас, — сказал я с поклоном, — все вы, здесь собравшиеся достопочтенные и именитые сограждане, простите мне, что не стратига[57] превознесённого воспомнил я вам в нашей беседе в образ силы и в подражание, но единого от малых[58], и если что смутит вас от сего, то отнесите сие к моей малости, зане грешный поп ваш Савелий, назирая сего малого, не раз чувствует, что сам он пред ним не иерей Бога вышнего, а в ризах сих, покрывающих моё недостоинство, — гроб повапленный[59]. Аминь».

---

[57] Стратиг — военачальник.

[58] ...единого от малых... — Евангелие от Матфея (XVIII, 6).

[59] Гроб повапленный — слова Христа: «Горе вам, книжники и фарисеи, лицемеры, что уподобляетесь гробам повапленным [окрашенным, выбеленным], которые

Не знаю, что заключалось умного и красноречивого в простых словах сих, сказанных мною совершенно ex promptu[60], но могу сказать, что богомольцы мои нечто из сего вняли, и на мою руку, когда я её подавал при отпуске, пала не одна слеза[61]. Но это не все: важнейшее для меня только наступало.

Как бы в некую награду за искреннее слово моё об отраде пещись не токмо о своих, но и о чужих детях, Вездесущий и Всеисполняющий приял и моё недостоинство под свою десницу. Он открыл мне днесь всю истинную цену сокровища, которым, по безмерным щедротам Его, я владею, и велел мне ещё преобразиться в наидовольнейшего судьбою своею человека. Только что прихожу домой с пятком освящённых после обедни яблок[62], как на пороге ожидает меня встреча с некоторою довольно старою знакомкой: то сама попадья моя Наталья Николаевна, выкравшись тихо из церкви, во время отпуска, приготовила мне, по обычаю, чай с лёгким фриштиком[63] и стоит стопочкой на пороге, но стоит не с пустыми руками, а с букетом из речной лилеи и садового левкоя. «Ну, ещё ли не коварная после этого ты женщина, Наталья Николаевна!» — сказал я, никогда прежде сего её коварством не укорявши. Но она столь умна, что нимало этим не обиделась: она поняла, что сие шуткой сказано, и, обняв меня, только тихо, но прегорько заплакала. Чего эти слезы? — сие её тайна, но для меня не таинственна сия твоя тайна, жена добрая и не знающая чем утешать мужа своего, а утехи Израилевой, Вениамина малого, дать ему лишённая[64]. Да, токмо речною лилеею и садовым левкоем встретило меня в этот день её отверстое в любви и благоволении сердце! В тихой грусти, двое бездетные, сели мы за чай, но был то не чай, а слезы наши растворялись нам в питие, и незаметно для себя мы оба заплакали, и оборучь[65] пали мы ниц пред образом Спаса и много и жарко молились Ему об утехе Израилевой. Наташа после открылась, что она как бы слышала некое обетование чрез ангела, и я хотя понимал, что это плод

снаружи кажутся красивыми, а внутри полны костей мёртвых и всякой нечистоты» (Евангелие от Матфея, XXIII, 27).

[60] Вдруг (лат.).

[61] ...на мою руку, когда я её подавал при отпуске, пала не одна слеза. — Отпуск (отпуст) — краткая молитва, читаемая священником в конце богослужения (в данном случае — литургии), после чего молящиеся подходят к нему и целуют крест, который он держит в руке.

[62] ...освящённых после обедни яблок... — В день Преображения после обедни совершается освящение плодов.

[63] Фриштик (нем. Fruhstuck) — завтрак.

[64] ...а утехи Израилевой, Вениамина малого, дать ему лишённая. — См. прим.[12].

[65] Оборучь (церковнослав.) — рука в руку.

её доброй фантазии, но оба мы стали радостны, как дети. Замечу, однако, что и в сём настроении Наталья Николаевна значительно меня, грубого мужчину, превосходила как в ума сообразительности, так и в достоинстве возвышенных чувств.

— Скажи мне, отец Савелий, — приступила она ко мне, добродушно ласкаючись, — скажи, дружок: не был ли ты когда-нибудь, прежде чем нашёл меня, против целомудренной заповеди грешен[66]?

Такой вопрос, откровенно должен признаться, крайне смутил меня, ибо я вдруг стал понимать, к чему моя негодящая жёнка у меня такое ей несоответственное выпытывает.

Но она со всею своею превосходною скромностью и со всею с этою женскою кокетерией, которую хотя и попадья, но от природы унаследовала, вдруг и взаправду коварно начала меня обольщать воспоминаниями минувшей моей юности, напоминая, что тому, о чем она намекнула, не трудно было статься, ибо был будто бы я столь собою пригож, что когда приехал к её отцу в город Фатеж на ней свататься, то все девицы не только духовные, но даже и светские по мне вздыхали! Сколь сие ни забавно, однако я старался рассеять всякие сомнения насчёт своей юности, что мне и нетрудно, ибо без лжи в сём имею оправдание. Но чем я твёрже её успокоивал, тем она более приунывала, и я не постигал, отчего оправдания мои её нимало не радовали, а, напротив, все более как будто печалили, и. наконец, она сказала:

— Нет, ты, отец Савелий, вспомни, может, быть, когда ты был легкомыслен… то нет ли где какого сиротки?

Тут уже я, что она сказать хочет, уразумел и понял, к чему она все это вела и чего она сказать стыдится; это она тщится отыскать моё незаконное дитя, которого нет у меня! Какое благодушие! Я, как ужаленный слепнём вол, сорвался с своего места, бросился к окну и вперил глаза мои в небесную даль, чтобы даль одна видела меня, столь превзойдённого моею женой в доброте и попечении. Но и она, моя лилейная и левкойная подруга, моя роза белая, непорочная, благоуханная и добрая, и она снялась вслед за мною; поступью лёгкою ко мне сзади подкралась и, положив на плечи мне свои малые лапки, сказала:

— Вспомни, голубь мой: может быть, где-нибудь есть тот голубёнок, и если есть, пойдём и возьмём его!

Мало что она его хочет отыскивать, она его уже любит и жалеет, как неоперённого голубёнка! Этого я уже не снёс и, закусив зубами бороду свою, пал пред ней на колени и, поклонясь ей до земли, зарыдал тем рыданием, которому нет на свете описания. Да и вправду, поведайте мне

---

[66] …против целомудренной заповеди грешен? — т. е. против седьмой заповеди — «Не прелюбодействуй».

времена и народы, где, кроме святой Руси нашей, родятся такие женщины, как сия добродетель? Кто её всему этому учил? Кто её воспитывал, кроме Тебя, Всеблагий Боже, который дал её недостойному из слуг Твоих, дабы он мог ближе ощущать Твоё величие и благость».

Здесь в дневнике отца Савелия почти целая страница была залита чернилами и внизу этого чернильного пятна начертаны следующие строки:

«Ни пятна сего не выведу, ни некоей нескладицы и тождесловия[67], которые в последних строках замечаю, не исправлю: пусть все так и остаётся, ибо все, чем сия минута для меня обильна, мило мне в настоящем своём виде и таковым должно сохраниться. Попадья моя не унялась сегодня проказничать, хотя теперь уже двенадцатый час ночи, и хотя она за обычай всегда в это время спит, и хотя я это и люблю, чтоб она к полуночи всегда спала, ибо ей то здорово, а я люблю слегка освежать себя в ночной тишине каким удобно чтением, а иною порой пишу свои нотатки, и нередко, пописав несколько, подхожу к ней спящей и спящую её целую, и если чем огорчён, то в сём отрадном поцелуе почерпаю снова бодрость и силу и тогда засыпаю покойно. Днесь же я вёл себя до сей поры несколько инако. По сём дне, повергавшем меня всеми ощущениями в беспрерывное разнообразие, я столь был увлечён описанием того, что мною выше описано, что чувствовал плохую жёнку мою в душе моей, и поелику душа моя лобзала её, я не вздумал ни однажды подойти к ней и поцеловать её. Но она, тонкая сия лукавица, заметив сие моё упущение, поправила оное с невероятною оригинальностью: час тому назад пришла она, положила мне на стол носовой платок чистый и, поцеловав меня, как бы и путная, удалилась ко сну. Но что же, однако, за непостижимые хитрости женские за ней оказываются! Вдруг, пресерьезнейше пишучи, вижу я, что мой платок как бы движется и внезапно падает на пол. Я нагнулся, положил его снова на стол и снова занялся писанием; но платок опять упал на пол. Я его положил на колени мои, а он и оттоль падает. Тогда я взял сего непокорного да прикрепил его, подложив немного под чернильницу, а он, однако, и оттуда убежал и даже увлёк с собою и самую чернильницу, опрокинул её и календарь мой сим изрядным пятном изукрасил. Что же сие полотняное бегство означает? означает оно то, что попадья моя выходит наипервейшая кокетка, да ещё к тому и редкостная, потому что не с добрыми людьми, а с мужем кокетничает. Я уж её сегодня вечером в этом упрекнул, когда она, улыбаючись, предо мною сидела на окошечке и сожалела, что она романсов петь не умеет, а она какую теперь штуку измыслила и приправила! Взяла к этому платку, что мне положила, поднося его мне, потаённо прикрепила весьма длинную нитку, протянула

---

[67] Тождесловие — повторение одной и той же мысли в разных выражениях.

её под дверь к себе на постель и, лежачи на покое, платок мой у меня из-под рук изволит, шаля, подёргивать. И я, толстоносый, потому это только открыл, что с последним падением платка её тихий и радостный хохот раздался и потом за дверью её босые ножонки затопотали. Напрокудила, да и плюх в постель. Пошёл, целовал её без меры, но ушёл опять, чтобы занотовать[68] себе всю прелесть жены моей под свежими чувствами.

7-го августа. Всю ночь прошедшую не спал от избытка моего счастия и не солгу, если прибавлю, что также и Наташа немало сему бодрствованию способствовала. Словно влюблённые под Петров день солнце караулят[69], так и мы с нею, после пятилетнего брака своего, сегодняшнего солнца дождались, сидя под окном своим. Призналась голубка, что она и весьма часто этак не спит, когда я пишу, а только спящею притворяется, да и во многом другом призналась. Призналася, что вчера в церкви, слушая моё слово, которое ей почему-то столь много понравилось, она дала обет идти пешком в Киев, если только почувствует себя в тягости. Я этого не одобрил, потому что такой переход беременной не совсем в силу; но обет исполнить ей разрешил, потому что при такой радости, разумеется, и сам тогда с нею пойду, и где она уставать станет, я понесу её. Делали сему опыт: я долго носил её на руках моих по саду, мечтая, как бы она уже была беременная и я её охраняю, дабы не случилось с ней от ходьбы какого несчастия. Столь этою мыслью желанною увлекаюсь, что, увидев, как Наташа, шаля, села на качели, кои кухаркина девочка под яблонью подцепила, я даже снял те качели, чтобы сего вперёд не случилось, и наверх яблони закинул с величайшим опасением, чему Наташа очень много смеялася. Однако, хотя жизнь моя и не изобилует вещами, тщательной секретности требующими, но все-таки хорошо, что хозяин домика нашего обнёс свой садик добрым заборцем, а Господь обрастил этот забор густою малиной, а то, пожалуй, иной сказал бы, что попа Савелия не грех подчас назвать и скоморохом.

9-го августа. Заношу препотешное событие, о чем моя жена с дьяконовым сыном-ритором вела сегодня не только разговор, но даже и спор. Это поистине и казус и комедия. Спорили о том: Кто всех умнее? Ритор говорит, что всех умнее был Соломон[70], а моя попадья утверждает,

---

[68] Занотовать — записать.

[69] …под Петров день солнце караулят… — По народному поверью увидеть солнце под Петров день (12 июля по новому стилю) — к счастью.

[70] …всех умнее был Соломон… — Соломон, царь израильский (X в. до н. э.); по библейскому преданию является автором книг «Притчи Соломоновы», «Екклезиаст», «Премудрость Соломонова» и «Песнь Песней». В Библии о нем говорится: «И была мудрость Соломонова выше мудрости всех сынов востока и всей мудрости Египтян» (Третья книга Царств, IV, 30).

что я, и должно сознаться, что на сей раз роскошный царь Сиона имел адвоката гораздо менее стойкого, чем я. Ох, сколь же я смеялся! И скажите, сделайте ваше одолжение, что на свете бывает! Я все это слышал из спальни, после обеда отдыхая, и, проснувшись, уже не решился прерывать их диспута, а они один другого поражали: оный ритор, стоя за разум Соломона, подкрепляет своё мнение словами Писания, что «Соломон бе мудрейший из всех на земли сущих», а моя благоверная поразила его особым манером: «Нечего, нечего, — говорит, — вам мне ткать это ваше: бе, да рече, да пене; это ваше бе, — говорит, — ничего не значит, потому что оно ещё тогда было писано, когда отец Савелий ещё не родился». Тут в сей дискурс[71] вмешался ещё слушавший сей спор их никитский священник, отец Захария Бенефактов, и он завершил все сие, подтвердив слова жены моей, что «это правда», то есть «правда» в рассуждении того, что меня тогда не было. Итак, вышли все сии три критика как есть правы. Неправ остался один я, к которому все их критические мнения поступили на антикритику: впервые огорчил я мою Наташу, отвергнув её мнение насчёт того, что я всех умнее, и на вопрос её, кто меня умнее? отвечал, что она. Наиотчайнейший отпор в сём получил, каким только истина одна отвергаться может: «Умные, — говорит, — обо всем рассуждают, а я ни о чем судить не могу и никогда не рассуждаю. Отчего же это?» На сие я её тихо тронул за её маленький нос и отвечал: «Это оттого ты не спешишь мешать рассуждением, что у тебя вместо строптивого носа сия смиренная пуговица на этом месте посажена». Но, однако, она и сие поняла, что я хотел выразить этою шуткой, намекая на её кротость, и попробовала и это в себе опорочить, напомнив в сей цели, как она однажды руками билась с почтмейстершей, отнимая у неё служащую девочку, которую та сурово наказывала.

10-го августа, утром. Пришла мне какая мысль сегодня в постели! Рецепт хочу некий издать для всех несчастливых пар как всеобщего звания, так и наипаче духовных, поелику нам домашнее счастие наипаче необходимейшее. Говорят иносказательно, что наилучшее, чтобы женщина ходила с водой против мужчины, ходящего с огнём, то есть дабы, если он с пылкостию, то она была бы с кротостию, но все это, по-моему, ещё не ясно, и притом слишком много толкований допускает; а я, глядя на себя с Натальей Николаевной, решаюсь вывесть, что и наивернейшее средство ладить — сие: пусть считают друг друга умнее друг друга, и оба тогда будут один другого умней. «Друг, друг, друга!» Эко как бесподобно выражаюсь! Но, впрочем, настоящему мечтателю так и подобает говорить без толку.

---

[71] Дискурс (франц. discours) — речь.

15-го августа. Успение Пресвятыя Богородицы. Однако в то самое время, как я восторгался женой моей, я и не заметил, что тронувшее Наташу слово моё на Преображеньев день других тронуло совершенно в другую сторону, и я посеял против себя вовсе нежеланное неудовольствие в некоторых лицах в городе. Богомольцы мои, конечно не все, а некоторые, конечно, и впереди всех почтмейстерша Тимонова, обиделись, что я унизил их намёком на Пизонского. Но все это вздор умов пустых и вздорных. Конечно, все это благополучно на самолюбиях их благородий, как раны на пёсьей шкуре, так и присохнет.

3-го сентября. Я сделал значительную ошибку: нет, совсем этой неосторожности не конец. Из консистории получен запрос; действительно ли я говорил импровизацией проповедь с указанием на живое лицо? Ах, сколь у нас везде всего живого боятся! Что ж, я так и отвечал, что говорил именно вот как и вот что. Думаю, не повесят же меня за это и головы не снимут, а между тем против воли смутно и спокойствие улетело.

20-го октября. Всеконечно, правда, что головы не снимут, но рот замкнуть могут, и сделать сего не преминули. 15-го же сентября я был вызван для объяснения. Одна спешность сия сама по себе уже не много доброго предвещала, ибо на добро у нас люди не торопливы, а власти тем паче, но, однако, я ехал храбро. Храбрость сия была охлаждена сначала тридцатишестидневным сидением на ухе без рыбы в ожидании объяснения, а потом приказанием все, что вперёд пожелаю сказать, присылать предварительно цензору Троадию. Но этого никогда не будет, и зато я буду нем яко рыба. Прости, Вседержитель, мою гордыню, но я не могу с холодностию бесстрастною совершать дело проповеди. Я ощущаю порой нечто на меня сходящее, когда любимый дар мой ищет действия; мною тогда овладевает некое, позволю себе сказать, священное беспокойство; душа трепещет и горит, и слово падает из уст, как угль горящий. Нет, тогда в душе моей есть свой закон цензуры!.. А они требуют, чтоб я вместо живой речи, направляемой от души к душе, делал риторические упражнения и сими отцу Троадию доставлял удовольствие чувствовать, что в церкви минули дни Могилы, Ростовского Димитрия[72] и других светил светлых, а настали иные, когда не умнейший слабейшего в разуме наставляет, а обратно, дабы сим уму и чувству человеческому поругаться. Я сей дорогой не ходок.

Нет, я против сего бунтлив, и лучше сомкнитесь вы, мои нельстивые

---

[72] ...минули дни Могилы, Ростовского Димитрия... — Речь идёт о церковных проповедниках: митрополите Киевском Петре Могиле (1596-1647), известном своим рвением к просвещению, и Димитрии, митрополите Ростовском (1651-1709), авторе ряда исторических трудов и книги «Четии-Минеи» (собрания житий святых), пользовавшемся исключительным расположением Петра Великого.

уста, и смолкни ты, моё бесхитростное слово, но я из-под неволи не проповедник.

23-го ноября. Однако не могу сказать, чтобы жизнь моя была уже совсем обижена разнообразием. Напротив, все идёт вперемежку, так что даже и интерес ни на минуту не ослабевает: то оболгут добрые люди, то начальство потреплет, то Троадию скорбноглавому в науку меня назначат, то увлекусь ласками попадьи моей, то замечтаюсь до самолюбия, а время в сём все идёт да идёт, и к смерти все ближе да ближе. Ещё не все! Ещё не все последствия моей злополучной Преображенской проповеди совершились. У нас, в восьмнадцати верстах от города, на берегу нашей же реки Турицы, в обширном селе Плодомасове, живёт владелица сего села, боярыня Марфа Андревна Плодомасова[73]. Сия кочерга столь старого леса, что уже и признаков жизни её издавна никаких не замечается, а известно только по старым памятям, что она женщина весьма немалого духа. Она и великой императрице Екатерине знаема была, и Александр император, поговорив с нею, находил необременительною для себя эту её беседу; а наиболее всего она известна в народе тем, как она в молодых летах своих одна с Пугачёвым сражалась и нашла, как себя от этого мерзкого зверя защитить. Ещё же о чем ежели на её счёт вспоминают, то это ещё повторение о ней различных оригинальных анекдотов о её свиданиях с посещавшими её губернаторами, чиновниками, а также, в двенадцатом году, с пленными французами; но все это относится к области её минувшего века. Ныне же про неё забыли, и если когда речь её особы коснётся, то думают, что и она сама уже всех забыла. Лет двадцать уже никто из сторонних людей не может похвастаться, что он боярыню Плодомасову видел.

Третьего дня, часу в двенадцатом пополудни, я был несказанно изумлён, увидев подъезжающие ко мне большие господские дрожки тройкой больших рыжих коней, а на тех дрожках нарочито небольшого человечка, в картузе ворсистой шляпной материи с длинным козырем и в коричневой шинели с премножеством один над другим набранных капишончиков и пелерин.

Что бы сие, думаю, за неведомая особа, да и ко мне ли она едет или только ошибкой правит на меня путь свой?

Размышления эти мои, однако же, были скоро разрешены самою сею загадочною особой, вошедшею в мою зальцу с преизящною благопристойностью, которая всегда мне столь нравится. Прежде всего гость попросил моего благословения, а затем, шаркнув своею чрезвычайно

---

[73] Марфа Андревна Плодомасова — главное действующее лицо в очерках Н. Лескова «Старые годы в селе Плодомасове».

маленькою ножкой по полу и отступив с поклоном два шага назад, проговорил:

— Госпожа моя, Марфа Андревна Плодомасова, приказали мне, отец иерей, вам кланяться и просить вас немедленно со мною к ним пожаловать.

— В свою очередь, — говорю, — позвольте мне, сударь узнать, чрез кого я имею честь все это слышать?

— А я, — отвечает оный малютка, — есмь крепостной человек её превосходительства Марфы Андревны, Николай Афанасьев, — и, таким образом мне отрекомендовавшись, сия крошечная особа при сём снова напомнила мне, что госпожа его меня ожидает.

— По какому делу, — говорю, — не знаете ли?

— Её господской воли, батюшка, я, раб её, знать не могу, — отвечал карла и сим скромным ответом на мой несообразный вопрос до того меня сконфузил, что я даже начал пред ним изворачиваться, будто я спрашивал его вовсе не в том смысле. Спасибо ему, что он не стал меня допрашивать: в каком бы то ещё в ином смысле таковый вопрос мог быть сделан.

Пока я в смежной комнате одевался, сей интересный карлик вступил в собеседование с Наташей и совсем увлёк и восхитил её своими речами. Действительно, и в словах да и в самом говоре сего крошечного старичка есть нечто невыразимо милое и ко всему сему благородство и ласковость. Служанке, которая подала ему стакан воды, он положил на поднос двугривенный, и когда сия взять эти деньги сомневалась, он сам сконфузился и заговорил: «Нет, матушка, не обидьте, это у меня такая привычка»; а когда попадья моя вышла ко мне, чтобы волосы мне напомадить, он взял на руки случившуюся здесь за матерью замарашку-девочку кухаркину и говорит: «Слушай, как вон уточки на бережку разговаривают. Уточка-франтиха говорит селезню-козырю: купи коты, купи коты! а селезень отвечает: заказал, заказал!» И дитя рассмеялось, да и я тоже сему сочинению словесному птичьего разговора невольно улыбнулся. Это хотя бы даже господину Лафонтену или Ивану Крылову впору. Дорогу не заметил, как и прошла в разговорах с этим пречудесным карлой: столь много ума, чистоты и здравости нашёл во всех его рассуждениях.

Но теперь самое главное: наступал час свидания моего с одинокою боярыней.

Немалое для меня удивление составляет, что при приближении сего свидания я, от природы моей не робкий, ощущал в себе нечто вроде небольшой робости. Николай Афанасьич, проведя меня через ряд с поразительною для меня пышностью и крайней чистотой содержимых покоев, ввёл меня в круглую комнату с двумя рядами окон, изукрашенных в полукругах цветными стёклами; здесь мы нашли старушку немногим чем побольше Николая. При входе нашем она стояла и вертела ручку большого органа, и я уже чуть было не принял её за самую оригиналку-боярыню и чуть ей не раскланялся. Но она, увидев нас, неслышно вошедших по устилающим покои пушистым коврам, немедленно при явлении нашем оставила свою музыку и бросилась с несколько звериною, проворною ухваткой в смежный покой, двери коего завешены большою занавесью белого атласа, по которому вышиты цветными шелками разные китайские фигурки.

Эта женщина, скрывшаяся с такою поспешностью за занавесь, как я после узнал, родная сестра Николая и тоже карлица, но лишённая приятности, имеющейся в кроткой наружности её брата.

Николай тоже скрылся вслед за сестрою под ту же самую занавесь, а мне указал дожидаться на кресле. Тут-то вот, в течение времени, длившегося за сим около получаса, я и почувствовал некую смягу во рту, столь знакомую мне по бывшим ощущениям в детстве во время экзаменов. Но, наконец, настал и сему конец. За тою же самою занавесью я услышал такие слова: «А ну, покажи-ка мне этого умного попа, который, я слышала, приобык правду говорить?» И с сим занавесь как бы мановением чародейским, на невидимых шнурах, распахнулась, и я увидал пред собою саму боярыню Плодомасову. Голос её, который я пред сим только что слышал, уже достаточно противоречил моему мнению о её дряхлости, а вид её противоречил сему и ещё того более. Боярыня стояла предо мной в силе, которой, казалось, как бы и конца быть не может. Ростом она не велика и не дородна особенно, но как бы над всем будто царствует. Лицо её хранит выражение большой строгости и правды и, судя по чертам, надо полагать, некогда было прекрасно. Костюм её довольно странный и нынешнему времени несоответственный: вся голова её тщательно увита в несколько раз большою коричневою шалью, как у туркини. Далее на ней, как бы сказать, какой-то суконный казакин светлого цвета; потом под этим казакином юбка аксамитная ярко-оранжевая и жёлтые сапожки на высоких серебряных каблучках, а в руке палочка с аметистовым набалдашником. С одного боку её стоял Николай Афанасьевич, с другого — Марья Афанасьевна, а сзади её — сельский священник, отец Алексей[74], по её назначению посвящённый из её на волю пущенных крепостных.

— Здравствуй! — сказала она мне, головы нимало не наклоняя, и добавила: — я тебя рада видеть.

Я в ответ на это ей поклонился, и, кажется, даже и с изрядною неловкостью поклонился.

---

[74] Отец Алексей — персонаж хроники «Старые годы в селе Плодомасове».

— Поди же, благослови меня, — сказала она.

Я подошёл и благословил её, а она взяла и поцеловала мою руку, чего я всячески намерен был уклониться.

— Не дёргай руки, — сказала она, сие заметив, — это не твою руку я целую, а твоего сана. Садись теперь и давай немножко познакомимся.

Сели мы: она, я и отец Алексей, а карлики возле её стали.

— Мне говорил отец Алексей, что ты даром проповеди и хорошим умом обладаешь. Он сам в этом ничего не смыслит, а верно от людей слышал, а я уж давно умных людей не видала и вот захотела со скуки на тебя посмотреть. Ты за это на старуху не сердись.

Я мешался в ответах и, вероятно, весьма мало отвечал тому, что ей об уме моем было насказано, но она, к счастию, приступила к расспросам, на которые мне пришлось отвечать.

— Тебя, говорят, раскольников учить прислали? — так она начала.

— Да, — говорю, — между прочим имелась в виду и такая цель в моей посылке.

— Полагаю, — говорит, — бесполезное это дело: дураков учить все равно что мёртвых лечить.

Я не помню, какими точно словами отвечал, что не совсем всех раскольников глупыми понимаю.

— Что ж, ты, умными их почитая, сколько успел их на путь наставить?

— Нимало, — говорю, — ещё не могу успехом похвастать, но тому есть причины.

Она. О каких ты говоришь причинах?

Я. Способ действия с ними несоответственный, а зло растёт через ту шатость, которую они видят в церковном обществе и в самом духовенстве.

Она. Ну, зло-то, какое в них зло? Так себе, дурачки Божии, тем грешны, что книг начитались.

Я. А православный алтарь все-таки страждет на этом распадении.

Она. А вы бы этому алтарю-то повернее служили, а не оборачивали бы его в лавочку, так от вас бы и отпадений не было. А то вы ныне все благодатью, как сукном, торгуете.

Я промолчал.

Она. Ты женат или вдов?

Я. Женат.

Она. Ну, если Бог благословит детьми, то зови меня кумой: я к тебе пойду крестить. Сама не поеду: вон её, карлицу свою, пошлю, а если сюда дитя привезёшь, так и сама подержу.

Я опять поблагодарил и, чтобы разговориться, спрашиваю:

— Ваше превосходительство, верно, изволите любить детей?

— Кто же, — говорит, — путный человек детей не любит? Их есть царствие Божие[75].

— А вы давно одни изволите жить?

Она. Одна, отец, одна, и давно я одна, — проговорила она, вздохнув.

Я. Одиночество это часто довольно тягостно.

Она. Что это?

Я. Одиночество.

Она. А ты разве не одинок?

Я. Каким же образом я одинок, когда у меня есть жена?

Она. Что ж, разве твоя жена все понимает, чем ты, как умный человек, можешь поскорбеть и поболеть?

Я. Я женой моею счастлив и люблю её.

Она. Любишь? Но ты её любишь сердцем, а помыслами души все-таки одинок стоишь. Не жалей меня, что я одинока: всяк брат, кто в семье дальше братнего носа смотрит, и между своими одиноким себя увидит. У меня тоже сын есть, но уж я его третий год не видала, знать ему скучно со мною.

Я. Где же теперь ваш сын?

Она. В Польше мой сын, полком командует.

Я. Это доблестное дело врагов отчизны смирять.

Она. Не знаю я, сколько в этом доблести, что мы с этими полячишками о сю пору возимся, а по-моему, вдвое больше в этом меледы[76].

Я. Справимся-с, придёт время.

Она. Никогда оно не придёт, потому что оно уж ушло, а мы все как кулик в болоте стояли: и нос долог и хвост долог: нос вытащим — хвост завязнет, хвост вытащим — нос завязнет. Перекачиваемся да дураков тешим: то поляков нагайками потчуем, то у их хитрых полячек ручки целуем; это грешно и мерзко так людей портить.

— А все же, — говорю, — войска наши там по крайней мере удерживают поляков, чтоб они нам не вредили.

— Ни от чего они их, — отвечает, — не удерживают; да и нам те поляки не страшны бы, когда б мы сами друг друга есть обещанья не сделали.

— Это, — говорю, — осуждение вашего превосходительства, кажется, как бы несколько излишне сурово.

Она. Ничего нет в правде излишне сурового.

— Вы же, — говорю, — сами, вероятно, изволите помнить двенадцатый год: сколько тогда на Руси единодушия явлено.

Она. Как же, как мне не помнить: я сама вот из этого самого окна

---

[75] Их есть царствие Божие — неточная цитата из Евангелия от Марка (X, 14).

[76] Меледа — бесконечный труд, работа, из которой ничего путного не выходит.

глядела, как наши казачищи моих мужиков колотили и мои амбары грабили.

— Что ж это, — говорю, — может быть, что такой случай и случился, я казачьей репутации нимало не защищаю, но все же мы себя героически отстояли от того, пред кем вся Европа ниц простёртою лежала.

Она. Да, удалось, как Бог да мороз нам помогли, так мы и отстояли.

Отзыв сей, сколь пренебрежительный, столь же и несправедливый, подействовал на меня так пренеприятно, что я, даже не скрывая сей неприятности, возразил:

— Неужто же, государыня моя, в вашем мнении все в России только случайностями едиными и происходит? Дайте, — говорю, — раз случаю и два случаю, а хоть в третье уже киньте нечто уму и народным доблестям предводителей.

— Все, отец, случай, и во всем, что сего государства касается, окроме Божией воли, мне доселе видятся только одни случайности. Прихлопнули бы твои раскольники Петрушу-воителя[77], так и сидели бы мы на своей хвалёной земле до сих пор не государством великим, а вроде каких-нибудь толстогубых турецких болгар, да у самих бы этих поляков руки целовали. За одно нам хвала — что много нас: не скоро поедим друг друга; вот этот случай нам хорошая заручка.

— Грустно, — говорю.

— А ты не грусти: чужие земли похвалой стоят, а наша и хайкой крепка будет. Да нам с тобою и говорить довольно, а то я уж устала. Прощай; а если что худое случится, то прибеги, пожалуйся. Ты не смотри на меня, что я такой гриб лафертовский[78]: грибы-то и в лесу живут, а и по городам про них знают. А что если на тебя нападают, то ты этому радуйся; если бы ты льстив или глуп был, так на тебя бы не нападали, а хвалили бы и другим в пример ставили.

Проговорив эти слова, она оборотилась к карлице, державшей во все время нашего разговора в руках свёрточек, и, передавая оный мне, сказала:

— Отдай вот это от меня своей попадье, это здесь корольки с моей шеи; два отреза на платье, да холст для домашнего обихода, а это тебе от меня альмантиновый[79] перстень.

Подарок этот, предложенный хотя во всей простоте, все-таки меня несколько смутил, и я, глядя на нити кораллов, и на шёлковые материи, и на ярко горящий альмантин, сказал:

— Государыня моя! очень благодарю вас за столь лестное ваше к нам

---

[77] Петрушу-воителя — т. е. Петра Великого.

[78] ...гриб лафертовский... — т. е. лефортовский. Лефортово — в ту пору предместье Москвы.

[79] Альмантин (альмандин) — драгоценный камень, разновидность граната.

внимание; но вещи сии столь великолепны, а жена моя женщина столь простая...

— Что ж, — перебила меня она, — тем и лучше, что у тебя простая жена; а где и на муже и на жене на обоих штаны надеты, там не бывать проку. Наилучшее дело, если баба в своей женской исподничке ходит, и ты вот ей за то на исподницы от меня это и отвези. Бабы любят подарки, а я дарить люблю. Бери же и поезжай с богом.

Вот этим она и весь разговор свой со мною окончила и, признаюсь, несказанно меня удивила. По некоей привычке к логичности, едучи обратно домой и пользуясь молчаливостью того же Николая Афанасьевича, взявшегося быть моим провожатым, я старался себе уяснить, что за сенс[80] моральный все это, что ею говорено, в себе заключает? И не нашёл я тут никакой логической связи, либо весьма мало её отыскивал, а только все лишь какие-то обрывки мыслей встречал; но такие обрывки, что невольно их помнишь, да и забыть едва ли сумеешь. Уповаю, не лгут те, кои называли сию бабу в своё время весьма мозговитою. А главное, что меня в удивление приводит, так это моя пред нею нескладность, и чему сие приписать, что я, как бы оробев сначала, примкнул язык мой к гортани, и если о чем заговаривал, то все это выходило весьма скудоумное, а она разговор, словно на смех мне, поворачивала с прихотливостью, и когда я заботился, как бы мне репрезентоваться[81] умнее, дабы хотя слишком грубо её в себе не разочаровать, она совершенно об этом небрегла и слов своих, очевидно, не подготовляла, а и моего ума не испытывала, и вышла меж тем таковою, что я её позабыть не в состоянии. В чем эта сила её заключается? Полагаю, в том образовании светском, которым небрегут наши воспитатели духовные, часто впоследствии отнимая чрез это лишение у нас самонеобходимейшую находчивость и ловкость в обращении со светскими особами.

Но дню сему было определено этим не окончиться, а суждено, видно, ему было заключиться ещё новым курьёзом. Первая радость простодушной Наташи моей по случаю подарков не успела меня достаточно потешить, как начал свои подарки представлять нам этот достопочтеннейший и сразу все моё уважение себе получивший карло Николай Афанасьевич. По началу он презентовал мне белой бумаги с красными каёмочками вязаные помочи, а потом жене косыночку из трусиковой[82] нежной шерсти, и не успел я странности сих новых, неожиданных подарков надивиться, как он вынул из кармана шерстяные

---

[80] Смысл (франц. — sens).

[81] Репрезентовать (франц. se representer) — представиться, отрекомендоваться.

[82] Трусик — кролик.

чулки и вручил их подававшей самовар работнице нашей Аксинье. «Что это за день подарков!» — невольно воскликнул я, не смея огорчить дарителя отказом. А он на это мне ответил, что это все его собственных рук изделие. «Нужды, — говорит, — в работе, благодаря благодетельнице моей, не имея и не будучи ничему иному обучен, я постоянно занимаюсь вязанием, чтобы в праздности время не проводить и иметь удовольствие кому-нибудь нечто презентовать от трудов своих». Так мне понравилась эта простота, что я схватил сего малого человечка на грудь мою и поцелуями осыпал его чуть не до удушения.

Да закончу ли я, однако, и сим моё сегодняшнее описание? Уехавшим служителем боярыни Плодомасовой ещё все чудеса дня сего не окончились. Запирая на ночь дверь переднего покоя, Аксинья усмотрела на платейной вешалке нечто висящее, как бы не нам принадлежащее, и когда мы с Наташей на сие были сею служанкой позваны, то нашли: во-первых, темно-коричневый французского гроденаплю[83] подрясник; во-вторых, богатый гарусный пояс с пунцовыми лентами для завязок, а в-третьих, драгоценнейшего зеленого неразрезного бархату рясу; в-четвёртых же, в длинном куске коленкора полное иерейское облачение.

Просто были все мы поражены сею находкой и не знали, как объяснить себе её происхождение; но Аксинья первая усмотрела на пуговице у воротника рясы вздетую карточку, на коей круглыми, так сказать египетского штиля, буквами было написано: «Помяни, друг отец Савелий, рабу Марфу в своих молитвах». Ахнули мы, но нечего было делать, и стали разлагать по столу новое облачение. Тут ещё большее нас ожидало. Только начала Наташа раскатывать епитрахиль[84], смотрим: из него упал запечатанный конверт на моё имя, а в том конверте пятьсот рублей с самою малою запиской, тою же рукой писанною. Пишет: «Дабы ожидающее семью твою при несчастии излишне тебя не смущало у алтаря предстоящего, купи себе хибару и возрасти тыкву; тогда спокойнее можешь о строении дела Божия думать».

Ну, за что мне сие? Ну, чем я сего достоин? Отчего же она не так, как консисторский секретарь и ключарь, рассуждает, что легче устроить дело Божие, не имея, где головы подклонить? Что сие и взаправду все за случайности!

Вот и ты, поп Савелий, не бездомовник! И у тебя своя хатина будет; но увы! должен добавить, что будет она случаем.

25-е ноября. Ездил в Плодомасовку приносить мою благодарность; но

---

[83] Гроденапль (франц. gros de Naples) — плотная шёлковая ткань. Первоначально вырабатывалась в Неаполе.

[84] Епитрахиль — род передника; надевается на шею под ризу священника и спускается до земли.

Марфа Андревна не приняла, для того, сказал карлик Никола, что она не любит, чтоб её благодарили, но к сему, однако, прибавил: «А вы, батюшка, все-таки отлично сделали, что изволили приехать, а то они неспокойны были бы насчёт вашей неблагодарности». Можно заключить, что в особе сей целое море пространное всякой своеобычливости. Так, например, новый друг мой, карлик Никола, рассказал мне, как она его желала женить и о сём хлопотала. «Для чего же сие?» — спрашиваю. «А для пыжиков, — говорит, — батюшка». Это, то есть, она желала маленьких людей развесть!.. Скажите, о чем забота! Ещё ли эти, коих видим окрест себя, очень велики!

6-е декабря. Внёс вчера в ризницу присланное от помещицы облачение и сегодня служил в оном. Прекрасно все на меня построено; а то, облачаясь до сих пор в ризы покойного моего предместника, человека роста весьма мелкого, я, будучи такою дылдой, не велелепием церковным украшался, а был в них как бы воробей с общипанным хвостом.

9-е декабря. Пречудно! Отец протопоп на меня дуется, а я как вин за собою против него не знаю, то спокоен.

12-е декабря. Некоторое объяснение было между мною и отцом благочинным, а из-за чего? Из-за ризы плодомасовской, что не так она будто в церковь доставлена, как бы следовало, и при сём добавил он, что, мол, «и разные слухи ходят, что вы от неё и ещё нечто получили». Что ж. это, значит, имеет такой вид, что я будто не все для Церкви пожертвованное доставил, а украл нечто, что ли?

23-е декабря. Вот слухи-то какие! Ах, Боже мой милосердный! Ах, Создатель мои всеправедный! Не говорю чести моей, не говорю лет её, но даже сана моего, столь для меня бесценного, и того не пощадили! Гнусники! Но сие столь недостойно, что не хочу и обижаться.

29-е декабря, Начинаю замечать, что и здешнее городничество не благоволит ко мне, а за что — сего отгадать не в силах. Предположил устроить у себя в доме на Святках[85] вечерние собеседования с раскольниками, но сие вдруг стало известно в губернии и сочтено там за непозволительное, и за сие усердствование дано мне замечание. Не инако думаю, как городничему поручен за мною особый надзор. Наилучше к сему, однако, пока шуточно относиться; но окропил себя святою водой от врага и соглядатая.

1-е января. Благослови венец благости Твоея, Господи, а попу Савелию новый путь в губернию. Видно, на сих супостатов и окропление моё не действует.

7-е января. Госпожа Плодомасова вчера по водоосвящении прямо во

---

[85] Святки — время от Рождества (7 января) до Крещения (19 января).

всем, что на ней было, окунулась в прорубь. Удивился! Спросил, — всегда ли это бывает? Говорят: всегда, и это у неё называется «мовничать[86]».

Экой закал предивный! я бы, кажется, и жив от одной такой бани не остался.

20-е января. Пишу сии строки, сидя в смраднице на архиерейском подворье, при семинарском корпусе. К вине моей о собеседованиях с раскольниками присоединена пущая вина: донесено губернатору, что моим дьячком Лукьяном променена раскольникам старопечатная Псалтирь из книг Деевской молельной, кои находятся у меня на сохранении. Дело такое и вправду совершилось, но я оное утаил, считая то, во-первых, за довольно ничтожное, а во-вторых, зная тому настоящую причину — бедность, которая Лукьяна-дьячка довела до сего. Но сие пустое дело мне прямо вменено в злодейское преступление, и я взят под начал и послан в семинарскую квасную квасы квасить.

4-е февраля. Вчера, без всякой особой с моей стороны просьбы, получил от келейника отца Троадия редкостнейшую книгу, которую, однако, даже обязан бы всегда знать, но которая на Руси издана как бы для того, чтоб её в тайности хранить от тех, кто её знать должен. Сие «Духовный регламент[87]»; читал его с азартною затяжкой. Познаю во всем величие сего законодателя и понимаю тонкую предусмотрительность книгу сию хоронящих. Как иначе? Писано в ней, например: «Ведал бы всяк епископ меру чести своей, и не высоко бы о ней мыслил. Се же того ради предлагается, дабы укротити оную весьма жестокую епископам славу, чтоб оных под руки донележе здрави суть невожено и в землю бы им подручная братия не кланялась. И оные поклонницы самоохотно и нахально стелются на землю, чтобы степень исходатайствовать себе недостойный, чтобы так неистовство и воровство своё покрыть».

Следовательно, понуждая меня стлаться пред собою, оный понуждающий наипервее всего закон нарушает и становится преступником того сокрываемого государева регламента. Тоже писано: «Кольми паче не дерзали б грабить, под виной жестокого наказания, ибо слуги архиерейские обычно бывают лакомые скотины, и где видят власть своего владыки, там с великою гордостью и бесстыжием, как татары, на похищение устремляются». Великолепно, государь, великолепно!

9-е апреля. Возвратился из-под начала на своё пепелище. Тронут был

---

[86] «Мовничать» — мыться.

[87] «Духовный регламент» — т. е. «Положение о церковном управлении и о замене патриарха духовной коллегией» (позднее — синодом), составленное архиепископом Новгородским Феофаном Прокоповичем (1681-1736), выдающимся писателем, талантливым, энергичным сподвижником Петра Великого. Книгу эту редактировал сам Пётр.

очень слезами жены своей, без меня здесь исстрадавшейся, а ещё более растрогался слезами жены дьячка Лукьяна. О себе молчав, эта женщина благодарила меня, что я пострадал за её мужа. А самого Лукьяна сослали в пустынь, но всего только, впрочем, на один год. Срок столь непродолжительный, что семья его не истощает и не евши. Ближе к Богу будет по консисторскому соображению.

20-е апреля. Приезжал ко мне приятный карлик и сообщил, что Марфа Андревна указала, дабы каждогодно на летнего Николу, на зимнего и на Крещение[88] я был трижды приглашаем служить к ней в плодомасовскую церковь, за что мне через бурмистра будет платимо жалованье 15 руб., по 5 руб. за обедню. Ну, уж эти случайности! Чего доброго, я их даже бояться стану.

15-е августа. Вернулся из губернии пономарь Евтихеич и сказывал, что между владыкой и губернатором произошла некая распря[89] из-за взаимного визита.

2-е октября. Слухи о визитной распре подтверждаются. Губернатор, бывая в царские дни[90] в соборе, имеет обычай в сие время довольно громко разговаривать. Владыка положили прекратить сие обыкновение и послали своего костыльника[91] просить его превосходительство вести себя благопристойнее. Губернатор принял замечание весьма амбиционно и чрез малое время снова возобновил свои громкие с жандармским полковником собеседования; но на сей раз владыка уже сами остановились и громко сказали:

— Ну, я, ваше превосходительство, замолчу и начну, когда вы кончите.

Очень это со стороны владыки одобряю.

8-го ноября. Получил набедренник[92]. Не знаю, чему приписать. Разве предыдущему визитному случаю и тому, что губернатор меня не жалует.

6-го января 1837 года. Новая новость! Владыка на Новый год остановил губернаторскую дочь, когда она подходила к благословению в рукавичке, и сказали: «Скинь прежде с руки собачью шкуру».

А я до сей поры и не знал, что наша губернаторша не немка.

---

[88] ...на летнего Николу, на зимнего и на Крещение. — Память христианского святого Николая празднуется два раза в год: 19 декабря (зимний Никола) и 22 мая (летний или вешний).

[89] ...между владыкой и губернатором произошла некая распря... — Имеется в виду расхождение между епископом Орловским Смарагдом и орловским губернатором П. И. Трубецким. (Ср. «Мелочи архиерейской жизни», т. 6 наст. изд.).

[90] Царские дни — семейные праздники царского дома.

[91] Костыльник — служка, носитель архиерейского посоха.

[92] Набедренник — четырехугольный плат, носимый на правом бедре; даётся священнику как первая награда.

1-го февраля. По изволению владыки, я представлен ко скуфье[93].

17-го марта. Богоявленский протопоп, идучи ночью со Святыми Дарами от больного, взят обходными солдатами в часть, якобы был в нетрезвом виде. Владыка на другой день в мантии его посетили. О, ляше правителю, будете вы теперь сию проделку свою помнить!

18-го мая. Владыка переведены в другую епархию.

16-го августа. Был у нового владыки. Мужчина, казалось, весьма рассудительный и характерный. Разговаривали о состоянии духовенства и приказали составить о сём записку. Сказали, что я рекомендован им прежним владыкой с отличной стороны. Спасибо тебе, бедный и злопобежденный дедуня, за доброе слово!

25-го декабря. Не знаю, что о себе думать, к чему я рождён и на что призван? Попадья укоряет меня, что я и в сей праздник Христова Рождества работаю, а я себе лучшего и удовольствия не нахожу, как сию работу. Пишу мою записку о быте духовенства с радостию такою и с любовию такою, что и сказать не умею. Озаглавил её так: «О положении православного духовенства и о средствах, как оное возвысить для пользы церкви и государства». Думаю, что так будет добро. Никогда ещё не помню себя столь счастливым и торжествующим, столь добрым и столь силы и разумения преисполненным.

1-го апреля. Представил записку владыке. Попадья говорит, напрасно сего числа представлял: по её легковерным приметам, сие первое число апреля обманчиво. Заметим.

10-го августа. Произведён в протоиереи.

4-го января 1839 года. Получил пакет из консистории, и сердце моё, стеснённое предчувствием, забилось радостию; но сие было не о записке моей, а дарован мне наперсный крест[94]. Благодарю, весьма благодарю; но об участи записки моей все-таки сетую.

8-го апреля. Назначен благочинным. О записке слухов не имеется. Не знаю, чем бы сии трубы вострубить заставить?

10-го апреля 1840 года. Год уже протёк, как я благочинствую. О записке слухов нету. Видно, попадья не все пустякам верит. Сегодня она меня насмешила, что я, может быть, хорошо написал, но не так подписался.

20-го июня 1841 года. Воду прошед яко сушу и египетского зла избежав, пою Богу моему дондеже есмь. Что это со мною было? Что такое я вынес и как я изо всего этого вышел на свет Божий? Любопытен я весьма, что делаешь ты, сочинитель басен, баллад, повестей и романов, не

---

[93] Скуфья — остроконечная бархатная шапочка; даётся священнику в качестве второй награды.

[94] Наперсный — нагрудный; перси (церковнослав.) — грудь.

усматривая в жизни, тебя окружающей, нитей, достойных вплетения в занимательную для чтения баснь твою? Или тебе, исправитель нравов человеческих, и вправду нет никакого дела до той действительной жизни, которою живут люди, а нужны только претексты[95] для празднословных рацей? Ведомо ли тебе, какую жизнь ведёт русский поп, сей «ненужный человек», которого, по-твоему, может быть напрасно призвали, чтобы приветствовать твоё рождение, и призовут ещё раз, также противу твоей воли, чтобы проводить тебя в могилу? Известно ли тебе, что мизерная жизнь сего попа не скудна, но весьма обильна бедствиями и приключениями, или не думаешь ли ты, что его кутейному сердцу недоступны благородные страсти и что оно не ощущает страданий? Или же ты с своей авторской высоты вовсе и не хочешь удостоить меня, попа, своим вниманием? Или ты мыслишь, что уже и самое время моё прошло и что я уже не нужен стране, тебя и меня родившей и воспитавшей… О слепец! скажу я тебе, если ты мыслишь первое; о глупец! скажу тебе, если мыслишь второе и в силу сего заключения стремишься не поднять и оживить меня, а навалить на меня камень и глумиться над тем, что я смраден стал, задохнувшися.

Но снисхожу от философствования к тому событию, по коему напало на меня сие философствование.

Я отрешён от благочиния и чуть не отвержен сана. А за что? А вот за что. Занотую повесть сию с подробностью.

В марте месяце сего года, в проезд чрез наш город губернатора, предводителем дворянства было праздновано торжество, и я, пользуясь сим случаем моего свидания с губернатором, обратился к оному сановнику с жалобой на обременение помещиками крестьян работами в воскресные дни и даже в двунадесятые праздники и говорил, что таким образом великая бедность народная ещё более увеличивается, ибо по целым сёлам нет ни у кого ни ржи, ни овса… Но едва лишь только я это слово «овса» выговорил, как сановник мой возгорелся на меня гневом; прянул от меня, как от гадины, и закричал: «Да что вы ко мне с овсом пристали! Я вот, — говорит, — и то-то, и то-то, да и, наконец, я-де не Николай Угодник, я-де овсом не торгую!» Этого я не должен был стерпеть и отвечал: «Я вашему превосходительству, как человеку в делах веры не сведущему, прежде всего должен объяснить, что Николай Угодник был епископ и ничем не торговал. А затем вы должны знать, что православному народу нужны священник и дьякон, ибо до сих пор их одних мы ещё у немцев не заимствовали». Рассмеявшись злобным смехом на мои слова, оный правитель подсказал мне: «Не бойтесь, отец, было бы болото, а черти найдутся». Эта последняя вещь была, для меня горше

---

[95] Претекст (франц. pretexte) — предлог.

первой. «Кто сии черти, и что твои мерзкие уста болотом назвали?» — подумал я в гневе и, не удержав себя в совершенном молчании, отвечал сему пану, что «уважая сан свой, я даже и его на сей раз чёртом назвать не хочу». Чем же сие для меня кончилось? Ныне я бывый благочинный, и слава Тебе Творцу моему, что ещё не бывый поп и не расстрига. Нет, сего ты, современный сочинитель повестей, должно быть не спишешь. Не постараешься, чтобы люди знали, как тяжело мне!

3-го сентября. Осенняя погода нагоняет на меня жесточайшую скуку. Привык я весьма постоянно действовать, но ныне без дела тоскую и до той глупости, что даже секретно от жены часто плачу.

27-го января 1842 года. Купил у жида за семь рублей органчик и игорные шашки.

18-го мая. Взял в клетку чижа и начал учить его петь под орган.

9-го августа. Зачал сочинять повесть из своего духовного быта. Добрые мне женщины наши представляются вроде матери моей, дочери заштатного дьякона, всех нас своею работой кормившей; но когда думаю — все это вижу живообразно, а стану описывать — не выходит. Нет, я к сему неспособен!

2-го марта 1845 года. Три года прошло без всякой перемены в жизни. Домик свой учреждал да занимался чтением отцов церкви и историков. Вывел два заключения, и оба желаю признавать ошибочными. Первое из них, что христианство ещё на Руси не проповедано; а второе, что события повторяются и их можно предсказывать. О первом заключении говорил раз с довольно умным коллегом своим, отцом Николаем, и был удивлён, как он это внял и согласился. «Да, — сказал он, — сие бесспорно, что мы во Христа крестимся, но ещё во Христа не облекаемся[96]». Значит, не я один сие вижу, и другие видят, но отчего же им всем это смешно, а моя утроба сим до кровей возмущается.

Новый 1846 год. К нам начинают ссылать поляков. О записке моей ещё сведений нет. Сильно интересуюсь политичною заворожкой, что начинается на Западе, и пренумеровал[97] для сего себе политическую газету.

6-го мая 1847 года. Прибыли к нам ещё два новые поляка, ксёндз Алоизий Конаркевич да пан Игнатий Чемерницкий, сей в летах самых юных, но уже и теперь каналья весьма комплектная. Городничиха наша,

---

[96] …мы во Христа крестимся, но ещё во Христа не облекаемся. — Перефразированная цитата из Послания к галатам св. апостола Павла (III, 27). Смысл: мы принимаем крещение, но истинными, настоящими христианами не становимся. Галаты — народ, живший в Малой Азии.

[97] …пренумеровал… — выписал.

яко полька, собрала около себя целый сонм соотичей и сего последнего нарочито к себе приблизила. Толкуют, что сие будто потому, что сей юнец изряден видом и мил манерами; но мне мнится, что здесь есть ещё нечто и иное.

20-го ноября. Замечаю что-то весьма удивительное и непонятное: поляки у нас словно господами нашими делаются, все через них в губернии можно достигнуть, ибо Чемерницкий оному моему правителю оказывается приятель.

5-го февраля 1849 года. Чего сроду не хотел сделать, то ныне сделал: написал на поляков порядочный донос, потому что они превзошли всякую меру. Мало того, что они уже с давних пор гласно издеваются над газетными известиями[98] и представляют, что все сие, что в газетах изложено, якобы не так, а совершенно обратно, якобы нас бьют, а не мы бьём неприятелей, но от слова уже и до дела доходят. На панихиде за воинов, на брани убиенных, подняли с городничихой столь непристойный хохот, что отец протоиерей послал причетника попросить их о спокойном стоянии или о выходе, после чего они, улыбаясь, из храма вышли. Но когда мы с причтом, окончив служение, проходили мимо бакалейной лавки братьев Лялиных, то один из поляков вышел со стаканом вина на крыльцо и, подражая голосом дьякону, возгласил: «Много ли это!»[99] Я понял, что это посмеяние над многолетием, и так и описал, и сего не срамлюсь и за доносчика себя не почитаю, ибо я русский и деликатность с таковыми людьми должен считать за неуместное.

1-го апреля. Вечером. Донесение моё о поступке поляков, как видно, хотя поздно, но все-таки возымело своё действие. Сегодня утром приехал в город жандармский начальник и пригласил меня к себе, долго и в подробности обо всем этом расспрашивал. Я рассказал все как было, а он объявил мне, что всем этим польским мерзостям на Руси скоро будет конец. Опасаюсь, однако, что все сие, как назло, сказано мне первого апреля. Начинаю верить, что число сие действительно обманчиво.

7-го сентября. Первое апреля на сей раз, мнится, не обмануло: Конаркевича и Чемерницкого обоих перевели на жительство в губернию.

25-го ноября. Наш городничий с супругой изволили выехать: он определён в губернию полицеймейстером. Однако этак не очень ещё его наказали.

5-го декабря. Прибыл новый городничий. Называется он капитан

---

[98] …гласно издеваются над газетными известиями… — т. е. над известиями о подавлении венгерской революции (1849).

[99] …подражая голосом дьякону, возгласил: «Много ли это?» — На самом деле дьякон возглашает: «Многая лета!» («Долгая жизнь!»)

Мрачковский. Фамилия происходит от слова мрак. Ты, Господи, веси, когда к нам что-нибудь от света приходить станет!

9-го декабря. Был сегодня у нового городничего на фрыштыке. Любезностью большою обладают оба — и он и жена. Подвыпив изрядно, пел нам: «Ты помнишь ли, товарищ славы бранной?» А потом сынишка его, одетый в русской рубашке, тоже пел: «Ах, мороз, морозец, молодец ты русский!» Это что-то новые новости! Замечательность беседы сего Мрачковского, впрочем, наиболее всего заключалась для меня в рассказе о некоем профессоре Московского университета[100], получившем будто бы отставку за то, что на торжественном акте сказал: «Nunquam de republica desperandum» в смысле «никогда не должно отчаяваться за государство», но каким-то канцелярским мудрецом понято, что он якобы велел не отчаяваться в республике, то за сие и отставлен. Даже невероятно!

12-го декабря. Прочитал в газетах, что будто одному мужику, стоявшему наклонясь над водой, вскочила в рот небольшая щука и, застряв жабрами, не могла быть вытащена, отчего сей ротозей и умер. Чему же после сего в России верить нельзя? Верю и про профессора.

20-го декабря. Нет, первое-то апреля не только обманчиво, но и загадочно. Не хочу даже всего, со мною бывшего в сей приезд в губернию, вписывать, а скажу одно, что я был руган и срамлен всячески и только что не бит остался за моё донесение. Не ведаю, с чьих речей сам-то наш прямо накинулся на меня, что «ты, дескать, уже надоел своим сутяжничеством; не на добро тебя и грамоте выучили, чтобы ты не в своё дело мешался, ябедничал да сутяжничал». Сердцеведец мой! Когда ж это я ябеды пускал и с кем сутяжничал? Но ничего я отвечать не мог, потому что каждое движение губ моих встречало грозное «молчи!» Избыхся всех лишних, и се, возвратясь, сижу как крапивой выпоронная наседка, и твержу себе то слово: «молчи!», и вижу, что слово сие разумно. Одного не понимаю, отчего мой поступок, хотя, может быть, и неосторожный, не иным чем, не неловкостию и не необразованностию моею изъяснен, а чем бы вам мнилось? злопомнением, что меня те самые поляки не зазвали, да и пьяным не напоили, к чему я, однако, благодаря моего Бога и не привержен. От малого сего к великому заключая, припоминая себе слова французской девицы Шарлоты Кордай д'Армон[101], как она в предказненном письме своём писала, что «у новых народов мало патриотов, кои бы самую простую патриотическую горячность понимали

---

[100] …о некоем профессоре Московского университета… — Имеется в виду профессор права Пётр Георгиевич Редкин (1808-1891).

[101] …припоминая себе слова… Шарлоты Кордай д'Армон… — далее цитируется письмо убийцы Марата Шарлотты Корде (1768-1793), написанное в день её казни.

и верили бы возможности чем-либо ей пожертвовать. Везде эгоизм, и все им объясняется». Оно бы, глядя на одних своих, пожалуй бы и я был склонен заключить, как Кордай д'Армон, но, имея пред очами сих самых поляков, у которых всякая дальняя сосна своему бору шумит, да раскольников, коих все обиды и пригнетения не отучают любить Русь, поневоле должен ей противоречить и думать, что есть ещё у людей любовь к своему отечеству! Вот до чего, долго живучи, домыслишься, что и ляхов за нечто похваливать станешь. Однако звучно да будет мне по вся дни сие недавно слышанное мною: «молчи». Nunquam de republica desperandum.

2-го января 1849 года. Ходил по всем раскольникам и брал у ворот сребреники. Противиться мне не время, однако же минутами горестно сие чувствовал; но делал ради того, дабы не перерядить попадью в дьячихи, ибо после бывшего со мною и сие возможно. Был я у городничего: он все со мною бывшее знает и весьма меня на речах сожалел, а что там на сердце, про то Богу известно. Но что поистине достойно смеха, то это выходка нашей модной чиновницы Бизюкиной. «Правда ли, — спросила она меня, — что вы донесли на поляков? Как это низко. Вы после этого теперь не что иное, как ябедник и доносчик. Сколько вам за это заплатили?» А я ей на это отвечал: «А вы не что иное, как дура, и к тому ещё неоплатная».

1-го января 1850 года. Год прошёл тихо и смиренно. Схоронил мою благотворительницу Марфу Андревну Плодомасову. Скончалась, пережив пятерых венценосцев: Елизавету, Петра, Екатерину, Павла и Александра, и с двумя из них танцевала на собраниях. Ждал неприятностей от Бизюкинши, которая со связями и могла потщиться пострекать меня чрез губернию, да все обошлось прекрасно: мы, русские, сколь ни яровиты порой, но, видно, незлопамятны, может потому, что за нас и заступиться некому. В будущем году думаю начать пристройку, ибо вдался в некоторую слабость: полюбил преферансовую игру и начал со скуки курить, а от сего траты. Курил спервоначала шутя у городничего, а ныне и дома всею этою сбруей обзавёлся. Надо бы и бросить.

1850 год. Надо бросить. Нет, братик, не бросишь. Так привык курить, что не могу оставить. Решил слабость сию не искоренять, а за неё взять к себе какого-нибудь бездомного сиротку и воспитать. На попадью, Наталью Николаевну, плоха надежда: даст намёк, что будто есть у неё что-то, но выйдет сие всякий раз подобно первому апреля.

1-го января 1857 года. Совсем не узнаю себя. Семь лет и строки сюда не вписал. Житие моё странное, зане житие моё стало сытое и привольное. Перечитывал все со дня преподобия своего здесь написанное.

53

Достойно замечания, сколь я стал иначе ко всему относиться за сии годы. Сам не воюю, никого не беспокою и себе никакого беспокойства не вижу. «Укатали сивку крутые горки», и против рожна прати более не охота.

20-го февраля. Благородное дворянство избрало нам нового исправника, друга моего, поляка, на коего я доносил во дни моей молодой строптивости, пана Чемерницкого. Он женился на русской нашей богатой вдове и учинился нашим помещиком, а ныне и исправником. В господине Чемерницком непременно буду иметь врага и, вероятно, наидосадливейшего.

7-го апреля. Приехал новый исправник, пан Чемерницкий, сам мне и визит сделал. О старой ссоре моей за «много ли это» и помина не делает.

20-го мая. Впервые читал у исправника заграничную русскую газету «Колокол» господина Искандера[102]. Речь бойкая и весьма штилистическая, но по непривычке к смелости — дико.

2-го июня. Вчера, на день ангела своего, справлял пир. Думал сделать сие скромненько, по моему достоянию, но Чемерницкий утром прислал целую корзину вина, и сластей, и рому, а вечером ко мне понагрянули и Чемерницкий и новый городничий Порохонцев. Это весьма добрый мужик. Он, подпивши зело-зело, стал вдруг меня с Чемерницким мирить за старое, и я помирился, и просил извинения, и много раз с ним поцеловался. Не знаю, к чему мне было сие делать, если бы сам не был тоже в подпитии? Сегодня утром выражал о сём мирителю Порохонцеву большое сожаление, но он сказал, что по-ихнему, по-полковому, не надо о том жалеть, когда, подпивши, целуешься, ибо это всегда лучше, чем выпив да подерёшься. Все это так, но все-таки досадно. Служивши сегодня у головы молебен, сам себя поткал в нос кропилом и назидательно сказал себе: «Не пей, поп, вина».

23-го августа. Читал «Записки» госпожи Дашковой и о Павле Петровиче; все заграничного издания[103]. Очень все любопытно. С мнениями Дашковой во многом согласен, кроме что о Петре[104], — о нем

---

[102] ...читал... заграничную русскую газету «Колокол» господина Искандера. — Искандер — псевдоним А. И. Герцена. Первая русская революционная газета «Колокол» издавалась А. И. Герценом и Н. П. Огарёвым в Лондоне, а затем в Женеве в 1857-1867 гг.

[103] Читал «Записки» госпожи Дашковой и о Павле Петровиче: все заграничного издания. — Речь идёт о мемуарах видной деятельницы культуры екатерининских времён кн. Екатерины Романовны Дашковой (1743-1810) «Записки княгини Е. Р. Дашковой, писанные ею самой». Мемуары Дашковой были изданы герценовской Вольной русской типографией в 1859 году.

[104] ...о Петре... — К Петру Великому Е. Р. Дашкова относилась отрицательно.

думаю иначе. Однако спасибо Чемерницкому, что рассевает этими редкими книгами мою сильную скуку.

9-го сентября. Размолвился с Чемерницким на свадьбе Порохонцева. Дерзкий этот поляк, глумяся, начал расспрашивать бесхитростного Захарию, что значит, что у нас при венчании поют: «живота просише у тебе[105]»? И начал перекор: о каком здесь животе идёт речь? Я же вмешался и сказал, что он сие поймёт, если ему когда-нибудь под виселицей петлю наденут.

20-го декабря. Я в крайнем недоумении. Дьячиха, по маломыслию, послала своему сыну по почте рублёвую ассигнацию в простом конверте, но конверт сей на почте подпечатали и, открыв преступление вдовы, посылку её конфисковали и подвергли её штрафу. Что на почте письма подпечатывают и читают — сие никому не новость; но как же это рублёвую ассигнацию вдовицы ловят, а «Колокол», который я беру у исправника, не ловят? Что это такое: простота или воровство?

20-го октября. Вместо скончавшегося дьякона нашего, смиренного Прохора, прибыл из губернии новый дьякон, Ахилла Десницын. Сей всех нас больше, всех нас толще, и с такою физиономией и с такою фигурой, что нельзя, глядя на него, не удивляться силе природной произрастительности. Голос он имеет весьма добрый, нрава весьма весёлого и на первый раз показался мне будто очень почтителен. Но наипаче всего этот человек нравится мне своим добродушием. Предъявлял мне копию со своего семинарского аттестата, в коей написано: «поведения хорошего, но удобоносителен». «А что сие обозначает?» — спросил я. «Это совершенные пустяки, — объяснил он, — это больше не что, как, будучи в горячечной болезни в семинарском госпитале, я проносил больным богословам[106] водку». И сие, мол, изрядно.

9-го декабря. Получил камилавку и крест св. Анны. По чьему бы, мнилось, ходатайству? А все сие по засвидетельствованию милостивца моего, пана Чемерницкого, о моей рачительности по благочинию.

7-го марта 1858 года. Исход Израилев[107] был: поехали в Питер Россию направлять на все доброе все друзья мои — и губернатор, и его оный правитель, да и нашего Чемерницкого за собой на изрядное место потянули. Однако мне его даже искренно жаль стало, что от нас уехал. Скука будто ещё более.

---

[105] «живота просише у тебе» (церковнослав.) — просил у тебя жизни.

[106] Богослов — здесь: ученик старшего класса духовной семинарии.

[107] Исход Израилев — переселение, уход израильского народа из Египта в Палестину, о котором рассказывается в Библии (Исход, XIX).

1-го декабря. По указанию дьячка Сергея заметил, что наш новый дьякон Ахилла несколько малодушник: он многих приходящих из деревень богомольцев из ложного честолюбия благословляет потаённо иерейским благословением[108] и при сём ещё как-то поддерживает левою рукой правый рукав рясы. Сказал ему, дабы он сего отнюдь себе вперёд не дозволял.

18-го июля 1859 года. Дьякон Ахилла опять замечен в том, что благословляет. Дабы уменьшить его подобие со священником, я отобрал у него палку, которую он даже и права носить по своему чину не имеет. Перенёс все сие благопокорно и тем меня ужасно смягчил.

15-го августа. Пировали у городничего, и на сём пиру чуть не произошёл скандал, опять по поводу спора об уме, и напомнило мне это старый спор, которому в молодости моей когда-то я смеялся. Дьякон Ахилла и лекарь сразились в споре обо мне: лекарь отвергал мой ум, а дьякон — возносил. Тогда на их шум, и особливо на крик лекаря, вошли мы, и я с прочими, и застали, что лекарь сидит на верху шкафа и отчаянно болтает ногами, производя стук, а Ахилла в спокойнейшем виде сидит посреди комнаты в кресле и говорит: «Не снимайте его, пожалуйста, это я его яко на водах повесих за его сопротивление». Удерживая свой смех, я достаточно дьякона за его шалость пощунял и сказал, что сила не доказательство. А он за сие мне поклонился и, отнесясь к лекарю, добавил: «А, что такое? Небось сам теперь видишь, что он министр юстиции». Предивно, что этот казаковатый дьякон как бы провидит, что я его смертельно люблю — сам за что не ведая, и он тоже меня любит, отчёта себе в сём не отдавая.

25-го августа. Какая огромная радость! Ксендзы по Литве учредили общества трезвости: они проповедуют против пьянства, и пьянство престает, и народ остепеняется, и откупщики-кровопийцы лопаются. Ах, как бы хотелось в сём роде проповедничать!

5-го сентября. В некоторых православных обществах заведено то же. Боюсь, не утерплю и скажу слово! Говорил бы по мысли Кирилла Белозерского[109], како: «крестьяне ся пропивают, а души гибнут». Но как проповедовать без цензуры не смею, то хочу интригой учредить у себя

---

[108] ...дьякон Ахилла... благословляет потаённо иерейским благословением... — Благословлять верующих имеет право только священник, иеромонах или иерарх (епископ, архиепископ, митрополит, патриарх).

[109] Говорил бы по мысли Кирилла Белозерского... — Кирилл (1337-1427) — основатель Кирилло-Белозерского монастыря в Новгородском княжестве. Здесь цитируется его послание кн. Андрею Можайскому.

общество трезвости. Что делать, за неволю и патеру Игнатию Лойоле[110] следовать станешь, когда прямою дорогой ходу нет.

1-го октября. Составили проект нашему обществу, но утверждения оному ещё нет, а зато пишут, что винный откупщик жаловался министру на проповедников, что они не допускают народ пить. Ах ты, дерзкая каналья! Ещё жаловаться смеет, да ещё и министру!..

20-го октября. Бешеная весть! Газеты сообщают, что в июле сего года откупщики жаловались министру внутренних дел на православных священников, удерживающих народ от пьянства, и господин министр передал эту жалобу обер-прокурору святейшего синода, который отвечал, что «св. синод благословляет священнослужителей ревностно содействовать возникновению в некоторых городских и сельских сословиях благой решимости воздержания от употребления вина». Но откупщики не унялись и снова просили отменить указ святейшего синода, ибо, при содействии его, общества трезвости разведутся повсеместно. Тогда министр финансов сообщил будто бы обер-прокурору святейшего синода, что совершенное запрещение горячего вина, посредством сильно действующих на умы простого народа религиозных угроз и клятвенных обещаний, не должно быть допускаемо, как противное не только общему понятию о пользе умеренного употребления вина, но и тем постановлениям, на основании которых правительство отдало питейные сборы в откупное содержание. Затем, сказывают, сделано распоряжение, чтобы приговоры городских и сельских обществ о воздержании уничтожить и впредь городских собраний и сельских сходок для сей цели нигде не допускать. Пей, бедный народ, и распивайся!

5-го ноября. В день святых и небесных сил воеводы и архистратига Михаила прислан мне пребольшущий нос, дабы не токмо об учреждении общества трезвости не злоумышлял, но и проповедовать о сём не смел, имея в виду и сие, и оное, и всякое, и овакое, опричь единой пользы человеческой... Да не полно ли мне, наконец, все это писать? Довольно сплошной срам-то свой все записывать!

1-го января 1860 года. Даже новогодия пропускаю и ничем оставляю не отмеченные. Сколь горяч был некогда ко всему трогающему, столь ныне ко всему отношусь равнодушно. Протопопица моя, Наталья Николаевна, говорит, что я каков был, таков и сегодня; а где тому так быть! Ей, может, это в иную минуту и так покажется, потому что и сама

---

[110] Игнатий Лойола (1491-1556) — испанский монах, основатель католического ордена иезуитов (1534). Ему неосновательно приписывалось известное изречение: «Цель оправдывает средства».

она уже Сарриных лет достигла[111], но а мне-то виднее… Тело-то здорово и даже толсто, да что в том проку, а душа уже как бы какою корой обрастает. Вижу, что нечто дивное на Руси зреет и готовится систематически; народу то потворствуют и мирволят в его дурных склонностях, то внезапно начинают сборы податей, и поступают тогда беспощадно, говоря при сём, что сие «по царскому указу». Дивно, что всего сего как бы никто не замечает, к чему это клонит.

21-го марта. Запахло весной, и с гор среди дня стремятся потоки. Дьякон Ахилла уже справляет свои седла и собирается опять скакать степным киргизом. Благо ему, что его это тешит: я ему в том не помеха, ибо действительно скука неодоленная, а он мужик сложения живого, так пусть хоть в чем-нибудь имеет рассеяние.

23-го апреля. Ахилла появился со шпорами, которые нарочно заказал себе для езды изготовить Пизонскому. Вот что худо, что он ни за что не может ограничиться на умеренности, а непременно во всем достарается до крайности. Чтоб остановить его, я моими собственными ногами шпоры эти от Ахиллиных сапог одним ударом отломил, а его просил за эту пошлость и самое наездничество на сей год прекратить. Итак, он ныне у меня под епитимьёй. Да что же делать, когда нельзя его не воздерживать. А то он и мечами препояшется.

2-го сентября. Дьячок Сергей сегодня донёс мне, что дьякон ходит по ночам с ружьём на охоту и застрелил двух зайцев. Сергею сказал, что сему не верю, а дьякону изрядно намылил голову.

9-го сентября. Однако с этим дьяконом немало хлопот: он вчера отстегал дьячка Сергея ремнём, не поручусь, что, может быть, и из мщения, что тот на него донёс мне об охоте; но говорит, что будто бы наказал его за какое-то богохульство. Дабы не допустить его до суда тех архиерейских слуг, коих великий император изволил озаглавить «лакомыми скотинами» и «несытыми татарами», я призвал к себе и битого и небитого и настоятельно заставил их поклониться друг другу в ноги и примириться, и при сём заметил, что дьякон Ахилла исполнил сие со всею весьма доброю искренностью. В сём мужике, помимо его горячности, порой усматривается немало самого голубиного незлобия.

14-го сентября. Дьячок Сергей, придя будто бы за наполом для капусты, словно невзначай донёс мне, что сегодня вечером у фокусника, который проездом показывает в кирпичных сараях силача и великана, будет на представлении дьякон Ахилла. Прегнусный и мстительный характер у сего Сергея.

15-го. Я пошёл подсмотреть это представление и, не будучи сам видим,

---

[111] …уже Сарриных лет достигла… — По библейскому преданию Сарра, жена патриарха Авраама, дожила до 127 лет (Бытие, XXIII, 1).

все достаточно хорошо сам видел сквозь щёлочку в задних воротищах. Ахилла, точно, был, но более не зрителем, а как бы сказать актёром. Он появился в большом нагольном овчинном тулупе, с поднятым и обвязанным ковровым платком воротником, скрывавшим его волосы и большую часть лица до самых глаз, но я, однако, его, разумеется, немедленно узнал, а дальше и мудрено было бы кому-нибудь его не узнать, потому что, когда привозный комедиантом великан и силач вышел в голотелесном трике и, взяв в обе руки по пяти пудов, мало колеблясь, обнёс сию тяжесть пред скамьями, где сидела публика, то Ахилла, забывшись, закричал своим голосом: «Но что же тут во всем этом дивного!» Затем, когда великан нахально вызывал бороться с ним и никого на сие состязание охотников не выискивалось, то Ахилла, утупя лицо в оный, обвязанный вокруг его головы, ковровый платок, вышел и схватился. Я полагал, что кости их сокрушатся: то сей гнётся, то оный одолевает, и так несколько минут; но наконец Ахилла сего гордого немца сломал и, закрутив ему ноги узлом, наподобие как подают в дворянских домах жареных пулярок, взял оные десять пудов да вдобавок самого сего силача и начал со всем этим коробом ходить пред публикой, громко кричавшею ему «браво». Дивнее же всего Ахилла сделал этому финал: «Господа! — обратился он к публике, — может, кто вздумает уверять, что я кто другой: так вы ему, сделайте милость, плюньте, потому что я просто мещанин Иван Морозов из Севска». Кто-то его, изволите видеть, будто просил об этом объяснении! Но, однако, я всем этим весьма со скуки позабавился. Ах, в чем проходит жизнь! Ах, в чем уже и прошла она! Идучи назад от сараев, где было представление, я впал в нервность какую-то и прослезился — сам о чем не ведая, но чувствуя лишь одно, что есть что-то, чего нельзя мне не оплакивать, когда вздумаю молодые свои широкие планы и посравню их с продолженною мною жизнию моею! Мечтал некогда обиженный, что с достоинством провести могу жизнь мою, уже хотя не за деланием во внешности, а за самоусовершенствованием собственным; но не философ я, а гражданин; мало мне сего: нужусь я, скорблю и страдаю без деятельности, и от сего не всегда осуждаю живые наклонности моего любезного Ахиллеса. Бог прости и благослови его за его пленительную сердца простоту, в которой все его утешает и радует. Сергею-дьячку сказал, что он врёт про Ахиллу, и запретил ему на него кляузничать. Чувствую, что я со всею отеческою слабостию полюбил сего доброго человека.

14-го мая 1861 года. В какие чудесные дела может попадать человек по легкомыслию своему! Комплект шутников у нас полон и без дьякона Ахиллы, но сей, однако, никак не в силах воздержаться, чтобы ещё не пополнять его собою. Городничий у тестя своего, княжеского управителя Глича, к шестерику лошадь торговал, а тот продать не желает, и они поспорили, что городничий добудет ту лошадь, и ударили о заклад. Городничий договорил за два рубля праздношатающегося мещанина Данилку, по прозвищу «Комиссара», дабы тот уворовал коня у господина Глича. Прилично, видите, сие городничему на воровство посылать, хотя бы и ради потехи! Но что всего приличнее, это было моему Ахилле выхватиться с своею готовностью пособлять Данилке в этом деле. Сергей-дьячок донёс мне об этом, и я заблаговременно взял Ахиллу к себе и сдал его на день под надзор Натальи Николаевны, с которою мой дьякон и провёл время, сбивая ей в карафине[112] сливочное масло, а ночью я положил его у себя на полу и, дабы он не ушёл, запер до утра всю его обувь и платье. Утром же сегодня были мы все пробуждены некоторым шумом и тревогой: проскакала прямо к крыльцу городничего тройкой телега и в ней комиссар Данилка между двумя мужиками, кричащий как оглашённый. Пошли мы полюбопытствовать, чего он так кричит, и нашли, что Данилку освобождали от порт, начинённых стрекучею крапивой. Оказывается, что господин Глич его изловил, посадил в крапиву, и слуги его привезли сего молодца назад к пославшему его. Я указал дьякону, что если б и он разделял таковую же участь с Данилкой и приехал назад, как карась весь обложенный крапивой, приятно ли бы это ему было? Но он отвечал, что не дался бы — что хотя бы даже и десять человек на него напали, он бы не дался. «Ну, — говорю, — а если бы двадцать?» — «Ну, а с двадцатью, — говорит, — уж нечего делать — двадцать одолеют» — и при сём рассказал, что однажды он, ещё будучи в училище, шёл с своим родным братом домой и одновременно с проходившею партией солдат увидели куст калины с немногими ветками сих никуда почти не годных ягод и устремились овладеть ими, и Ахилла с братом и солдаты человек до сорока, «и произошла, — говорит, — тут между нами великая свалка, и братца Финогешу убили». Как это наивно и просто! Что рассказ, то и событие! Ему «жизнь — копейка».

29-го сентября 1861 года. Приехал из губернии сын никитской просвирни Марфы Николаевой Препотенской, Варнава. Окончил он семинарию первым разрядом, но в попы идти отказался, а прибыл сюда в гражданское уездное училище учителем математики. На вопрос мой, отчего не пожелал в духовное звание, коротко отвечал, что не хочет быть обманщиком. Не стерпев сего глупого ответа, я сказал ему, что он глупец. Однако, сколь ни ничтожным сего человека и все его мнения почитаю, но уязвлён его ответом, как ядовитой осой. Где мой проект о положении духовенства и средствах возвысить оное на достойную его степень, дабы глупец всякий над ним не глумился и враг отчизны сему не радовался? Видно, правду попадья моя сказала, что, «может быть, написал хорошо, да

---

[112] Карафин (от франц. carafe) — графин.

нехорошо подписался». Встречаю с некоей поры частые упоминания о книге, озаглавленной «О сельском духовенстве[113]» и, пожелав её выписать, потребовал оную, но книгопродавец из Москвы отвечает, что книга «О сельском духовенстве» есть книга запрещённая и в продаже её нет. Вот поистине гениальная чья-то мысль: для нас, духовных, книга о духовенстве запрещена, а сии, как их называют, разного сорта «нигилисты» её читают и цитируют!.. Ну что это за наругательство над смыслом, взаправду!

22-го ноября. Ездил в губернию на чреду. При двух архиерейских служениях был сослужащим и в оба раза стоял ниже отца Троадия, а сей Троадий до поступления в монашество был почитаем у нас за нечто самое малое и назывался «скорбноглавым»; но зато у него, как у цензора и, стало быть, православия блюстителя и нравов оберегателя, нашлась и сия любопытная книжка «О сельском духовенстве». О, сколько правды! сколько горькой, но благопотребнейшей правды! Мню, что отец Троадий не все здесь написанное с апробацией и удовольствием читает.

14-го декабря. За ранней обедней вошёл ко мне в алтарь просвирнин сын, учитель Варнавка Препотенский, и просил отслужить панихиду, причём подал мне и записку, коей я особого значения не придал и потому в оную не заглянул, а только мысленно подивился его богомольности; удивление моё возросло, когда я, выйдя на панихиду, увидел здесь и нашу модницу Бизюкину и всех наших ссыльных поляков. И загадка сия недолго оставалась загадкой, ибо я тотчас же все понял, когда Ахилла стал по записке читать: «Павла, Александра, Кондратья[114]...» Прекрасная вещь со мною сыграна! Это я, выходит, отпел панихиду за декабристов, ибо сегодня и день был тот, когда было восстание. Вперёд буду умнее, ибо хотя молиться за всех могу и должен, но в дураках как-то у дураков дважды быть уж несогласен. Причту своему не подал никакого виду, и они ничего этого не поняли.

27-го декабря. Ахилла в самом деле иногда изобличает в себе уж такую большую легкомысленность, что для его же собственной пользы прощать его невозможно. Младенца, которого призрел и воспитал неоднократно мною упомянутый Константин Пизонский, сей бедный старик просил дьякона научить какому-нибудь пышному стихотворному поздравлению

---

[113] «О сельском духовенстве». — Речь идёт о книге священника И. С. Беллюстина «Описание сельского духовенства» (Париж. 1858). Книга эта, отражавшая тяжёлое положение русского сельского духовенства, была в России под запретом. Со священником И. С. Беллюстиным Н. С Лесков вёл переписку.

[114] Павел, Александр, Кондратий — имена декабристов Павла Пестеля, Кондратия Рылеева и, возможно, Александра Бестужева-Марлинского, известного писателя-романтика, убитого горцами на Кавказе (1837).

для городского головы, а Ахилла, охотно взявшись за это поручение, натвердил мальчишке такое:

> Днесь Христос родился,
> А Ирод-царь взбесился:
> Я вас поздравляю
> И вам того ж желаю[115].

Нет; против него необходима большая строгость!

11-го января 1863 года. Лекарь, по обязанности службы, вскрывал одного скоропостижно умершего, и учитель Варнава Препотенский привёл на вскрытие несколько учеников из уездного училища, дабы показать им анатомию, а потом в классе говорил им: «Видели ли вы тело?» Отвечают: «Видели». — «А видели ли кости?» — «И кости, — отвечают, — видели». — «И все ли видели?» — «Все видели», — отвечают. «А души не видали?» — «Нет, души не видали». — «Ну так где же она?..» И решил им, что души нет. Я конфиденциально обратил на сие внимание смотрителя и сказал, что не премину сказать об этом при директорской ревизии.

Вот ты, поп, уже и потребовался. Воевал ты с расколом — не сладил; воевал с поляками — не сладил, теперь ладь с этою дуростью, ибо это уже плод от чресл твоих возрастает. Сладишь ли?.. Погадай на пальцах.

2-го февраля. Болен жабой и не выхожу из дому, и уроки в училище вместо меня преподаёт отец Захария. Сегодня он пришёл расстроенный и сконфуженный и со слезами от преподавания уроков вместо меня отказывается, а причина сему такая. Отец Захария в прошлый урок в третьем классе задал о Промысле и истолковал его, и стал сегодня отбирать заданное; но один ученик, бакалейщика Лялина сын, способнейший мальчик Алиоша, вдруг ответил, что «он допускает только Бога Творца, но не признает Бога Промыслителя». Удивлённый таким ответом, отец Захария спросил, на чем сей юный богослов основывает своё заключение, а тот отвечал, что на том, что в природе много несправедливого и жестокого, и на первое указал на смерть, неправосудно будто бы посланную всем за грехопадение одного человека. Отец Захария, вынужден будучи так этого дерзкого ответа не бросить, начал разъяснять

---

[115] «Днесь Христос родился,

А Ирод-царь взбесился…»

Днесь (церковнослав.) — сегодня. Согласно Евангелию от Матфея (II, 1 — 16) царь Ирод, узнавший от пришедших в Иерусалим волхвов, что родился «царь Иудейский», испугался, решив, что тот лишит его престола. В страхе Ирод приказал умертвить всех младенцев мужского пола в Вифлееме, где родился Христос. Однако ещё до избиения младенцев святое семейство бежало в Египет.

ученикам, что мы, по несовершенству ума нашего, всему сему весьма плохие судьи, и подкрепил свои слова указанием, что если бы мы во грехах наших вечны были, то и грех был бы вечен, все порочное и злое было бы вечно, а для большего вразумления прибавил пример, что и кровожадный тигр и свирепая акула были бы вечны, и достаточно сим всех убедил. Но на вторых часах, когда отец Захария был в низшем классе, сей самый мальчик вошёл туда и там при малютках опроверг отца Захарию, сказав: «А что же бы сделали нам кровожадный тигр и свирепая акула, когда мы были бы бессмертны?» Отец Захария, по добрости своей и ненаходчивости, только и нашёлся ответить, что «ну, уж о сём люди умнее нас с тобой рассуждали». Но это столь старика тронуло, что он у меня час добрый очень плакал; а я, как назло, все ещё болен и не могу выйти, чтобы погрозить этому дебоширству, в коем подозреваю учителя Варнаву.

13-го января. Сколь я, однако, угадчив! Алиоша Лялин выпорон отцом за своё вольнодумное рассуждение и, плача под лозами, объявил, что сему вопросу и последующему ответу научил его учитель Препотенский. Негодую страшно; но лекарь наш говорит, что выйти мне невозможно, ибо у меня будто рецидивная angina, и затем проторю дорожку ad patres[116], а сего бы ещё не хотелось. Писал смотрителю записку и получил ответ, что Препотенскому, в удовлетворение моего требования, сделано замечание. Да, замечание! за растление умов, за соблазн малых сих, за оскорбление честнейшего, кроткого и, можно сказать, примерного служителя алтаря — замечание, а за то, что голодный дьячок променял Псалтирь старую на новую, сажают семью целую на год без хлеба… О, роде лукавый!

18-го января. Препотенский, конечно, поощрился только этим замечанием и моего отца Захарию совсем заклевал. Этот глупый, но язвительный негодяй научил ожесточённого лозами Алиошу Лялина спросить у Захарии: «Правда ли, что пьяный человек скот?» — «Да, скот», — отвечал ничто же сумняся отец Захария. «А где же его душа в это время, ибо вы говорили-де, что у скота души нет?» Отец Захария смутился и ответил только то, что: «а ну погоди, я вот ещё и про это твоему отцу скажу: он тебя опять выпорет». Для Господа Бога скажите, ведь становится серьёзным вопросом: что делать с этим новым супостатом просвирниным сыном и научителем пакостей Варнавою.

19-го января. Старый бакалейщик Лялин вновь выдрал сына лозами и за сим вслед взял его совсем из училища в лавку, сказав, что «здесь не училище, а разврат содомский». Ненавижу мою несносную горловую жабу, которая мне в эти минуты стиснула гортань. Вот этот успех Варнавин есть живой приклад, что такое может сделать одна паршивая

---

[116] К предкам (лат.).

овца, если её в стадо пустят! Вот также и наука к тому, что музыканту мало трезвости, а нужно и искусство. Первый приклад даёт Препотенский, второй — мой отец Захария. Ради просветителя Препотенского из школы детей берут, а отец Захария, при всей чистоте души своей, ни на что ответить не может. Вот когда уши мои выше лба хотят вспрыгнуть. Да, теперь чувствуешь ли, разумный гражданин, что я не совсем дармоед и не обманщик? Чувствуешь ли? И ежели чувствуешь сие, то чувствуешь ли и то, что я хил, стар и отупел от всех оных «молчи»... А что ещё там на смену мне растёт? Думай о них, брате, мой, думай о них, искренний мой и ближний, ибо уже ехидный враг внюду нас встал, и сей враг плоть от плоти нашея. Ныне он ещё пока глуп и юродив, в Варнавкиной кожуре ходит, но старый поп, опытом наученный, говорит тебе: на страже стой и зорко следи, во что он перерядится. Где теперь Чемерницкий и оный мой правитель? Какого они плана держатся? Сколь они умнее стали с тех пор, как разговаривали в храме и пели на крыльце «много ли это» вместо «многая лета»? Пойди ныне, лови! Сунься... Они тебя поймают.

21-го января. Скажешь себе слово под руку, да и сам не обрадуешься. Ещё и чернило с достаточною прочностию не засохло, коим писал, что «лови их, они сами тебя поймают», как вдруг уже и изловлен. Сегодня пришёл ко мне городничий Порохонцев и принёс копию с служебной бумаги из Петербурга. Писано, что до сведения высшего начальства дошло о распространении в наших местах газеты «Колокол» и прочих секретных сочинений и что посему вменяется в обязанность распространение сих вещей строго преследовать; а подписано — наш «Чемерницкий»! Каков!

27-го. Я ужасно встревожен. С гадостным Варнавой Препотенским справы нет. Рассказывал на уроке, что Иона-пророк не мог быть во чреве ките[117], потому что у огромного зверя кита все-таки весьма узкая глотка. Решительно не могу этого снесть, но пожаловаться на него директору боюсь, дабы ещё и оттуда не ограничилось все одним лёгоньким ему замечанием.

2-го февраля. Почтмейстер Тимофей Иванович, подпечатывая письма, нашёл описание Тугановского дела, списанного городничим для Чемерницкого, и все сему очень смеялись. На что же сие делают, на что же и подпечатывание с болтовством, уничтожающим сей операции всякое значение, и корреспондирование революционеру от полицейского чиновника? Городничий намекал, что литераторствует для «Колокола». Не

---

[117] ...Иона-пророк не мог быть во чреве ките... — По библейскому преданию пророк Иона был проглочен китом, но по воле бога, который услышал его молитву, был извергнут китом здравым и невредимым (Книга пророка Ионы, II, 1-2).

достойнее ли бы было, если бы ничего этого, ни того, ни другого, совсем не было?

14-го февраля. Я все ещё болен и не выхожу. Читал книгу журнала, где в одной повести выводится автором поп. Рассказано, как он приехал в село и как он старается быть добрым и честным; но встречает к тому ежечасные препятствия. Хотя все это описано вскользь и без фундаментального знания нашего положения, но весьма тому радуюсь, что пришла автору такая мысль. Настал час, чтобы светские люди посмотрели на нас, а мы в свою очередь в их соображения и стремления вникли. Какой смешной наш дьякон Ахилла! Видя, что я в болезни скучаю, и желая меня рассеять, привёл ко мне собачку Пизонского, ублюдочку пуделя, коему как Ахилла скажет: «Собачка, засмейся!» — она как бы и вправду, скаля свои зубы, смеётся. Опять сядет пред нею большущий дьякон на корточки и повторит: «Засмейся, собачка!» — она и снова смеётся. Сколь детски близок этот Ахилла к природе, и сколь все его в ней занимает!..

17-го февраля. Препотенский окончательно вывел меня из терпения. Я его и человеком более вовсе считать не могу после того, что он сделал, и о деяниях его написал не директору его, а предводителю Туганову. Что отродится от сего старого вольтерьянина — не знаю, но все-таки он человек земли, а не наемщик, и пожалеет её. Варнавка делает, до чего только безумие довести может. За болезнию учителя Гонорского, Препотенскому поручено временно читать историю, а он сейчас же начал толковать о безнравственности войны и относил сие все прямо к событиям в Польше[118]. Но этого мало ему было, и он, глумясь над цивилизацией, порицал патриотизм и начала национальные, а далее осмеивал детям благопристойность, представляя её во многих отношениях даже безнравственною, и привёл такой пример сему, что народы образованные скрывают акт зарождения человека, а не скрывают акта убийства, и даже оружия войны на плечах носят. Чего сему глупцу хочется? По правде, сие столь глупо, что и подумать стыдно, а я все сержусь. Мелочь сие; но я ведь мелочи одни и назираю, ибо я в мале и поставлен.

28-го февраля. Ого! Вольтерьянин-то мой не шутит. Приехал директор. Я не вытерпел, и хотя лекарь грозил мне опасностью, однако я вышел и говорил ему о бесчинствах Препотенского; но директор всему сему весьма рассмеялся. Что это у них за смешливость! Обратил все сие в шутку и сказал, что от этого Москва не загорится, «а впрочем, — добавил он с серьёзною миной, — где вы мне прикажете брать других? они все ныне

---

[118] ...относил сие все прямо к событиям в Польше — Речь, видимо, идёт о восстании в Польше, начавшемся в январе 1863 года и продолжавшемся до лета 1864 года.

такие бывают». И вышел я же в смешных дураках, как бесполезный хлопотун. Видно, так этому и быть следует.

1-го марта. И вправду я старый шут, верно, стал, что все надо мною потешаются. Пришли сегодня ко мне лекарь с городничим, и я им сказал, что здоровье моё от вчерашнего выхода нимало не пострадало; но они на сие рассмеялись и отвечали, что лекарь это шутя продержал меня в карантине, ибо ударился об заклад с кем-то, что, стоит ему захотеть, я месяц просижу дома. С этою целию он и запугивал меня опасностью, которой не было. Тьфу!

14-го мая. Препотенский, однако же, столь осмелел, что и в моем присутствии мало изменяется. Добыв у кого-то из раскольников весьма распространённую книжечку с видами, где антихрист изображён архиереем в нынешнем облачении, изъяснял, что Христос был социалист, а мы, попы и архиереи, как сему противимся, то мы и есьмы антихристы.

20-го июля. Отлично поправился, проехавшись по благочинию. Так свежо и хорошо в природе, на людях и мир и довольство замечается. В Благодухове крестьяне на свой счёт поправили и расписали храм, но опять и здесь, при таком спокойном деле, явилось нечто в игривом духе. Изобразили в притворе на стене почтённых лет старца, опочивающего на ложе, а внизу уместили подпись: «В седьмый день Господь почил от всех дел своих[119]». Дал отцу Якову за сие замечание и картину велел замалевать.

11-го мая 183 года. Позавчера служил у нас в соборе проездом владыка. Спрашивал я отца Троадия: стёрта ли в Благодухове известная картина? и узнал, что картина ещё существует, чем было и встревожился, но отец Троадий успокоил меня, что это ничего, и шутливо сказал, что «это в народном духе», и ещё присовокупил к сему некоторый анекдот о душе в башмаках, и опять все покончили в самом игривом. Эко! сколь им все весело.

20-го июня. Ездил в Благодухово и картину велел сострутать при себе: в глупом народному духу потворствовать не нахожу нужным. Узнавал о художнике; оказалось, что это пономарь Павел упражнялся. Гармонируя с духом времени в шутливости, велел сему художнику сесть с моим кучером на облучок и, прокатив его сорок вёрст, отпустил пешечком обратно, чтобы имел время в сей проходке поразмыслить о своей живописной фантазии.

12-го августа. Дьякон Ахилла все давно что-то мурлычит. Недавно узнал, что это он вступил в польский хор и поёт у Кальярского, басом, польские песни. Дал ему честное слово, что донесу о сём владыке; но

---

[119] «В седьмый день Господь почил от всех дел Своих». — Сотворив мир за шесть дней, бог «почил в день седьмый от всех дел Своих…» (Бытие, II. 2).

простил, потому что вижу, что это учинено им по его всегдашнему легкомыслию.

12-го октября. Был у нас на ревизии новый губернатор. Заходил в собор и в училище, и в оба раза, и в училище и в церкви, непременно требовал у меня благословения. Человек русский и по обхождению и по фамилии. Очень ещё молод, учился в сём особенном училище правоведения[120] и из Петербурга в первый раз всего выехал, что сейчас на нем и заметно, ибо все его интересует. С особым любопытством расспрашивал о характере столкновений духовенства с властию предводительскою; но, к сожалению, я его любопытства удовлетворить не мог, ибо у нас, что уездный Плодомасов, что губернский Туганов — мужи достойные, столкновений нет. Говорил, что копошенью поляков он не намерен придавать никакого значения, и выразился так: что «их просто надо игнорировать», как бы их нет, ибо «все это, — добавил, — должно стушеваться; масса их поглотит, и их следа не останется». При сём не без красноречия указал, что не должно ставить всякое лыко в строку, «ибо (его слова) все это только раздувает несогласие и отвлекает правительственных людей от их главных целей». При сём, развивая свою мысль в духе высшей же, вероятно, политики, заговорил о национальном фанатизме и нетерпимости.

14-го ноября. Рассказывают, что один помещик ездил к губернатору жаловаться на неисполнение крестьянами обязательств; губернатор, остановив поток его жалоб, сказал: «Прошу вас, говоря о народе, помнить, что я демократ».

20-го января 1863 года. Пишу замечательную и назидательную историю о суррогате. Сообщают такую курьёзную повесть о первом свидании сего нового губернатора с нашим предводителем Тугановым. Сей высшей политики исполненный петербургский шпис и Вольтеру нашему отрекомендовал себя демократом, за что Туганов на бале в дворянском собрании в глаза при всех его и похвалил, добавив, что это направление самое прекрасное и особенно в настоящее время идущее кстати, так как у нас уездах в трех изрядный голод и для любви к народу открыта широкая деятельность. Губернатор сему весьма возрадовался, что есть голод, но осерчал, что ему это до сих пор было неизвестно, и, подозвав своего правителя, сильно ему выговаривал, что тот его не известил о сём прежде, причём, как настоящий торопыга, тотчас же велел донести о сём в Петербург. Но правитель, оправляя перед ним свою вину, молвил, что замечаемый в тех уездах голод ещё не есть настоящий голод; ибо хотя там хлеб и пропал, но зато изрядно «родилось просо». Отсюда и

---

[120] Училище правоведения — привилегированное учебное заведение; было основано в Петербурге в 1835 году.

67

началась история. «Что такое просо?» — воскликнул губернатор. «Просо
— суррогат хлеба», — отвечал учёный правитель, вместо того чтобы
просто сказать, что из проса кашу варят, что, может статься,
удовлетворило бы и нашего правоведа, ибо он должен быть мастер варить
кашу. Но, однако, случилось так, что сказано ему «суррогат». «Стыдитесь,
— возразил, услыхав это слово, вышнеполитик, — стыдитесь обманывать
меня, когда стоит войти в любую фруктовую лавку, чтобы знать, на что
употребляется просо: в просе виноград возят!» Туганов серьёзно
промолчал, а через день послал из комиссии продовольствия губернатору
список хлебных семян в России. Губернатор сконфузился, увидав там
просо, и, призвав своего правителя, сказал: «Извините, что я вам тогда не
поверил, вы правы, просо — хлеб». Всеискреннейше тебя, любезный
демократ, сожалею! Немец хотя и полагал, что Николай Угодник овсом
промышляет, но так не виноградничал.

6-го декабря. Постоянно приходят вести о контрах между
предводителем Тугановым и губернатором, который, говорят, отыскивает,
чем бы ткнуть предводителя за своё «просо», и, наконец, кажется, они
столкнулись. Губернатор все за крестьян, а тот, Вольтер, за свои права и
вольности. У одного правоведство смысл покривило, так что ему надо бы
пожелать позабыть то, что он узнал, а у другого — гонору с Араратскую
гору и уже никакого ни к каким правам почтения. У них будет баталия.

20-го декабря. Приехали на Святки семинаристы, и сын отца Захарии,
дающий приватные уроки в добрых домах, привёз совершенно
невероятную и дикую новость: какой-то отставной солдат, притаясь в
уголке Покровской церкви, снял венец с чудотворной иконы Иоанна
Воина и, будучи взят с тем венцом в доме своём, объяснил, что он этого
венца не крал, а что, жалуясь на необеспеченность отставного русского
воина, молил сего святого воинственника пособить ему в его бедности, а
святой, якобы вняв сему, проговорил: «Я их за это накажу в будущем веке,
а тебе на вот покуда это», и с сими участливыми словами снял будто бы
своею рукой с головы оный драгоценный венец и промолвил: «Возьми».
Стоит ли, кажется, такое объяснение какого-либо внимания? Но просу
воздействовавшу рассуждено иначе, и от губернатора в консисторию
последовал запрос: могло ли происходить таковое чудо? Разумеется, что
консистория очутилась в затруднении, ибо нельзя же ей отвечать, что
чудо невозможно; но к чему же, однако, это направляется? Предводитель
Туганов по сему случаю секретно запротестовал и написал, что видит это
действие неразумным и предпринимаемым единственно для колебания
веры и для насмешки над духовенством. Таким образом, сей старый невер
становится за духовенство, а обязанный защищать оное правоведец над
ним издевается. Нет, кажется, и вправду уже грядёт час, и ныне есть,
когда здравый разум будет не в состоянии усматривать во всем

совершающемся хотя малейшую странность. Самое заступление Туганова, так как оно не по ревности к вере, а по вражде к губернатору, то хотя бы это, по-видимому, и на пользу в сём настоящем случае, но, однако, радоваться тут нечему, ибо чего же можно ожидать хорошего, если в государстве все один над другим станут издеваться, забывая, что они одной короне присягали и одной стране служат? Плохо-с!

9-го января 1864 года. Сам Туганов приезжал зачем-то в Плодомасово. Я не утерпел и поехал вчера повидаться и узнать насчёт его борьбы и его протеста за Иоанна Воина. Чудно! Сей Туганов, некогда чтитель Вольтера, заговорил со мною с грустью и в наидруженнейшем тоне. Протест свой он ещё не считает достаточно сильным, ибо сказал, «что я сам для себя думаю обо всем чудодейственном, то про мой обиход при мне и остаётся, а не могу же я разделять бездельничьих желаний — отнимать у народа то, что одно только пока и вселяет в него навык думать, что он принадлежит немножечко к высшей сфере бытия, чем его полосатая свинья и корова». Какая сухменность в этих словах, но я уже не возражал… Что уж делать! Боже! помози Ты хотя сему неверию, а то взаправду не доспеть бы нам до табунного скитания, пожирания корней и конского ржания.

20-го мая. По части шутовства новое преуспеяние: по случаю распространившегося по губернии вредоносного поветрия на скот и людей в губернских ведомостях напечатано внушение духовенству — наставлять прихожан, «чтобы крестьяне остерегались шарлатанского лечения знахарей и бабок, нередко расстраивающих здоровье навеки, а обращались бы тотчас за пособием к местным врачам и ветеринарам». А где же у нас сии «местные врачи и ветеринары»? Припоминаю невольно давно читанную мною старую книжечку английского писателя, остроумнейшего пастора Стерна, под заглавием «Жизнь и мнения Тристрама Шанди[121]», и заключаю, что по окончании у нас сего патентованного нигилизма ныне начинается шандиизм, ибо и то и другое не есть учение, а есть особое умственное состояние, которое, по Стернову определению, «растворяет сердце и лёгкие и вертит очень быстро многосложное колесо жизни». И что меня ещё более убеждает в том, что Русь вступила в фазу шандиизма, так это то, что сей Шанди говорил: «Если бы мне, как Санхе-Пансе, дали выбирать для себя государство, то я выбрал бы себе не коммерческое и не богатое, а такое, в котором бы непрестанно как в шутку, так и всерьёз смеялись». Ей-право опасаюсь; не нас ли, убогеньких, разумел сей штуковатый Панса, ибо все это как раз к нам подходящее, и не богаты и не тороваты, а уж куда как гораздо смешливы!

21-го мая. Помещик Плодомасов вернулся из столицы и привёз и мне,

---

[121] «Жизнь и мнения Тристрама Шанди» — роман английского писателя Лоренса Стерна (1713-1768) «Жизнь и мнения Тристрама Шенди».

и отцу Захарии, и дьякону Ахилле весьма дорогие трости натурального камыша и показывал небольшую стеклянную лампочку с горящею жидкостью «керосин[122]», или горное масло, что добывается из нефти.

9-го июня 1865 года. Я допустил в себе постыдную мелочность с тростями, о которых выше писал, и целая прошедшая жизнь моя опрокинулась как решето и покрыла меня. Я сижу под этим решетом как ощипанный грач, которого злые ребята припасли, чтобы над ним потешаться. Вот поистине печальнейшая сторона житейского измельчания: я обмелел, обмелел всемерно и даже до того обмелел, что безгласной бумаге суетности своей доверить не в состоянии, а скажу вкратце: меня смущало, что у меня и у Захарии одинаковые трости и почти таковая же подарена Ахилле. Боже! на то ли я был некогда годен, чтобы за тросточку обижаться или, что ещё хуже, ухищряться об её отличии? Нет, не такой я был, не пустяки подобные меня влекли, а занят я был мыслью высокою, чтоб, усовершив себя в земной юдоли[123], увидеть невечерний свет и возвратить с процентами вручённый мне от Господа талант».

Этим оканчивались старые туберозовские записи, дочитав которые старик взял перо и, написав новую дату, начал спокойно и строго выводить на чистой странице: «Было внесено мной своевременно, как однажды просвирнин сын, учитель Варнава Препотенский, над трупом смущал неповинных детей о душе человеческой, говоря, что никакой души нет, потому что нет ей в теле видимого гнездилища. Гнев мой против сего пустого, но вредного человека был в оные времена умными людьми признан суетным, и самый повод к сему гневу найден не заслуживающим внимания. Ныне новое происшествие: когда недавно был паводок, к городскому берегу принесло откуда-то сверху неизвестное мертвое тело. Мать Варнавки, бедненькая просвирня, сегодня сказала мне в слезах, что лекарь с городничим, вероятно по злобе к ее сыну или в насмешку над ним, подарили ему оного утопленника, а он, Варнавка, по глупости своей этот подарок принял, сварил мертвеца в корчагах, в которых она доселе мирно золила свое белье, и отвар вылил под апортовую яблоньку, а кости, собрав, повез в губернский город, и что чрез сие она опасается, что ее драгоценного сына возьмут как убийцу с костями сего человека. Ее я, как умел, успокоил, а городничего просил объяснить: „для каких надобностей труп утонувшего человека, подлежащий после вскрытия церковному погребению, был отдан ими

---

[122] ...с горящею жидкостью «керосин»... — Керосин в России стал употребляться для освещения с 1863 года.
[123] Юдоль (церковнослав.) — долина; в переносном смысле — мир горя, забот и суеты.

учителю Варнавке?" И получил в ответ, что это сделано ими „в интересах просвещения", то есть для образования себя, Варнавки, над скелетом в естественных науках. Пресмешно, какое рачение о науке со стороны людей, столь от нее далеких, как городничий Порохонцев, проведший полжизни в кавалерийской конюшне, где учатся коням хвост подвязывать, или лекарь-лгун, принадлежащий к той науке, члены которой учеными почитаются только от круглых невежд, чему и служит доказательством его грубейшая нелепица, якобы он, выпив по ошибке у Плодомасова вместо водки рюмку осветительного керосина, имел-де целую неделю живот свой светящимся. Но как бы там ни было, а сваренный Варнавкой утопленник превратился в скелет. Кости Варнавка отвез в губернию к фельдшеру в богоугодное заведение. Сей искусник в анатомии позацеплял все эти косточки одну за другую и составил скелет, который привезен сюда в город и ныне находится у Препотенского, укрепившего его на окне своем, что выходит как раз против алтаря Никитской церкви. Там он и стоит, служа постоянным предметом сбора уличной толпы и ссоры и настроений домашних у Варнавки с его простоватою матерью. Мертвец сей начал мстить за себя. Еженощно начал он сниться несчастливой матери сего ученого и смущает покой старухи, неотступно требуя у нее себе погребения. Бедная и вполне несчастливая женщина эта молилась, плакала и, на коленях стоя, просила сына о даровании ей сего скелета для погребения и, натурально, встретила в сем наирешительнейший отпор. Тогда она решилась на меру некоего отчаяния и в отсутствие сына собрала кости в небольшой деревянный ковчежец, и снесла оные в сад, и своими старческими руками закопала эти кости под тою же апортовою яблонью, под которую вылито Варнавкой разваренное тело несчастливца. Но все это вышло неудачно, ибо ученый сынок обратно их оттуда ископал, и началась с сими костями новая история, еще по сие время не оконченная. Просто смеху и сраму достойно, что из сего последовало! Похищали они эти кости друг у дружки до тех пор, пока мой дьякон Ахилла, которому до всего дело, взялся сие прекратить и так немешкотно приступил к исполнению этой своей решимости, что я не имел никакой возможности его удержать и обрезонить, и вот точно какое-то предощущение меня смущает, как бы из этого пустяка не вышло какой-нибудь вредной глупости для людей путных. А кроме того, я ужасно расстроился разговорами с городничим и с лекарем, укорявшими меня за мою ревнивую (по их словам) нетерпимость к неверию, тогда как, думается им, веры уже никто не содержит, не исключая-де и тех, кои официально за нее заступаются. Верю! По вере моей и сему верю и даже не сомневаюсь, но удивляюсь, откуда это взялась у нас такая ожесточенная вражда и ненависть к вере? Происходит ли сие от стремлений к свободе; но кому же вера помехой в делах всяческих преуспеяний к исканию свободы? Отчего настоящие мыслители так не думали?»

Отец Савелий глубоко вздохнул, положил перо, ещё взглянул на свой дневник и словно ещё раз общим генеральным взглядом окинул всех, кого в жизнь свою вписал он в это не бесстрастное поминанье, закрыл и замкнул свою демикотоновую книгу в её старое место. Затем он подошёл к окну, приподнял спущенную коленкоровую штору и, поглядев за реку, выпрямился во весь свой рост и благодарственно перекрестился. Небо было закрыто чёрными тучами, и редкие капли дождя уже шлёпали в густую пыль; это был дождь, прошенный и моленный Туберозовым прошедшим днём на мирском молебне, и в теперешнем его появлении старик видел как бы знамение, что его молитва не бездейственна. Старый Туберозов шептал слова восторженных хвалений и не заметил, как по лицу его тихо бежали слезы и дождь все частил капля за каплей и, наконец, засеял как сквозь частое сито, освежая влажною прохладой слегка воспалённую голову протопопа, который так и уснул, как сидел у окна, склонясь головой на свои белые руки.

Между тем безгромный, тихий дождь пролил, воздух стал чист и свеж, небо очистилось, и на востоке седой сумрак начинает серебриться, приготовляя место заре дня иже во святых отца нашего Мефодия Песношского, дня, которому, как мы можем вспомнить, дьякон Ахилла придавал такое особенное и, можно сказать, великое значение, что даже велел кроткой протопопице записать у себя этот день на всегдашнюю память.

ГЛАВА 6

Рассвет быстро яснел, и пока солнце умывалось в тумане за дымящимся бором, золотые стрелы его лучей уже остро вытягивались на горизонте. Лёгкий туман всполохнулся над рекой и пополз вверх по скалистому берегу; под мостом он клубится и липнет около чёрных и мокрых свай. Из-под этого тумана синеет бакша и виднеется белая полоса шоссе. На всем ещё лежат тени полусвета, и нигде, ни внутри домов, ни на площадях и улицах, не заметно никаких признаков пробуждения.

Но вот на самом верху крутой, нагорной стороны Старого Города, над узкою крестовою тропой, что ведёт по уступам кременистого обрыва к реке, тонко и прозрачно очерчиваются контуры весьма странной группы. При слабом освещении, при котором появляется эта группа, в ней есть что-то фантастическое. Посредине её стоит человек, покрытый с плеч до земли ниспадающим длинным хитоном, слегка схваченным в опоясье.

Фигура эта появилась совершенно незаметно, точно выплыла из редеющего тумана, и стоит неподвижно, как привидение.

Суеверный человек может подумать, что это старогородский домовой, пришедший повздыхать над городом за час до его пробуждения.

Однако все более и более яснеющий рассвет с каждым мгновением позволяет точнее видеть, что это не домовой, и не иной дух, хотя в то же время все-таки и не совсем что-либо обыкновенное. Теперь мы видим, что у этой фигуры руки опущены в карманы. Из одного кармана торчит очень длинный прут с надвязанною на его конце пращой, или по крайней мере рыболовною лесой, из другого — на четырех бечевах висит что-то похожее на тяжёлую палицу. Но вот шелохнул ветерок, по сонной реке тихо сверкнуло мелкой рябью, за узорною решёткой соборного храма встрепенулись листочки берёз, и пустые складки широких покровов нагорной статуи задвигались тихо и открыли тонкие ноги в белых ночных панталонах. В эту же секунду, как обнажились эти тонкие ноги, взади из-за них неожиданно выставилось четыре руки, принадлежащие двум другим фигурам, скрывавшимся на втором плане картины. Услужливые руки эти захватили раздутые полы, собрали их и снова обернули ими тоненькие белые ноги кумира. Теперь стоило только взглянуть поприлежнее, и можно было рассмотреть две остальные фигуры. Справа виднелась женщина. Она бросалась в глаза прежде всего непомерною выпуклостью своего чрева, на котором высоко поднималась узкая туника. В руках у этой женщины медный блестящий щит, посредине которого был прикреплён большой пук волос, как будто только что снятых с черепа вместе с кожей. С другой стороны, именно слева высокой фигуры, выдавался широкобородый, приземистый, чёрный дикарь. Под левою рукой у него было что-то похожее на орудия пытки, а в правой — он держал кровавый мешок, из которого свесились книзу две человеческие головы, бледные, лишённые волос и, вероятно, испустившие последний вздох в пытке. Окрест этих трех лиц совсем веяло воздухом северной саги. Но вот свет, ясное солнце всплыло ещё немножко повыше, и таинственной саги как не бывало. Это просто три живые, хотя и весьма оригинальные человека. Они и ещё постояли с минуту и потом двинулись книзу. Спустясь шагов десять, они снова остановились, и тот, который был из них выше других и стоял впереди, тихонько промолвил:

— Смотри, брат Комарь, а ведь их что-то нынче не видно!

— Да, не видать, — отвечал чернобородый Комарь.

— Да ты получше смотри!

Комарь воззрился за реку и через секунду опять произнёс:

— Нечего смотреть: никого не видать.

— А в городе, господи, тишь-то какая!

— Сонное царство, — заметила тихо фигура, державшая медный щит под рукой.

— Что ты говоришь, Фелиси? — спросила, не расслышав, худая фигура.

— Я докладываю вам, Воин Васильевич, что в городе сонное царство, — проговорила в ответ женщина.

— Да, сонное царство; но скоро начнут просыпаться. Вот погляди-ка, Комарь, оттуда уж, кажется, кто-то бултыхнул?

Фигура кивнула налево к острову, с которого лёгкий парок подымался и тихо клубился под мостом.

— Бултыхнул и есть, — ответил Комарь и начал следить за двумя тонкими кружками, расширявшимися по тихой воде. В центре переднего из этих кружков, тихо качаясь, вертелось что-то вроде зрелой, жёлтой тыквы.

— Ах он, каналья! опять прежде нас бултыхнул, не дождавшись начальства.

— А вон и оттуда готов, — молвил бесстрастно Комарь.

— Может ли быть! Ты врёшь, Комарище.

— А вон! поглядите, вон, идут уж над самою рекой!

Все три путника приложили ладони к бровям и, поглядев за реку, увидали, что там выступало что-то рослое и дебелое, с ног до головы повитое белым саваном: это «что-то» напоминало как нельзя более статую Командора и, как та же статуя, двигалось плавно и медленно, но неуклонно приближаясь к реке.

В эти минуты светозарный Феб быстро выкатил на своей огненной колеснице ещё выше на небо; совсем разредевший туман словно весь пропитало янтарным тоном. Картина обагрилась багрецом и лазурью, и в этом ярком, могучем освещении, весь облитый лучами солнца, в волнах реки показался нагой богатырь с буйною гривой чёрных волос на большой голове. Он плыл против течения воды, сидя на достойном его могучем красном коне, который мощно рассекал широкою грудью волну и сердито храпел темно-огненными ноздрями.

Все эти пешие лица и плывущий всадник стремятся с разных точек к одному пункту, который, если бы провести от них перекрёстные линии, обозначился непременно на выдающемся посредине реки большом камне. В первой фигуре, которая спускается с горы, мы узнаем старогородского исправника Воина Васильевича Порохонцева, отставного ротмистра, длинного худого добряка, разрешившего в интересах науки учителю Варнаве Препотенскому воспользоваться телом утопленника. На этом сухом и длинном меценате надет масакового цвета шёлковый халат, а на голове остренькая гарусная ермолка; из одного его кармана, где покоится его правая рука, торчит тоненькое кнутовище с навязанным на нем длинным выводным кнутом, а около другого, в который засунута левая рука городничего, тихо показывается огромная, дочерна закуренная пенковая трубка и сафьяновый восточный кисет с охотницким ремешком.

У него за плечом слева тихо шагает его главный кучер Комарь, баринов друг и наперсник, давно уже утративший своё крёстное имя и от всех называемый Комарем. У Комаря вовсе не было с собой ни пытальных орудий, ни двух мёртвых голов, ни мешка из испачканной кровью холстины, а он просто нёс под мышкой скамейку, старенький пунцовый коверчик да пару бычьих туго надутых пузырей, связанных один с другим суконною покромкой.

Третий лик, за четверть часа столь грозный, с медным щитом под рукой, теперь предстаёт нам в скромнейшей фигуре жены Комаря. «Мать Фелисата», — так звали эту особу на дворне, — была обременена довольно тяжёлою ношей, но вся эта ноша тоже отнюдь не была пригодна для битвы. Прежде всего она несла своё чрево, служившее приютом будущему юному Комаренку, потом под рукой у неё был ярко заблиставший на солнце медный таз, а в том тазе мочалка, в мочалке — суконная рукавичка, в суконной рукавичке — кусочек камфарного мыла; а на голове у неё лежала вчетверо сложенная белая простыня.

Картина самого тихого свойства.

Под белым покровом шедшая тихо с Заречья фигура тоже вдруг потеряла свою грандиозность, а с нею и всякое подобие с Командором. Это шёл человек в сапогах из такой точно кожи, в какую обута нога каждого смертного, носящего обувь. Шёл он спокойно, покрытый до пят простыней, и когда, подойдя к реке, сбросил её на траву, го в нем просто-напросто представился дебелый и нескладный белобрысый уездный лекарь Пуговкин.

В кучерявом нагом всаднике, плывущем на гнедом долгогривом коне, узнается дьякон Ахилла, и даже еле мелькающая в мелкой ряби струй тыква принимает знакомый человеческий облик: на ней обозначаются два кроткие голубые глаза и сломанный нос. Ясно, что это не тыква, а лысая голова Константина Пизонского, старческое тело которого скрывается в свежей влаге.

Пред нами стягивается на своё урочное место компания старогородских купальщиков, которые издавна обыкновенно встречаются здесь таким образом каждое утро погожего летнего дня и вместе наслаждаются свежею, утреннею ванной. Посмотрим на эту сцену.

Первый сбросил с себя свою простыню белый лекарь, через минуту он снял и второй свой покров, свою розовую серпянковую сорочку[124], и вслед за тем, шибко разбежавшись, бросился кувырком в реку и поплыл к большому широкому камню, который возвышался на один фут над водой

---

[124] ...серпянковая сорочка... — Серпянка — реденькая ткань.

на самой средине реки. Этот камень действительно был центром их сборища.

Лекарь в несколько взмахов переплыл пространство, отделявшее его от камня, вскочил на гладкую верхнюю площадь камня и, захохотав, крикнул:

— Я опять прежде всех в воде! — И с этим лекарь гаркнул Ахилле: — Плыви скорей, фараон! Видишь ли ты его, чертушку? — опять, весело смеясь, закричал он исправнику и снова, не ожидая ответа от ротмистра, звал уже Пизонского, поманивая его тихонько, как уточку: — Гряди, плешиве! гряди, плешиве[125]!

Меж тем к исправнику, или уездному начальнику, который не был так проворен и ещё оставался на суше, в это время подошла Фелисата: она его распоясала и, сняв с него халат, оставила в одном белье и в пёстрой фланелевой фуфайке.

Так этот воин ещё приготовлялся к купанью, тогда как лекарь, сидя на камне и болтая в воде ногами, вертелся во все стороны и весело свистал и вдруг неожиданно так громко треснул подплывшего к нему Ахиллу ладонью по голой спине, что тот даже вскрикнул, не от удара, а от громогласного звука.

— За что это так громко дерёшься? — воскликнул дьякон.

— Не хватай меня за тело, — отвечал лекарь.

— А если у меня такая привычка?

— Отвыкай, — отозвался снова, громко свистя, лекарь.

— Я и отвыкаю, да забываюсь.

Лекарь ничего не ответил и продолжал свистать, а дьякон, покачав головой, плюнул и, развязав шнурочек, которым был подпоясан по своему богатырскому телу, снял с этого шнурочка конскую скребницу и щётку и начал усердно и с знанием дела мыть гриву своего коня, который, гуляя на чембуре, выгибал наружу ладистую спину и бурливо пенил коленами воду.

Этот пейзаж и жанр представляли собою простоту старогородской жизни, как увертюра представляет музыку оперы; но увертюра ещё не окончена.

---

[125] Гряди, плешиве! — «Уходи, плешивый!» — так дразнили дети лысого пророка Елисея (Четвёртая книга Царств, II, 23).

ГЛАВА 7

На левом берегу, где оставался медлительный градоначальник, кучер Комарь разостлал ковёр, утвердил на нем принесённую скамейку, покачал её вправо и влево и, убедясь, что она стоит крепко, возгласил:

— Садитесь, Воин Васильевич; крепко!

Порохонцев подошёл поспешно к скамье, ещё собственноручно пошатал её и сел не прежде, как убедясь, что скамья действительно стоит крепко. Едва только барин присел, Комарь взял его сзади под плечи, а Комарева жена, поставив на ковёр таз с мочалкой и простыней, принялась разоблачать воинственного градоначальника. Сначала она сняла с него ермолку, потом вязаную фуфайку, потом туфли, носки, затем осторожно наложила свои ладони на сухие ребра ротмистра и остановилась, скосив в знак внимания набок свою голову.

— Что, Фелиси, кажется, уже ничего: кажется, можно ехать? — спросил Порохонцев.

— Нет, Воин Васильевич, ещё пульсы бьются, — отвечала Фелисата.

— Ну, надо подождать, если бьются: а ты, Комарь, ултыхай.

— Да я бултыхну.

— Ты бултыхай, братец, бултыхай! Ты оплыви разок, да и выйди, и поедем.

— Не был бы я тогда только, Воин Васильевич, очень скользкий, чтобы вы опять по-анамеднешнему не упали?

— Нет, ничего; не упаду.

Комарь сбросил с себя, за спиной своего господина, рубашку и, прыгнув с разбегу в воду, шибко заработал руками.

— Ишь как лихо плавает твой Комарище! — проговорил Порохонцев.

— Отлично, — отвечала Комариха, по-видимому нимало не стесняясь сама и не стесняя никого из купальщиков своим присутствием.

Фелисата, бывшая крепостная девушка Порохонцева, давно привыкла быть нянькой своего больного помещика и в ухаживаниях за ним различие пола для неё не существовало. Меж тем Комарь оплыл камень, на котором сидели купальщики, и, выскочив снова на берег, стал спиной к скамье, на которой сидел градоначальник, и изогнулся глаголем.

Воин Васильевич взлез на него верхом, обхватился руками за шею и поехал на нем в воду. Ротмистр обыкновенно таким образом выезжал на Комаре в воду, потому что не мог идти босою ногой по мелкой щебёнке, но чуть вода начинала доставать Комарю под мышки, Комарь останавливался и докладывал, что камней уж нет и что он чувствует под ногами песок.

Тогда Воин Васильевич слезал с его плеч и ложился на пузыри. Так

77

было и нынче: сухой градоначальник лёг, Комарь толкнул его в пятки, и они оба поплыли к камню и оба на него взобрались. Небольшой камень этот, возвышающийся над водой ровною и круглою площадью фута в два в диаметре, служил теперь помещением для пяти человек, из коих четверо: Порохонцев, Пизонский, лекарь и Ахилла, размещались по краям, усевшись друг к другу спинами, а Комарь стоял между ними в узеньком четыреугольнике, образуемом их спинами, и мыл голову своего господина, остальные беседовали. Пизонский, дёргая своим кривым носом, рассказывал, что, как вчера смерклось, где-то ниже моста в лозах села пара лебедей и ночью под дождичек все гоготали.

— Лебеди кричали — это к чьему-то прилёту, — заметил Комарь, продолжая усердно намыливать баринову голову.

— Нет, это просто к хорошему дню, — ответил Пизонский.

— Да и кому к нам прилететь? — вмешался лекарь, — живём как кикиморы, целый век ничего нового.

— А на что нам новое? — ответил Пизонский. — Все у нас есть; погода прекрасная, сидим мы здесь на камушке, никто нас не осуждает; наги мы, и никто нас не испугает. А приедет новый человек, все это ему покажется не так, и пойдёт он разбирать…

— Пойдёт разбирать, зачем они голые сидят? — фамильярно перебил Комарь.

— Спросит: зачем это держат такого начальника, которого баба моет? — подсказал лекарь.

— А ведь и правда! — воскликнул, тревожно поворотясь на месте, ротмистр.

Комарь подул себе в усы, улыбнулся и тихо проговорил:

— Скажет: зачем это исправник на Комаре верхом ездит?

— Молчи, Комарище!

— Полюбопытствуют, полюбопытствуют и об этом, — снова отозвался кроткий Пизонский, и вслед за тем вздохнул и добавил: — А теперь без новостей мы вот сидим как в раю; сами мы наги, а видим красу: видим лес, видим горы, видим храмы, воды, зелень; вон там выводки утиные под бережком попискивают; вон рыбья мелкота целою стаей играет. Сила господня!

Звук двух последних слов, которые громче других произнёс Пизонский, сначала раскатился по реке, потом ещё раз перекинулся на взгорье и, наконец, несколько гулче отозвался на Заречье. Услыхав эти переливы, Пизонский поднял над своею лысою головой устремлённый вверх указательный палец и сказал:

— Трижды сила господня тебе отвечает: чего ещё лучше, как жить в такой тишине и в ней все и окончить.

— Правда, истинная правда, — отвечал, вздохнув, ротмистр. — Вот мы с лекарем маленькую новость сделали: дали Варнаве мёртвого человека сварить, а и то сколько пошло из этого вздора! Кстати, дьякон: ты, брат, не забудь, что ты обещал отобрать у Варнавки эти кости!

— Что мне забывать; я не аристократ, чтобы на меня орать сто крат; я что обещал, то и сделал.

— Как, сделал? Неужто и сделал?

— А разумеется, сделал.

— Дьякон, ты это врёшь, голубчик. Ахилла промолчал.

— Что ж ты молчишь? Расскажи же, как ты это отобрал у него эти кости? А? Да что ты, какого черта нынче солидничаешь?

— А отчего же мне и не солидничать, когда мне талия моя на то позволяет? — отозвался не без важности Ахилла. — Вы с лекарем нагадили, а я ваши глупости исправил; влез к Варнавке в окошко, сгрёб в кулёчек все эти кости…

— И что же дальше, Ахиллушка? Что, милый, дальше, что?

— Да вот тут бестолковщина вышла.

— Говори же скорей, говори!

— А что говорить, когда я сам не знаю, кто у меня их, эти кости, назад украл.

Порохонцев подпрыгнул и вскричал:

— Как, опять украдены?

— То есть как тебе сказать украдены? Я не знаю, украдены они или нет, а только я их принёс домой и все как надо высыпал на дворе в тележку, чтобы схоронить, а теперь утром глянул: их опять нет, и всего вот этот один хвостик остался.

Лекарь захохотал.

— Чего ты смеёшься? — проговорил слегка сердившийся на него дьякон.

— Хвостик у тебя остался? Ахилла рассердился.

— Разумеется, хвостик, — отвечал он, — а то это что же такое?

Дьякон отвязал от скребницы привязанную верёвочкой щиколоточную человеческую косточку и, сунув её лекарю, сухо добавил: «На, разглядывай, если тебе не верится».

— Да разве у людей бывают хвостики?

— А то разве не бывают?

— Значит, и ты с хвостом?

— Я? — переспросил Ахилла.

— Да, ты.

Лекарь опять расхохотался, а дьякон побледнел и сказал:

— Послушай, отец лекарь, ты шути, шути, только пропорцию знай: ты помни, что я духовная особа!

— Ну да ладно! Ты скажи хоть, где у тебя астрагелюс?

Незнакомое слово «астрагелюс» произвело на дьякона необычайное впечатление: ему почудилось что-то чрезвычайно обидное в этом латинском названии щиколотки, и он, покачав на лекаря укоризненно головой, глубоко вздохнул и медленно произнёс:

— Ну, никогда я не ожидал, чтобы ты был такой подлец!

— Я подлец?

— А разумеется, после того как ты смел меня, духовное лицо, такую глупость спросить, — ты больше ничего как подлец. А ты послушай: я тебе давеча спустил, когда ты пошутил про хвостик, но уж этого ты бойся.

— Ужасно!

— Нет, не ужасно, а ты в самом деле бойся, потому что мне уж это ваше нынешнее вольномыслие надоело и я ещё вчера отцу Савелью сказал, что он не умеет, а что если я возьмусь, так и всю эту вольнодумную гадость, которая у нас завелась, сразу выдушу.

— Да разве astragelus сказать — это вольнодумство?

— Цыть! — крикнул дьякон.

— Вот дурак, — произнёс, пожав плечами, лекарь.

— Цыть! — загремел Ахилла, подняв свой кулак и засверкав грозно глазами.

— Тьфу, осел; с ним нельзя говорить!

— А, а, я осел; со мной нельзя говорить! Ну, брат, так я же вам не Савелий; пойдём в омут?

И с этими словами дьякон, перемахнув в левую руку чембур своего коня, правою обхватил лекаря поперёк его тела и бросился с ним в воду. Они погрузились, выплыли и опять погрузились. Хотя по действиям дьякона можно было заключить, что он отнюдь не хотел утопить врача, а только подвергал пытке окунаньем и, барахтаясь с ним, держал полегоньку к берегу; но три человека, оставшиеся на камне, и стоявшая на противоположном берегу Фелисата, слыша отчаянные крики лекаря, пришли в такой неописанный ужас, что подняли крик, который не мог не произвесть повсеместной тревоги.

Так дьякон Ахилла начал искоренение водворившегося в Старгороде пагубного вольномыслия, и мы будем видеть, какие великие последствия повлечёт за собою это энергическое начало.

Глава

Крик и шум, поднятый по этому случаю купальщиками, пробудил еле вздремнувшего у окна протопопа; старик испугался, вскочил и, взглянув за реку, решительно не мог себе ничего объяснить, как под окном у него остановилось щегольское тюльбюри, запряжённое кровною серою лошадью. В тюльбюри сидела молодая дама в чёрном платье: она правила лошадью сама, а возле неё помещался рядом маленький казачок. Это была молодая вдова, помещица Александра Ивановна Серболова, некогда ученица Туберозова, которую он очень любил и о которой всегда отзывался с самым тёплым сочувствием. Увидав протопопа, молодая дама приветливо ему поклонилась и дружественно приветствовала.

— Александра Ивановна, приймите дань моего наиглубочайшего почтения! — отвечал протопоп. — Всегдашняя радость моя, когда я вас вижу. Жена сейчас встанет, позвольте мне просить вас ко мне на чашку чая.

Но дама отказалась и сказала, что она приехала с тем, чтобы помолиться об усопшем муже, и просит Туберозова поспешить для неё в церковь.

— Готов к вашим услугам.

— Пожалуйста; вы начинайте обедню, а я заеду на минутку к старушке Препотенской, она иначе обидится.

С этими словами дама кивнула головой, и лёгкий экипажец её скрылся. Протопоп Савелий начал спешно делать свой всегда тщательно содержимый туалет, послал девочку велеть ударить к заутрене и велел ей забежать за дьяконом Ахиллой, а сам стал пред кивотом на правило. Через полчаса раздался удар соборного колокола, а через несколько минут позже и девочка возвратилась, но возвратилась с известием, что дьякона Ахиллу она не только не нашла, но что никому не известно и где он. Ждать было некогда, и отец Туберозов, взяв свою трость с надписью «жезл Ааронов расцвёл», вышел из дому и направился к собору. Не прошло затем и десяти минут, как глазам протопопицы, Натальи Николаевны, предстал дьякон Ахилла. Он был, что называется, весь вне себя.

— Маменька, — воскликнул он, — все, что я вчера вам обещал о мёртвых костях, вышло вздор.

— Ну, я так тебе и говорила, что это вздор, — отвечала Наталья Николаевна.

— Нет, позвольте же, надо знать, почему этот вздор выходит? Я вчера, как вам и обещал, — я этого сваренного Варнавкой человека останки, как следует, выкрал у него в окне, и снёс в кульке к себе на двор, и высыпал в телегу, но днесь поглядел, а в телеге ничего нет! Я же тому не виноват?

— Да кто ж тебя винит?

— То-то и есть: я даже впал в сомнение, не схоронил ли я их ночью да не заспал ли, но на купанье меня лекарь рассердил, и потом я прямо с купанья бросился к Варнаве, окошки закрыты болтами, а я заглянул в щёлочку и вижу, что этот обваренный опять весь целиком на крючочке висит! Где отец протопоп? Я все хочу ему рассказать.

Наталья Николаевна послала дьякона вслед за мужем, и шагистый Ахилла догнал Туберозова на полудороге.

— Чего это ты так... и бежишь, и пыхтишь, и сопишь, и топочешь? — спросил его, услышав его шаги, Савелий.

81

— Это у меня… отец Савелий, всегда, когда бежу… Вы разве не заметили?

— Нет, я этого не замечал, а ты отчего же об этом лекарю не скажешь, он может помочь.

— Ну вот, лекарю! Не напоминайте мне, пожалуйста, про него, отец Савелий, да и он ничего не поможет. Мне венгерец такого лекарства давал, что говорит: «только выпей, так не будешь ни сопеть, ни дыхать!», однако же я все выпил, а меня не взяло. А наш лекарь… да я, отец протопоп, им сегодня и расстроен. Я сегодня, отец протопоп, вскипел на нашего лекаря. Ведь этакая, отец протопоп, наглость… — Дьякон пригнулся к уху отца Савелия и добавил вслух: — Представьте вы себе, какая наглость!

— Ничего особенного не вижу, — отвечал протопоп, тихо всходя на ступени собора, — astragelus есть кость во щиколотке, и я не вижу, для чего ты мог тут рассердиться.

Дьякон сделал шаг назад и в изумлении воскликнул:

— Так это щиколотка!

— Да.

Ахилла ударил себя ладонью по лбу и ещё громче крикнул:

— Ах я дурак!

— А что ты сделал?

— Нет, вы, сделайте милость, назовите меня, пожалуйста, дураком!

— Да скажи, за что назвать?

— Нет, уж вы смело называйте, потому что я ведь этого лекаря чуть не утопил.

— Ну, изволь, братец, исполняю твою просьбу: воистину ты дурак, и я тебе предсказываю, что если ты ещё от подобных своих глупых обычаев не отстанешь, то ты без того не заключишь жизнь, чтобы кого-нибудь не угодить насмерть.

— Полноте, отец Савелий, я не совсем без понятий,

— Нет, не «полноте», а это правда. Что это в самом деле, ты духовное лицо, у тебя полголовы седая, а между тем куда ты ни оборотишься, всюду у тебя скандал: там ты нашумел, тут ты накричал, там то повалил, здесь это опрокинул; так везде за собой и ведёшь беспорядок.

— Да что же такое, отец Савелий, я валяю и опрокидываю? Ведь этак круглым числом можно на человека невесть что наговорить.

— Постоянно, постоянно за тобой по пятам идёт беспорядок!

— Не знаю я, отчего это так, и все же таки, значит, это не по моей вине, а по нескладности, потому что у меня такая природа, а в другую сторону вы это напрасно располагаете. Я скорее за порядок теперь стою, а не за беспорядок, и в этом расчислении все это и сделал.

И вслед за сим Ахилла скороговоркой, но со всеми деталями рассказал, как он вчера украл костяк у Варнавы Препотенского и как этот костяк опять пропал у него и очутился на старом месте. Туберозов слушал Ахиллу, все более и более раскрывая глаза, и, невольно сделав несколько шагов назад, воскликнул:

— Великий господи, что это за злополучный человек!

— Кто это, отец Савелий? — с неменьшим удивлением воскликнул и Ахилла

— Ты, искренний мой, ты![126]

— А по какой причине я злополучен?

— Кто, какой злой дух научает тебя все это делать?

— Да что такое делать?

— Лазить, похищать, ссориться!

— Это вы меня научили, — отвечал спокойно и искренно дьякон, — вы сказали: путём или непутём этому надо положить конец, я и положил. Я вашу волю исполнил.

Туберозов только покачал головой и, повернувшись лицом к дверям, вошёл в притвор, где стояла на коленях и молилась Серболова, а в углу, на погребальных носилках, сидел, сбивая щелчками пыль с своих панталон, учитель Препотенский, лицо которого сияло на этот раз радостным восторгом: он глядел в глаза протопопу и дьякону и улыбался. Он, очевидно, слышал если не весь разговор, который они вели на сходах храма, то по крайней мере некоторые слова их. Но зачем, как, с какого повода появляется здесь бежавший храма учитель? Это удивляет и Ахиллу и Туберозова, с тою лишь разницей, что Ахилла не может отрешиться от той мысли: зачем здесь Препотенский, а чинный Савелий выбросил эту мысль вон из головы тотчас, как пред ним распахнулись двери, открывающие алтарь, которому он привык предстоять со страхом и трепетом. Прошёл час; скорбная служба отпета. Серболова и её дальний кузен, некто Дарьянов, напились у отца Савелия чаю и ушли: Серболова уезжает домой под вечер, когда схлынет солнечный жар. Она теперь хочет отдохнуть. Дарьянов придёт к ней обедать в домик старушки Препотенской; а отец Туберозов условился туда же прийти несколько попозже, чтобы напиться чаю и проводить свою любимейшую духовную дочь.

Но где же Ахилла и где Препотенский?

Учитель исчез из церкви, как только началась служба, а дьякон бежал тотчас, как её окончил. Отцу Савелию, который прилёг отдохнуть, так и кажется, что они где-нибудь носятся и друг друга гонят. Это был «сон в руку»: дьякон и Варнава приготовлялись к большому сражению.

---

[126] Ты, искренний мой, ты! — Искренний — здесь: друг, ближний (церковнослав.).

ГЛАВА 9

Тяжёл, скучен и утомителен вид пустынных улиц наших уездных городов во всякое время; но особенно убийствен он своею мертвенностью в жаркий летний полдень. Густая серая пыль, местами изборождённая следами прокатившихся по ней колёс, сонная и увядшая муравка, окаймляющая немощёные улицы к стороне воображаемых тротуаров; седые, подгнившие и покосившиеся заборы; замкнутые тяжёлыми замками церковные двери; деревянные лавочки, брошенные хозяевами и заставленные двумя крест-накрест положенными досками; все это среди полдневного жара дремлет до такой степени заразительно, что человек, осуждённый жить среди такой обстановки, и сам теряет всякую бодрость и тоже томится и дремлет.

В такую именно пору Валериан Николаевич Дарьянов прошёл несколько пустых улиц и, наконец, повернул в очень узенький переулочек, который наглухо запирался старым решётчатым забором. За забором видна была церковь. Пригнув низко голову, Дарьянов вошёл в низенькую калиточку на церковный погост. Здесь, в углу этого погоста, местилась едва заметная хибара церковного сторожа, а в глубине, за целым лесом ветхих надмогильных крестов, ютился низенький трехоконный домик просвирни Препотенской.

На погосте не было той густой пыли, которая сплошным слоем лежала по всему пространству городской площади и улиц. Тут, напротив, стлалась зелёная мурава, и две курицы, желавшие понежиться в пыли на солнечном припёке, должны были выйти для этого за калитку и лечь под её порогом на улице. Здесь они закапывались в пыль, так что их почти нельзя было и заметить, и лежали обыкновенно каждый день в полной уверенности, что их никто не побеспокоит; при появлении перешагнувшего через них Дарьянова они даже не шевельнулись и не тронулись, а только открыли по одному из своих янтарных глаз и, проводив сонным взглядом гостя, снова завели их выпуклыми серыми веками. Дарьянов прямо направился к калитке домика Препотенских и постучал в тяжёлое железное кольцо. Ответа не было. Везде тишь: ни собака не тявкнет, ни голос человеческий не окликнет. Дарьянов постучал снова, но опять безуспешно. Тогда он, отложив всякую надежду кого-нибудь дозваться, прошёл под жёрдочку в малину, которою густо оброс просвирнин домик, и заглянул в одно из его окон. Окна были закрыты от солнца ставнями, но сквозь неплотные створы этих ставен свободно можно было видеть все помещение. Это была комната большая, высокая, почти без мебели и с двумя дверями, из которых за одною виднелась другая, крошечная синяя каморочка, с высокою постелью, закрытою лоскутковым ситцевым одеялом.

Большая пустая комната принадлежала учителю Варнаве, а маленькая каморочка — его матери: в этом и состоял весь их дом, если не считать кухоньки, в которой негде было поворотиться около загнетки.

Теперь ни в одной из этих комнат не было видно ни души, но Дарьянов слышал, что в сенях, за дверью, кто-то сильно работает сечкой, а в саду, под окном, кто-то другой не то трёт кирпич, не то пилит терпугом какое-то железо. Ещё более убеждённый теперь, что стуком здесь никого не докличешься, Дарьянов перешёл к забору, огораживавшему садик, и, отыскав между досками щёлочку, начал чрез неё новое обозрение, но это было не так легко: у самого забора росли густые кусты, не дозволявшие разглядеть человека, производившего шум кирпичом или напилком. Дарьянов нашёлся вынужденным взять другой обсервационный пункт. Ступив носком сапога на одну слегка выдавшуюся доску, а рукой ухватясь за верхний край забора, он поднялся и увидел маленький, но очень густой и опрятный садик, посредине которого руками просвирни была пробита чистенькая, усыпанная жёлтым песком дорожка. На этой дорожке прямо на земле сидел учитель Варнава. Он сидел, расставив вытянутые ноги, как делают это играющие в мяч дети. В ногах у учителя, между коленями, лежала на песке целая груда человеческих костей и лист синей сахарной бумаги. Учитель держал в каждой своей руке по целому кирпичу и ожесточённо тёр ими один о другой над бумагой. Пот лил ручьями по лицу Препотенского, несмотря на то, что учитель сидел в тени и не обременял себя излишним туалетом. Он был босой, в одной рубашке и панталонах, подстёгнутых только одною подтяжкой.

— Варнава Васильевич! Отоприте мне, Варнава Васильевич! — закричал ему Дарьянов, но зов этот пропадал бесследно. Препотенский по-прежнему тёр ожесточённо свои кирпичи, локти его ходили один против другого, как два кривошипа; мокрые волосы трепались в такт из стороны в сторону; сам он также качался, как подвижной цилиндр, и ничего не слыхал и ни на что не откликался.

Гость мог бы скорее добиться ответа у мёртвых, почиющих на покинутом кладбище, чем у погруженного в свои занятия учителя. Угадывая это, Дарьянов более и не звал его, а прыгнул на забор и перелетел в сад Препотенского. Как ни лёгок был этот прыжок, но старые, разошедшиеся доски все-таки застучали, и поражённый этим стуком учитель быстро выпустил из рук свои кирпичи и, бросившись на четвереньки, схватил в охапку рассыпанные пред ним человеческие кости. Препотенский, очевидно, был в большом перепуге, но не мог бежать. Не оставляя своего распростёртого положения, он только тревожно смотрел в шевелившийся густой малинник и все тщательнее и тщательнее забирал в руки лежавшие под ним кости. В тот момент, когда пред учителем раздвинулись самые близкие ряды малины, он быстро вскочил на свои длинные ноги и предстал удивлённым глазам Дарьянова в самом странном виде. Растрёпанная и всклоченная голова Препотенского, его потное, захваченное красным кирпичом лицо, испуганные глаза и длинная полураздетая фигура, нагруженная человеческими костями, а с пояса засыпанная мелким тёртым кирпичом, издали совсем как будто залитая кровью, делала его скорее похожим на людоеда-дикаря, чем на человека, который занимается делом просвещения.

— Ну, батюшка Варнава Васильевич, прилежно же вы работаете! Вас даже не дозовешься, — начал, выходя, гость, рассмотрев которого Варнава вдруг просиял, захлопал глазами и воскликнул:

— Так это вы! А я ведь думал, что это Ахилка.

И с этими словами учитель отрадно разжал свои руки, и целая груда человеческих костей рухнула на дорожку, точно будто он вдруг весь сам выпотрошился.

— Ах, Валерьян Николаич, — заговорил он, — если бы вы знали, какие здесь с нами делаются дела. Нет, черт возьми, чтоб ещё после всего этого в этой проклятой России оставаться!

— Батюшки! Что же это такое? Нельзя ли рассказать?

— Конечно, можно, если только… если вы не шпион.

— Надеюсь.

— Так садитесь на лавочку, а я буду работать. Сядьте ж, пожалуйста, мне при вас даже приятно, потому что все-таки есть свидетель, а я буду работать и рассказывать.

Гость принял приглашение и попросил хозяина рассказать, что у него за горе и с коих пор оно началось.

ГЛАВА 10

— Горе моё, Валерьян Николаевич, началось с минуты моего рождения, — заговорил Препотенский, — и заключается это горе главным образом в том, что я рождён моею матерью!

— Утешьтесь, друг любезный, все люди рождены своими матерями, — проговорил, отирая со лба пот, Дарьянов. — Один Макдуф был вырезан из

86

чрева[127], да и то для того, чтобы Макбета не победил — женой рождённый.

— Ну да, Макбета!.. Какой там Макбет? Нам не Макбеты нужны, а науки; но что же делать, когда здесь учиться невозможно. Я бог знает чем отвечаю, что и в Петербурге, и в Неаполе[128], и во всякой стране, если где человек захочет учиться, он нигде не встретит таких препятствий, как у нас. Говорят, Испания... Да что же такое Испания? В Испании Библий лютеранских нельзя иметь, но там и заговоры, и восстания[129], и все делается. Я уверен, что пусть бы там кто-нибудь завёл себе кости, чтобы учиться, так ему этого не запретят. А тут с первого дня, как я завёл кости, моя собственная родная мать пошла ко мне приставать: «Дай, дитя моё, Варнаша, я его лучше схороню». Кого это его, спрашивается? Что это ещё за он? Почему эти кости он, а не она? Прав я или нет?

— Совершенно правы.

— Прекрасно-с! Теперь говорят, будто я мою мать честью не урезониваю. Неправда-с! напротив, я ей говорил: «Маменька, не трогайте костей, это глупо; вы, говорю, не понимаете, они мне нужны, я по ним человека изучаю». Ну а что вы с нею прикажете, когда она отвечает: «Друг мой, Варнаша, нет, все-таки лучше я его схороню...» Ведь это же из рук вон!

— Уж именно.

— Да то ли ещё одно: она их в поминанье записала-с!

— Будто?

— Честью вас уверяю! так и записано: «помяни господи раба твоего имрека».

— Что вы за чудо рассказываете?

— Да вот вам и чудо, а из этого чуда скандал!

— Ну?

— Да, конечно-с! А вы как изволите рассуждать? Ведь это все имеет связь с церковью. Ведь отсюда целый ряд недоразумений и даже уголовщиной пахнет?

— Господи мой!

— Именно-с, именно вам говорю, потому что моя мать записывает людей, которых не знает как и назвать, а от этого понятно, что у её

---

[127] Один Макдуф был вырезан из чрева... — цитата из трагедии Шекспира «Макбет» (акт V, сцена 8).

[128] ...и в Неаполе... — После объединения Италии (1861) в Неаполе была введена конституция и созданы некоторые условия для развития просвещения.

[129] В Испании... и заговоры, и восстания... — Речь идёт о восстаниях и заговорах, которыми ознаменовалось царствование испанской королевы Изабеллы II и которые привели к свержению её с престола (1868).

приходского попа, когда он станет читать её поминанье, сейчас полицейские инстинкты разыгрываются: что это за люди имреки, без имён?

— Вы бы её уговорили не писать?

— Уговаривал-с. Я говорил ей: «Не молитеся вы, пожалуйста, маменька, за него, он из жидов». Не верит! «Лжёшь, говорит, это тебя бес научает меня обманывать, я знаю, что жиды с хвостиками!» — «Никогда, говорю, ни у каких ни у жидов, ни у нежидов никаких хвостиков нет». Ну и спор: я как следует стою за евреев, а она против; я спорю — нет хвостов, а она твердит: есть! Я «нет», она «есть». «Нет», «есть!» А уж потом как разволнуется, так только кричит: «Кш-ш-шь, кш-ш-шь», да, как на курицу, на меня ладошами пред самым носом хлопает. Ну, представьте же вы себе, ещё говорят, нужна свобода женщинам. Отлично-с, я и сам за женскую свободу; но это надо с толком: молодой, развитой женщине, которая хочет не стесняться своими действиями, давайте свободу, но старухам… Нет-с, я первый против этого, и даже удивляюсь, как этого никто не разовьёт в литературе. Ведь этим пользуются самые вредные люди. Не угодно ли вам попа Захария, и он вдруг за женскую эмансипацию! Да, да-с, он за мою мать. «Ежели ты, говорит, имеешь право не верить в бога, так она такой же человек, и имеет право верить!» Слышите, такой же. Не будь этих взглядов, моя мать давно бы мне сдалась и уступила: она бы у меня и в церковь не ходила и бросила бы своё просвирничанье, а пошла бы к Бизюкиной в няньки, а это её все против меня вооружают или Ахилка, или сам Туберозов.

— Ну полноте, пожалуйста!

— Да как же полноте, когда я на это имею доказательства. Туберозов никогда не любил меня, но теперь он меня за естественные науки просто ненавидит, потому что я его срезал.

— Как же это вы его срезали?

— Я сто раз его срезывал, даже на той неделе ещё раз обрезал. Он в смотрительской комнате, в училище, пустился ораторствовать, что праздничные дни будто заключают в себе что-то особенное этакое, а я его при всех и осадил. Я ему очень просто при всех указал на математически доказанную неверность исчисления праздничных дней. Где же, говорю, наши праздники? У вас Рождество, а за границей оно уже тринадцать дней назад было. Ведь прав я?

— То есть двенадцать, а не тринадцать.

— Да, кажется что двенадцать, но не в том дело, а он сейчас застучал по столу ладонью и закричал: «Эй, гляди, математик, не добрались бы когда-нибудь за это до твоей физики!» Во-первых, что такое он здесь разумеет под словом физики?.. Вы понимаете — это и невежество, да и цинизм, а потом я вас спрашиваю, разве это ответ?

Гость рассмеялся и сказал, что это хотя и ответ, но действительно очень странный ответ.

— Да как же-с! разумеется, глупо; но ведь этаких вещей идёт целый ряд-с. И вот, например, даже вчера ещё вечером иду я от Бизюкиной, а передо мною немножко впереди идёт комиссар Данилка, знаете, тот шляющийся, который за два целковых ездил у Глича лошадь воровать, когда Ахилла масло бил. Я с Данилой и разговорился. «Что, говорю, Данило, где ты был?» Отвечает, что был у исправника, от почтмейстерши ягоды приносил, и слышал, как там читали, что в чухонском городе Ревеле мёртвый человек без тления сто лет лежал[130], а теперь его велели похоронить. «Не знаю, насколько правды, что было такое происшествие, но только после там тоже и про вас говорка была», — сообщил мне Данило. Я, разумеется, встревожился, а он меня успокаивает: «Не про самих про вас, говорит, а про ваших мёртвых людей, которых вы у себя содержите». Понимаете ли вы эту интригу! Я дал Данилке двугривенный: что ж делать? это не хорошо, но шпионы нужны, и я всегда говорю, что шпионы нужны, и мы с Бизюкиной в этом совершенно согласны. Без шпионов нельзя обойтись, вводя новые учения, потому что надо штудировать общество. Да-с, ну так вот... про что это я говорил? Да! Я дал Данилке двугривенный и говорю: рассказывай все. Он мне и рассказал, что как прочитали эту газету, так дьякон и повёл речь о моих костях. «Я, говорит, нарочно и газету эту принёс, потому что на это внимание обращаю». А совсем врёт, потому что он ничего никогда не читает, а в этой газете ему Данилка от Лялиных орехов принёс. «Это, говорит, Воин Васильич, ваша с лекарем большая ошибка была дать Варнаве утопленника; но это можно поправить». Городничий, конечно, знает мой характер и говорит, что я не отдам, и я бы, конечно, и не отдал. Но Ахилла говорит: «У него, говорит, их очень просто можно отобрать и преспокойно предать погребению». Городничий говорит: «Не дать ли квартальному предписание, чтоб отобрать кости?» Но этот бандит: «Мне ничего, говорит, не нужно: я их сейчас без предписания отберу и уложу в гробик в детский, да и кончено». Препотенский вдруг рванулся к костям, накрыл их руками, как наседка покрывает крылом испуганных приближением коршуна цыплят, и произнёс нервным голосом:

— Нет-с, извините! пока я жив, это не кончено. И того с вас довольно, что вы все это несколько замедляете!

---

[130] ...мёртвый человек без тления сто лет лежал... — Потомок венгерских королей Карл-Евгений Круа (1651 — 1702) в битве под Нарвой (1700) был взят шведами в плен. Живя в Ревеле, он наделал множество долгов, и, когда умер, кредиторы не разрешали его хоронить. Тело Круа более ста лет пролежало под стеклом в подвале одной церкви, не подвергаясь тлению; было захоронено в 1863 году.

— Что же это такое «они» замедляют?

— Ну, будто вы не понимаете?

— Революцию, что ли?

Учитель прекратил работу и с усмешкою кивнул головой.

ГЛАВА 11

— Отобрав эти сведения от Данилки, — продолжал Варнава, — я сейчас же повернул к Бизюкиной, чтоб она об этом знала, а через час прихожу домой и уже не застаю у себя ни одной кости. «Где они? кричу, где?» А эта госпожа, моя родительница, отвечает: «Не сердись, говорит, друг мой Варнашенька (очень хорошее имя, изволите видеть, дали, чтоб его ещё переделывать в Варнашенек да в Черташенек), не сердись, говорит, их начальство к себе потребовало». — «Что за вздор, кричу, что за вздор: какое начальство?» — «А без тебя, говорит, отец дьякон Ахилла приходил в окно и все их забрал и понёс». Нравится вам: «Начальство, говорит, потребовало, и Ахилла понёс». — «Да вы, говорю, хоть бы мозгами-то, если они у вас есть, шевельнули: какое же дьякон начальство?» — «Друг мой, говорит, что ты, что ты это? да ведь он помазан!» Скажите вы, сделайте ваше одолжение! Вы вот смеётесь, вам это смешно; но мне это, стало быть, не смешно было, когда я сам к этому бандиту пошёл. Да-с; Ахилка говорит, что я трус, и это и все так думают; но я вчера доказал, что я не трус; а я прямо пошёл к Ахилке. Я прихожу, он дрыхнет. Я постучал в окно и говорю: «Отдайте мне, Ахилла Андреич, мои кости!» Он, во-первых, насилу проснулся и, знаете, начинает со мною кобениться: «На что они, говорит, тебе кости? (Что это за фамильярное „ты"? что это за короткость?) Ты без костей складнее». — «Это, говорю, не ваше дело, как я складней». — «Нет; совсем напротив. Моё, говорит, это дело: я священнослужитель». — «Но вы же, говорю, ведь не имеете права отнимать чужую собственность?» — «А разве кости, говорит, это разве собственность? А ты бы, говорит, ещё то понял, что этакую собственность тебе даже не позволено содержать?» А я отвечаю, что «и красть же, говорю, священнослужителям тоже, верно, не позволено: вы, говорю, верно хорошенько английских законов не знаете. В Англии вас за это повесили бы». — «Да ты, говорит, если уж про разные законы стал рассуждать, то ты ещё знаешь ли, что если тебя за это в жандармскую канцелярию отправить, так тебя там сейчас спустят по пояс в подпол да начнут в два пука пороть.

Вот тебе и будет Англия. Что? Хорошо тебе от этого станет?» А я ему и отвечаю: «Вы, говорю, все знаете, вам даже известно уже, во сколько пуков там порют». А он: «Конечно, говорит, известно: это по самому по простому правилу, кто сам претерпевал, тот и понять может, что с обеих сторон станут с пучьями и начнут донимать как найлучше». — «Прекрасная, говорю, картина»; а он: «Да, говорит, ты это заметь; а теперь лучше, брат, слушай меня, забудь про все свои глупости и уходи», и с этим, слышу, он опять завалился на своё логово. Ну, тут уже, разумеется, я все понял, как он проврался, но чтоб ещё более от него выведать, я говорю ему: «Но ведь вы же, говорю, дьякон, и в жандармах не служите, чтобы законы наблюдать». А он, представьте себе, ничего этого не понял, к чему это я подвёл, и отляпал: «А ты почему, говорит, знаешь, что я не служу в жандармах? Ан у меня, может, и белая рукавица есть, и я её тебе, пожалуй, сейчас и покажу, если ты ещё будешь мне мешать спать». Но я, разумеется, уже до этого не стал дожидаться, потому что, во-первых, меня это не интересовало, а во-вторых, я уже все, что мне нужно было знать, то выведал, а потом, зная его скотские привычки драться… «Нет-с, говорю, не хочу и вовсе не интересуюсь вашими доказательствами», и сейчас же пошёл к Бизюкиным, чтобы поскорей рассказать все это Дарье Николаевне. Дарья Николаевна точно так же, как и я сейчас, и говорит, что она и сама подозревала, что они все здесь служат в тайной полиции.

— Кто служит в тайной полиции? — спросил Варнаву его изумлённый собеседник.

— Да вот все эти наши различные людцы, а особенно попы: Савелий, Ахилла.

— Ну, батюшка, вы с своею Дарьей Николаевной, просто сказать, рехнулись.

— Нет-с; Дарью Николаевну на этот счёт не обманешь: она ведь уж много вынесла от таких молодцов.

— Врёт она, ваша Дарья Николаевна, — ничего она ни от кого не вынесла!

— Кто не вынес? Дарья Николаевна?!

— Да.

— Покорно вас благодарю! — отвечал с комическим поклоном учитель.

— А что такое?

— Помилуйте, да ведь её секли, — с гордостью произнёс Препотенский.

— В детстве; да и то, видно, очень мало.

— Нет-с, не в детстве, а всего за два дня до её свадьбы.

— Вы меня все больше и больше удивляете.

— Нечего удивляться: это факт-с.

— Ну, простите моё невежество, — я не знал этого факта.

— Да как же-с, я ведь и говорю, что это всякому надо знать, чтобы судить. Дело началось с того, что Дарья Николаевна тогда решилась от отца уйти.

— Зачем?

— Зачем? Как вы странно это спрашиваете!

— Я потому так спрашиваю, что отец, кажется, её не гнал, не теснил, не неволил.

— Ну да мало ли что! Ни к чему не неволил, а так просто, захотела уйти — и ушла. Чего же ей было с отцом жить? Бизюкин её младшего братишку учил, и он это одобрил и сам согласился с ней перевенчаться, чтоб отец на неё права не имел, а отец её не позволял ей идти за Бизюкина и считал его за дурака, а она, решившись сделать скандал, уж, разумеется, уступить не могла и сделала по-своему… Она так распорядилась, что уж за другого её выдавать нечего было думать, и обо всём этом, понимаете, совершенно честно сказала отцу. Да вы слушаете ли меня, Валерьян Николаевич?

— Не только слушаю, но с каждым вашим словом усугубляю моё любопытство.

— Оно так и следует, потому что интерес сейчас будет возрастать. Итак, она честно и прямо раскрыла отцу имеющий значение факт, а он ни более ни менее как сделал следующую подлость; он сказал ей: «Съезди, мой друг, завтра к тётке и расскажи ещё это ей». Дарья Николаевна, ничего не подозревая, взяла да и поехала, а они её там вдвоём с этою барыней и высекли. Она прямо от них кинулась к жандармскому офицеру. «Освидетельствуйте, говорит, и донесите в Петербург, — я не хочу этого скрывать, — пусть все знают, что за учреждение такое родители». А тот: «Ни свидетельствовать, говорит, вас не хочу, ни доносить не стану. Я заодно с вашим стариком и даже охотно помог бы ему, если б он собрался повторить». Ну что же ещё после этого ожидать? Вот вам-с наша и тайная полиция. Родной отец, родная тётка, и вдруг оказывается, что все они не что иное, как та же тайная полиция! Дарья Николаевна одно говорит: «по крайней мере, говорит, я одно выиграла, что я их изучила и знаю», и потому, когда я ей вчера сообщил мои открытия над Ахилкой, она говорит: «Это так и есть, он шпион! И теперь, говорит, в нашем опасном положении самый главный вопрос, чтобы ваши кости достать и по ним как можно злее учить и учить. Ахилка, говорит, ночью ещё никуда не мог их сбыть, и вы если тотчас к нему прокрадётесь, то вы можете унести их назад. Одно только, говорит, не попадайтесь, а то он может вас набить…»

— Как «набить»?

— Это так она сказала, потому что она знает Ахилкины привычки; но, впрочем, она говорит: «Нет, ничего, вы намотайте себе на шею мой толстый ковровый платок и наденьте на голову мой ватный капор, так этак, если он вас и поймает и выбьет, вам будет мягко и не больно». Я всем этим, как она учила, хорошенько обмотался и пошёл. Прихожу к этому скоту на двор во второй раз… Собака было залаяла, но Дарья Николаевна это предвидела и дала мне для собаки кусок пирожка. Я кормлю собаку и иду, и вижу, прямо предо мною стоит телега; я к телеге и все в ней нашёл — все мои кости!

— Ну тут, конечно, скорей за работу?

— Уж разумеется! Я духом снял с головы Дарьи Николаевнин капор, завязал в него кости и во всю рысь назад.

— Тем эта история и кончилась?

— Как кончилась? Напротив, она теперь в самом разгаре. Хотите, я доскажу?

— Ах, сделайте милость!

ГЛАВА 12

— Начну с объяснения того: как и почему я попал нынче в церковь? Сегодня утром рано приезжает к нам Александра Ивановна Серболова. Вы, конечно, её знаете не хуже меня: она верующая, и её убеждения касательно многого очень отсталые, но она моей матери кой-чем помогает, и потому я жертвую и заставляю себя с нею не спорить. Но к чему это я говорю? Ах да! как она приехала, маменька мне и говорит: «Встань, такой-сякой, друг мой Варнаша, проводи Александру Ивановну в церковь, чтобы на неё акцизниковы собаки не бросились». Я пошёл. Я, вы знаете, в церковь никогда не хожу; но ведь я же понимаю, что там меня ни Ахилла, ни Савелий тронуть не смеют; я и пошёл. Но, стоя там, я вдруг вспомнил, что оставил отпертою свою комнату, где кости, и побежал домой. Прихожу — маменьки нет; смотрю на стену: нет ни одной косточки!

— Схоронила?

— Да-с.

— Без шуток, схоронила?

— Да полноте, пожалуйста: какие с ней шутки! Я стал её просить: «Маменька, милая, я почитать вас буду, только скажите честно, где мои кости?» — «Не спрашивай, говорит, Варнаша, им, друг мой, теперь покойно». Все делал: плакал, убить себя грозился, наконец даже обещал ей богу молиться, — нет, таки не сказала! Злой-презлой я шёл в училище, с самою твёрдою решимостью взять нынче ночью заступ, разрыть им одну из этих могил на погосте и достать себе новые кости, чтобы меня не переспорили, и я бы это непременно и сделал. А между тем ведь это тоже небось называется преступлением?

— Да ещё и большим.

— Ну вот видите! А кто бы меня под это подвёл?.. мать. И это бы непременно случилось; но вдруг, на моё счастие, приходит в класс мальчишка и говорит, что на берегу свинья какие-то кости вырыла. Я бросился, в полной надежде, что это мои кости, — так и вышло! Народ твердит. «Зарыть...» Я говорю: «Прочь!» Как вдруг слышу — Ахилла... Я схватил кости, и бежать. Ахилла меня за сюртук. Я повернулся... трах! пола к черту, Ахилла меня за воротник — я трах... воротник к черту; Ахилла меня за жилет — я трах... жилет пополам; он меня за шею — я трах, и убежал, и вот здесь сижу и отчищаю их, а вы меня опять испугали. Я думал, что это опять Ахилла.

— Да помилуйте, пойдёт к вам Ахилла, да ещё через забор! Ведь он дьякон.

— Он дьякон! Говорите-ка вы «дьякон». Много он на это смотрит. Мне комиссар Данилка вчера говорил, что он, прощаясь, сказал Туберозову: «Ну, говорит, отец Савелий, пока я этого Варнаву не сокрушу, не зовите меня Ахилла-дьякон, а зовите меня все Ахилла-воин». Что же, пусть воюет, я его не боюсь, но я с этих пор знаю, что делать. Я решил, что мне здесь больше не жить; я кое с кем в Петербурге в переписке; там один барин устраиват одно предприятие, и я уйду в Петербург. Я вам скажу, я уже пробовал, мы с Дарьей Николаевной посылали туда несколько статеек, оттуда все отвечают: «Резче». Прекрасно, что «резче»; я там и буду резок, я там церемониться не стану, но здесь, помилуйте, духу не взведёшь, когда за мёртвую кость чуть жизнию не поплатишься. А с другой стороны, посудите, и там, в Петербурге, какая пошла подлость; даже самые благонамереннейшие газеты начинают подтрунивать над распространяющеюся у нас страстью к естественным наукам! Читали вы это?

— Кажется, что-то похожее читал.

— Ага! так и вы это поняли? Так скажите же мне, зачем же они в таком случае манили нас работать над лягушкой и все прочее?

— Не знаю.

— Не знаете? Ну так я же вам скажу, что им это так не пройдёт! Да-с; я вот заберу мои кости, поеду в Петербург да там прямо в рожи им этими костями, в рожи! И пусть меня ведут к своему мировому.

ГЛАВА 13

— Ха-ха-ха! Вы прекрасно сделаете! — внезапно проговорила Серболова, стоявшая до этой минуты за густым вишнёвым кустом и ни одним из собеседников не замеченная.

Препотенский захватил на груди расстёгнутую рубашку, приподнялся и, подтянув другою рукой свои испачканные в кирпиче панталоны, проговорил:

— Вы, Александра Ивановна, простите, что я так не одет.

— Ничего; с рабочего человека туалета не взыскивают; но идите, вас мать зовёт обедать.

— Нет, Александра Ивановна, я обедать не пойду. Мы с матерью не можем более жить; между нами все кончено.

— А вы бы постыдились так говорить, она вас любит!

— Напрасно вы меня стыдите. Она с моими врагами дружит; она мои кости хоронит; а я как-нибудь папироску у лампады закурю, так она и за то сердится…

— Зачем же свои папиросы у её лампады закуриваете? Разве вам другого огня нет?

— Да ведь это же глупо!

Серболова улыбнулась и сказала:

— Покорно вас благодарю.

— Нет; я не вам, а я говорю о лампаде: ведь все равно огонь.

— Ну, потому-то и закурите у другого.

— Все равно, на неё чем-нибудь другим не угодишь. Вон я вчера нашей собаке немножко супу дал из миски, а маменька и об этом расплакалась и миску с досады разбила: «Не годится, говорит, она теперь; её собака нанюхала». Ну, я вас спрашиваю: вы, Валерьян Николаич, знаете физику: можно ли что-нибудь нанюхать? Можно понюхать, можно вынюхать, но нанюхать! Ведь это дурак один сказать может!

— Но ведь вы могли и не давать собаке из этой чашки?

— Мог, да на что же это?

— Чтобы вашу мать не огорчать.

— Да, вот вы как на это смотрите! По-моему, никакая хитрость не достойна честного человека.

— А есть лошадиную ветчину при старой матери достойно?

— Ага! Уж она вам и на это нажаловалась? Что ж, я из любознательности купил у знакомого татарина копчёных жеребячьих рёбер. Это, поверьте, очень вкусная вещь. Мы с Дарьей Николаевной Бизюкиной два ребра за завтраком съели и детей её накормили, а третье —

95

понёс маменьке, и маменька, ничего не зная, отлично ела и хвалила, а потом вдруг, как я ей сказал, и беда пошла,

— Угостил, — отнеслась к Дарьянову, улыбнувшись, Серболова. — Впрочем, пусть это не к обеду вспоминается... Пойдёмте лучше обедать.

— Нет-с, я ведь вам сказал, что я не пойду, и не пойду.

— Да вы на хлеб и на соль-то за что же сердитесь?

— Не сержусь, а мне отсюда отойти нельзя. Я в таком положении, что отовсюду жду всяких гадостей.

Серболова тихо засмеялась, подала руку Дарьянову, и они пошли обедать, оставив учителя над его костями.

ГЛАВА 14

Просвирня Препотенская, маленькая старушка с крошечным личиком и вечно изумлёнными добрыми глазками, покрытыми бровями, имеющими фигуру французских апострофов, извинилась пред Дарьяновым, что она не слыхала, как он долго стучал, и непосредственно за сим пригнулась к нему над столом и спросила шёпотом:

— Варнашу моего видели? Тот отвечал, что видел.

— Убивает он меня, Валерьян Николаич, до бесконечности, — жаловалась старушка.

— Да бог с ним, что вы огорчаетесь? Он молод; постареет, женится и переменится.

— Переменится... Нет, как его, дружок, возможно женить? невозможно. Он уж весь до сих пор, до бесконечности извертелся; в господа бога не верит до бесконечности; молоко и мясо по всем постам, даже и в Страшную неделю[131] ест до бесконечности; костей мёртвых наносил домой до бесконечности, а я, дружок мой, правду вам сказать, в вечернее время их до бесконечности боюсь; все их до бесконечности тревожусь...

Черненькие апострофы над глазками крошечной робкой старушки задвигались, и она, вздрогнув, залепетала:

— И кроме того, все мне, друг мой, видятся такие до бесконечности страшные сны, что я, как проснусь, сейчас шепчу: «Святой Симеон, разгадай мой сон», но все если б я могла себя с кем-нибудь в доме разговорить, я бы терпела; а то возьмите же, что я постоянно одна и

---

[131] Страшная неделя — народное название Страстной недели — последней недели Великого поста.

постоянно с мертвецами. Я, мои дружочки, отпетого покойника не боюсь, а Варнаша не позволяет их отпеть.

— Ну, вы на него не сердитесь — ведь он добрый.

— Добрый, конечно, он добрый, я не хочу на него лгать, что он зол. Я была его счастливая мать, и он прежде ко мне был добр даже до бесконечности, пока в шестой класс по философии перешёл. Он, бывало, когда домой приезжал, и в церковь ходил, и к отцу Савелию я его водила, и отец Савелий даже его до бесконечности ласкали и по безделице ему кое-чем помогали, но тут вдруг — и сама не знаю, что с ним поделалось: все начал умствовать. И с тех пор, как приедет из семинарии, все раз от разу хуже да хуже, и, наконец, даже так против всего хорошего ожесточился, что на крестинах у отца Захарии зачал на самого отца протопопа метаться. Ах, тяжело это мне, душечки! — продолжала старушка, горько сморщившись. — Теперь опять я третьего дня узнала, что они с акцизничихой, с Бизюкиной, вдруг в соусе лягушек ели! Господи! Господи! каково это матери вынести? А что с голоду, что ль, это делается? Испорчен он. Я, как вы хотите, я иначе и не полагаю, что он испорчен. Мне отец Захария в «Домашней беседе[132]» нарочно читал там: один благородный сын бесновался, десять человек удержать не могли. Так и Варнава! его никто не удержит. Робость имеет страшную, даже и недавно, всего ещё года нет, как я его вечерами сама куда нужно провожала; но если расходится, кричит: «Не выдам своих! не выдам, — да этак рукой машет да приговаривает: — нет; резать всех, резать!» Так живу и постоянно гляжу, что его в полицию и в острог.

Просвирня опять юркнула, обтёрла в кухне платочком слезы и, снова появясь, заговорила:

— Я его, признаюсь вам, я его наговорной водой всякий день пою. Он, конечно, этого не знает и не замечает, но я пою, только не помогает, — да и грех. А отец Савелий говорит одно: что стоило бы мне его куда-то в Ташкент сослать. «Отчего же, говорю, ещё не попробовать лаской?» — «А потому, говорит, что из него лаской ничего не будет, у него, — он находит, — будто совсем природы чувств нет». А мне если и так, мне, детки мои, его все-таки жалко… — И просвирня снова исчезла.

— Экое несчастное творение! — прошептала вслед вышедшей старушке молодая дама.

— Уж именно, — подтвердил её собеседник и прибавил: — а тот болван ещё ломается и даже теперь обедать не идёт.

— Подите приведите его в самом деле.

— Да ведь упрям, как лошадь, не пойдёт.

---

[132] «Домашняя беседа» — еженедельная газета религиозного направления, выходившая до 1866 г. под названием «Домашняя беседа для народного чтения».

— Ну как не пойдёт? Скажите ему, что я ему приказываю, что я агент тайной полиции и приказываю ему, чтоб он сейчас шёл, а то я донесу, что он в Петербург собирается.

Дарьянов засмеялся, встал и пошёл за Варнавой. Между тем учитель, употребивший это время на то, чтобы спрятать своё сокровище, чувствовал здоровый аппетит и при новом приглашении к столу не без труда выдерживал характер и отказывался.

Чтобы вывести этого добровольного мученика из его затруднительного положения, посланный за ним молодой человек нагнулся таинственно к его уху и шепнул ему то, что было сказано Серболовой.

— Она шпион! — воскликнул, весь покрывшись румянцем, Варнава.

— Да.

— И может быть…

— Что?

— Может быть, и вы?..

— Да, и я.

Варнава дружески сжал его руку и проговорил:

— Вот это благодарю, что вы не делаете из этого тайны. Извольте, я вам повинуюсь. — И затем он с чистою совестью пошёл обедать.

ГЛАВА 15

Шутка удалась. Варнава имел предлог явиться, и притом явиться с достоинством. Он вошёл в комнату, как жертва враждебных сил, и поместился в узком конце стола против Дарьянова. Между ними двумя, с третьей стороны, сидела Серболова, а четвёртая сторона стола оставалась пустою. Сама просвирня обыкновенно никогда не садилась за стол с сыном, не садилась она и нынче с гостями, а только служила им. Старушка была теперь в восторге, что видит перед собою своего многоучёного сына; радость и печаль одолевали друг друга на её лице; веки её глаз были красны; нижняя губа тихо вздрагивала, и ветхие её ножки не ходили, а все бегали, причём она постоянно старалась и на бегу и при остановках брать такие обороты, чтобы лица её никому не было видно.

— Остановить вас теперь невозможно? — шутя говорил ей Дарьянов.

— Нет, невозможно, Валерьян Николаич, — отвечала она весело и, снова убегая, спешно проглатывала в кухоньке непрошеную слезу.

Гости поднимались на хитрость, чтоб удерживать старушку, и хвалили её стряпню; но она скромно отклоняла все эти похвалы, говоря, что она только умеет готовить самое простое.

— Но простое-то ваше очень вкусно.

— Нет; где ему быть вкусным, а только разве для здоровья оно, говорят, самое лучшее, да и то не знаю; вот Варнаша всегда это кушанье кушает, а посмотрите какой он: точно пустой.

— Гм! — произнёс Варнава, укоризненно взглянув на мать, и покачал головой.

— Да что же ты! Ей-богу, ты, Варнаша, пустой!

— Вы ещё раз это повторите! — отозвался учитель.

— Да что же тут, Варнаша, тебе такого обидного? Молока ты утром пьёшь до бесконечности; чаю с булкой кушаешь до бесконечности; жаркого и каши тоже, а встанешь из-за стола опять весь до бесконечности пустой, — это болезнь. Я говорю, послушай меня, сынок…

— Маменька! — перебил её, сердито крикнув, учитель.

— Что ж тут такого, Варнаша? Я говорю, скажи, Варнаша, как встанешь утром: «Наполни, господи, мою пустоту» и вкуси…

— Маменька! — ещё громче воскликнул Препотенский.

— Да что ты, дурачок, чего сердишься? Я говорю, скажи: «Наполни, господи, пустоту мою» и вкуси петой просвирки, потому я, знаете, — обратилась она к гостям, — я и за себя и за него всегда одну часточку вынимаю[133], чтобы нам с ним на том свете в одной скинии быть, а он не хочет вкусить. Почему так?

— Почему? вы хотите знать: почему? — извольте-с: потому что я не хочу с вами нигде в одном месте быть! Понимаете: нигде, ни на этом свете, ни на каком другом.

Но прежде чем учитель досказал эту речь, старушка побледнела, затряслась, и две заветные фаянсовые тарелки, выскользнув из её рук, ударились об пол, зазвенели и разбились вдребезги.

— Варнаша! — воскликнула она. — Это ты от меня отрёкся!

— Да-с, да-с, да-с, отрёкся и отрекаюсь! Вы мне и здесь надоели, не только чтоб ещё на том свете я пожелал с вами видеться.

— Тс! тс! тс! — останавливала сына, плача, просвирня и начала громко хлопать у него под носом в ладони, чтобы не слыхать его отречений. Но Варнава кричал гораздо громче, чем хлопала его мать. Тогда она бросилась

---

[133] …я и за себя и за него всегда одну часточку вынимаю… — Перед литургией в алтаре совершается проскомидия — приготовление к литургии. Во время проскомидии молящиеся передают в алтарь небольшие круглые хлебы с изображением креста — просфоры (просвиры). Частицы их после совершения евхаристии (таинства св. причастия) раздаются причащающимся, а сами просфоры возвращаются тем, кто их подал. Во время вынимания частиц из просфор священник молится за тех, чьи имена написаны в записках, переданных молящимися вместе с просфорами.

к образу, и, махая пред иконой растопыренными пальцами своих слабых рук, в исступлении закричала:

— Не слушай его, господи! не слушай! не слушай! — и с этим пала в угол и зарыдала.

Эта тяжёлая и совершенно неожиданная сцена взволновала всех при ней присутствовавших, кроме одного Препотенского. Учитель оставался совершенно спокойным и ел с не покидавшим его никогда аппетитом. Серболова встала из-за стола и вышла вслед за убежавшей старушкой. Дарьянов видел, как просвирня обняла Александру Ивановну. Он поднялся и затворил дверь в комнату, где были женщины, а сам стал у окна.

Препотенский по-прежнему ел.

— Александра Ивановна когда едет домой? — спросил он, ворочая во рту пищу.

— Как схлынет жар, — вымолвил ему сухо в ответ Дарьянов.

— Вон когда! — протянул Препотенский.

— Да, и у неё здесь ещё будет Туберозов.

— Туберозов? У нас? в нашем доме?

— Да, в вашем доме, но не у вас, а у Александрины. Дарьянов вёл последний разговор с Препотенским, отвернувшись и глядя на двор; но при этом слове он оборотился к учителю лицом и сказал сквозь едва заметную улыбку:

— А вы, кажется, все-таки Туберозова-то побаиваетесь?

— Я? Я его боюсь?

— Ну да; я вижу, что у вас как будто даже нос позеленел, когда я сказал, что он сюда придёт.

— Нос позеленел? Уверяю вас, что вам это так только показалось, а что я его не боюсь, так я вам это нынче же докажу.

И с этим Препотенский поднялся с своего места и торопливо вышел. Гостю и в голову не приходило, какие смелые мысли родились и зрели в эту минуту в отчаянной голове Варнавы; а благосклонный читатель узнает об этом из следующей главы.

ГЛАВА 16

Выйдя из комнаты, Препотенский юркнул в небольшой сарай и, сбросив здесь с себя верхнее платье, полез на сеновал, а оттуда, с трудом раздвинув две потолочины, спустился чрез довольно узкую щель в небольшой, запертый снаружи, амбарчик. В этом амбарчике был всякий домашний скарб. Тут стояли кадочки, наполы, висел окорочок ветчины, торчали на колках пучки чебору, мяты и укропу. Учитель ничего этого не тронул, но он взлез на высокий сосновый ларь, покрытый покатой крышей, достал с него большие и разлатые липовые ночвы, чистые, как стекло зеркального магазина, и тотчас же начал спускаться с ними назад в сарай, где им очень искусно были спрятаны злополучные кости.

За учителем никто решительно не присматривал, но он, как человек, уже привыкший мечтать об «опасном положении», ничему не верил; он от всего жался и хоронился, чтобы ему не воспрепятствовали докончить своё предприятие и совершить оное в своё время с полною торжественностью. Прошло уже около часа с тех пор, как Варнава заключился в сарае, на дворе начало вечереть, и вот у утлой калиточки просвирнина домика звякнуло кольцо.

Это пришёл Туберозов. Варнаве в его сарае слышно, как под крепко ступающими ногами большого протопопа гнутся и скрипят ступени ветхого крыльца; слышны приветствия и благожелания, которые он выражает Серболовой и старушке Препотенской. Варнава, однако, все ещё не выходит и не обнаруживает, что такое он намерен устроить?

— Ну что, моя вдовица Наинская[134], что твой учёный сын? — заговорил отец Савелий ко вдове, выставлявшей на своё открытое крылечко белый столик, за которым компания должна была пить чай.

— Варнаша мой? А бог его знает, отец протопоп: он, верно, оробел и где-нибудь от вас спрятался.

— Чего ж ему в своём доме прятаться?

— Он вас, отец протопоп, очень боится.

— Господи помилуй, чего меня бояться? Пусть лучше себя боится и бережёт, — и Туберозов начал рассказывать Дарьянову и Серболовой, как его удивил своими похождениями вчерашней ночи Ахилла.

— Кто его об этом просил? кто ему поручил? кто приказывал? — рассуждал старик и отвечал: — никто, сам вздумал с Варнавой Васильичем переведаться, и наделали на весь город разговоров.

— А вы, отец протопоп, разве ему этого не приказывали? — спросила старушка.

— Ну, скажите пожалуйста: стану я такие глупости приказывать! — отозвался Туберозов и заговорил о чем-то постороннем, а меж тем уплыло ещё полчаса, и гости стали собираться по домам. Варнава все не показывался, но зато, чуть только кучер Серболовой подал к крыльцу лошадь, ворота сарая, скрывавшего учителя, с шумом распахнулись, и он торжественно предстал глазам изумлённых его появлением зрителей.

---

[134] Вдовица Наинская — В Евангелии от Луки (VII, 11-18) есть рассказ о жившей в городе Наине вдове, сына которой воскресил Христос.

Препотенский был облачён во все свои обычные одежды и обеими руками поддерживал на голове своей похищенные им у матери новые ночвы, на которых теперь симметрически были разложены известные человеческие кости.

Прежде чем кто-нибудь мог решить, что может значить появление Препотенского с такою ношей, учитель прошёл с нею величественным шагом мимо крыльца, на котором стоял Туберозов, показал ему язык и вышел через кладбище на улицу.

Гости просвирни только ахнули и не утерпели, чтобы не посмотреть, чем окончится эта демонстрация. Выйдя вслед за Варнавой на тихую улицу, они увидали, что учитель подвигался тихо, вразвал, и нёс свою ношу осторожно, как будто это была не доска, укладенная иссохшими костями, а драгоценный и хрупкий сосуд взрезь с краями полный ещё более многоценною жидкостью; но сзади их вдруг послышался тихий, прерываемый одышкой плач, и за спинами у них появилась облитая слезами просвирня.

Бедная старуха дрожала и, судорожно кусая кончики сложенных вместе всех пяти пальцев руки, шептала:

— Что это он? что это он такое носит по городу?

И с этим, уразумев дело, она болезненно визгнула и, с несвойственною её летам резвостью, бросилась в погоню за сыном. Ветхая просвирня бежала, подпрыгивая и подскакивая, как бегают дурно летающие птицы, прежде чем им подняться на воздух, а Варнава шёл тихо; но тем не менее все-таки трудно было решить, могла ли бы просвирня и при таком быстром аллюре догнать своего сына, потому что он был уж в конце улицы, которую та только что начинала. Быть или не быть этому — решил случай, давший всей этой процессии и погоне совершенно неожиданный оборот.

В то самое время, как вдова понеслась с неизвестными целями за своим учёным сыном, откуда-то сверху раздалось громкое и весёлое:

— Эй! ур-р-ре-ре: не бей его! не бей! не бей!

Присутствовавшие при этой сцене оглянулись по направлению, откуда происходил этот крик, и увидели на голубце одной из соседних крыш оборванца, который держал в руке тонкий шест, каким обыкновенно охотники до голубиного лета пугают турманов. Этот крикун был старогородский бирюч[135], фактотум и пролетарий, праздношатающийся мещанин, по прозванию комиссар Данилка. Он пугал в это время своих турманов и не упустил случая, смеха ради, испугать и учителя. Цель комиссара Данилки была достигнута как нельзя более, потому что

---

[135] Бирюч — глашатай; фактотум — человек, исполняющий чьи-либо поручения.

Препотенский, едва лишь услышал его предостерегающий клик, как тотчас же переменил шаг и бросился вперёд с быстротой лани.

Шибко скакал Варнава по пустой улице, а с ним вместе скакали, прыгали и разлетались в разные стороны кости, уложенные на его плоских ночвах; но все-таки они не столько уходили от одной беды, сколько спешили навстречу другой, несравненно более опасной: на ближайшем перекрёстке улицы испуганным и полным страха глазам учителя Варнавы предстал в гораздо большей против обыкновенного величине своей грозный дьякон Ахилла.

По пословице: впереди стояла затрещина, а сзади — тычок.

ГЛАВА 17

Чуть только бедный учитель завидел Ахиллу, ноги его подкосились и стали; но через мгновение отдрогнули, как сильно нагнетённые пружины, и в три сильных прыжка перенесли Варнаву через такое расстояние, которого человеку в спокойном состоянии не перескочить бы и в десять прыжков. Этим Варнава был почти спасён: он теперь находился как раз под окном акцизничихи Бизюкиной, и, на его великое счастье, сама учёная дама стояла у открытого окна.

— Берите! — крикнул ей, задыхаясь, Препотенский, — за мной гонятся шпионы и духовенство! — с этим он сунул ей в окно свои ночвы с костями, но сам был так обессилен, что не мог больше двинуться и прислонился к стене, где тут же с ним рядом сейчас очутился Ахилла и, тоже задыхаясь, держал его за руку.

Дьякон и учитель похожи были на двух друзей, которые только что пробежались в горелки и отдыхают. В лице дьякона не было ни малейшей злобы: ему скорей было весело. Тяжко дыша и поводя вокруг глазами, он заметил посреди дороги два торчащие из пыли человеческие ребра и, обратясь к Препотенскому, сказал ему:

— Что же ты не поднимаешь вон этих твоих астрагелюсов?

— Отойдите прочь, я тогда подниму.

— Ну, хорошо: я отойду, — и дьякон со всею свойственною ему простотой и откровенностию подошёл к окну, поднялся на цыпочки и, заглянув в комнаты, проговорил:

— Послушайте, советница, а вы, право, напрасно за этого учителя заступаетесь.

Но вместо ожидаемого ответа от «советницы» Ахилле предстал сам либеральный акцизный чиновник Бизюкин и показал ему голый череп скелета.

— Послушай, спрячь, сделай милость, это, а то я рассержусь, — попросил вежливо Ахилла; но вместо ответа из дома послышался самый оскорбительный хохот, и сам акцизный, стоя у окна, начал, смеясь, громко щёлкать на дьякона челюстями скелета.

— Перебью вас, еретики! — взревел Ахилла и сгрёб в обе руки лежавший у фундамента большой булыжный камень с непременным намерением бросить эту шестипудовую бомбу в своих оскорбителей, но в это самое время, как он, сверкая глазами, готов был вергнуть поднятую глыбу, его сзади кто-то сжал за руку, и знакомый голос повелительно произнёс:

— Брось!

Это был голос Туберозова. Протопоп Савелий стоял строгий и дрожащий от гнева и одышки. Ахилла его послушал; он сверкнул покрасневшими от ярости глазами на акцизника и бросил в сторону камень с такою силой, что он ушёл на целый вершок в землю.

— Иди домой, — шепнул ему, и сам отходя, Савелий. Ахилла не возразил и в этом и пошёл домой тихо и сконфуженно, как обличённый в шалости добронравный школьник.

— Боже! какой глупый и досадный случай! — произнёс, едва переводя дух, Туберозов, когда с ним поравнялся его давешний собеседник Дарьянов.

— Да не беспокойтесь: ничего из этого не будет.

— Как не будет-с? будет то, что Ахиллу отдадут под суд! Вы разве не слыхали, что он кричал, грозя камнем? Он хотел их всех перебить!

— А увидите, что все это кончится одним смехом.

— Нет-с; это не кончится смехом, и здесь нет никакого смеха, а есть глупость, которою дрянные люди могут воспользоваться.

И протопоп, ускорив шаг, шибко пошёл домой, выписывая сердитые эсы концом своей трости.

В следующей части нашей хроники мы увидим, какие все это будет иметь последствия и кто из двух прорицателей правее.

ЧАСТЬ ВТОРАЯ

ГЛАВА 1

Утро, наступившее после ночи, заключившей день Мефодия Песношского, обещало день погожий и тихий. Можно было ожидать даже, что он тих будет во всем: и в стихиях природы и в сердцах старогородских людей, с которыми мы познакомились в первой части нашей хроники. Этих убеждений был и сам протопоп. Вчерашняя усталость оказала ему хорошую услугу: он крепко спал, видел мирные сны и, проснувшись утром, рассуждал, что авось-либо вся его вчерашняя тревога напрасна, авось-либо господь пронесёт эту тучку, как он до сих пор проносил многие другие, от которых никому вреда не бывало.

«Да; мы народ не лиходейный, но добрый», — размышлял старик, идучи в полном спокойствии служить раннюю обедню за сей народ не лиходейный, но добрый. Однако же этот покой был обманчив: под тихою поверхностью воды, на дне, дремал крокодил[136].

Туберозов, отслужив обедню и возвратившись домой, пил чай, сидя на том самом диване, на котором спал ночью и за тем же самым столом, за которым писал свои «нотатки». Мать протопопица только прислуживала мужу: она подала ему стакан чаю и небольшую серебряную тарелочку, на которую протопоп Савелий осторожно поставил принесённую им в кармане просфору.

Сердобольная Наталья Николаевна, сберегая покой мужа, ухаживала за ним, боясь каким бы то ни было вопросом нарушить его строгие думы. Она шёпотом велела девочке набить жуковским вакштафом[137] и поставить в угол на подносике обе трубки мужа и, подпершись ручкой под подбородок, ждала, когда протоиерей выкушает свой стакан и попросит второй.

Но прежде чем она дождалась этой просьбы, внимание её было отвлечено необычайным шумом, который раздался где-то невдалеке от их дома. Слышны были торопливые шаги и беспорядочный говор,

---

[136] ...на дне, дремал крокодил — Ср. строки К. Н. Батюшкова:
Сердце наше кладезь мрачный:
Тих, покоен сверху вид.
Но спустись ко дну... — ужасно!
Крокодил на нем лежит!
[137] Жуковский вакштаф — трубочный табак петербургской фабрики Жукова.

105

переходивший минутами в азартный крик. Протопопица выглянула из окна своей спальни и увидала, что шум этот и крик производила толпа людей, которые шли очень быстрыми шагами, и притом прямо направлялись к их дому. Они на ходу толкались, размахивали руками, спорили и то как бы упирались, то вдруг снова почти бегом подвигались вперёд.

«Что бы это такое?» — подумала протопопица и, выйдя в залу к мужу, сказала:

— Посмотри, отец Савелий, что-то как много народу идёт.

— Народу, мой друг, много, а людей нет, — отвечал спокойно Савелий.

— Нет, в самом деле взгляни: очень уж много народу.

— Господь с ними, пусть их расхаживают; а ты дай-ка мне ещё стаканчик чаю.

Протопопица взяла стакан, налила его новым чаем и, подав мужу, снова подошла к окну, но шумливой кучки людей уже не было. Вместо всего сборища только три или четыре человека стояли кое-где вразбивку и глядели на дом Туберозова с видимым замешательством и смущением.

— Господи, да уж не горим ли мы где-нибудь, отец Савелий! — воскликнула, в перепуге бросаясь в комнату мужа, протопопица, но тотчас же на пороге остановилась и поняла, в чем заключалась история.

Протопопица увидала на своём дворе дьякона Ахиллу, который летел, размахивая руками своей широкой рясы, и тащил за ухо мещанина комиссара Данилку.

Протопопица показала на это мужу, но прежде чем протопоп успел встать с своего места, дверь передней с шумом распахнулась, и в залу протоиерейского дома предстал Ахилла, непосредственно ведя за собой за ухо раскрасневшегося и переконфуженного Данилку.

— Отец протопоп, — начал Ахилла, бросив Данилку и подставляя пригоршни Туберозову.

Савелий благословил его.

За Ахиллой подошёл и точно так же принял благословение Данилка. Затем дьякон отдёрнул мещанина на два шага назад и, снова взяв его крепко за ухо, заговорил:

— Отец Савелий, вообразите-с: прохожу улицей и вдруг слышу говор. Мещане говорят о дожде, что дождь ныне ночью был послан после молебствия, а сей (Ахилла уставил указательный палец левой руки в самый нос моргавшего Данилки), а сей это опровергал.

Туберозов поднял голову.

— Он, вообразите, говорил, — опять начал дьякон, потянув Данилку, — он говорил, что дождь, сею ночью шедший после вчерашнего мирского молебствия, совсем не по молебствию ниспоследовал.

106

— Откуда же ты это знаешь? — сухо спросил Туберозов.

Сконфуженный Данилка молчал.

— Вообразите же, отец протопоп! А он говорил, — продолжал дьякон, — что дождь излился только силой природы.

— К чему же это ты так рассуждал? — процедил, собирая придыханием с ладони крошечки просфоры, отец Туберозов.

— По сомнению, отец протопоп, — скромно отвечал Данилка.

— Сомнения, как и самомнения, тебе, невежде круглому, вовсе не принадлежат, и посему достоин делатель мзды своея, и ты вполне достойное по заслугам своим и принял. А потому ступай вон, празднословец, из моего дома.

Выпроводив за свой порог еретичествующего Данилку, протоиерей опять чинно присел, молча докушал свой чай и только, когда все это было обстоятельно покончено, сказал дьякону Ахилле:

— А ты, отец дьякон, долго ещё намерен этак свирепствовать? Не я ли тебе внушал оставить твоё заступничество и не давать рукам воли?

— Нельзя, отец протопоп; утерпеть было невозможно, потому что я уж это давно хотел доложить вам, как он, вообразите, все против божества и против бытописания, но прежде я все это ему, по его глупости, снисходил доселе.

— Да; когда не нужно было снисходить, то ты тогда снисходил.

— Ей-богу, снисходил; но уж тогда он, слышу, начал против обрядности.

— Да; ну, ты тогда что же сделал? Протопоп улыбнулся.

— Ну уж этого я не вытерпел.

— Да; так и надо было тебе с ним всенародно подраться?

— И что же от того, что всенародно, отец протопоп? Я предстою алтарю и обязан стоять за веру повсеместно. Святой Николай Угодник Ария тоже ведь всенародно же смазал[138]...

— То святой Николай, а то ты, — перебил его Туберозов. — Понимаешь, ты ворона, и что довлеет тебе яко вороне знать своё кра, а не в свои дела не мешаться. Что ты костылём-то своим размахался? Забыл ты, верно, что в костыле два конца? На силищу свою, дромадер, все надеешься!

— Полагаюсь-с.

— Полагаешься? Ну так не полагайся. Не сила твоя тебя спасла, а вот

---

[138] ...Николай Угодник Ария тоже ведь всенародно же смазал... — Имеется в виду апокрифический рассказ о том, что св. Николай Мирликийский будто бы дал на Никейском вселенском соборе христианской церкви (325 г.) пощёчину ересиарху Арию, отрицавшему догмат о равенстве всех трех лиц Троицы.

это, вот это спасло тебя, — произнёс протопоп, дёргая дьякона за рукав его рясы.

— Что ж, отец протопоп, вы меня этим укоряете? Я ведь свой сан и почитаю.

— Что! Ты свой сан почитаешь?

С этим словом протопоп сделал к дьякону шаг и, хлопнув себя ладонью по колену, прошептал:

— А не знаете ли вы, отец дьякон, кто это у бакалейной лавки, сидючи с приказчиками, папиросы курит?

Дьякон сконфузился и забубнил:

— Что ж, я, точно, отец протопоп… этим я виноват, но это больше ничего, отец протопоп, как по неосторожности, ей право, по неосторожности.

— Смотрите, мол, какой у нас есть дьякон франт, как он хорошо папиросы муслит.

— Нет, ей право, отец протопоп, вообразите, совсем не для того. Что ж мне этим хвалиться? Ведь этою табачною невоздержностью из духовных не я же один занимаюсь.

Туберозов оглянул дьякона с головы до ног самым многозначащим взглядом и, вскинув вверх голову, спросил его:

— Что же ты мне этим сказать хочешь? То ли, что, мол, и ты сам, протопоп, куришь?

Дьякон смутился и ничего не ответил. Туберозов указал рукой на угол комнаты, где стояли его три черешневые чубука, и проговорил:

— Что такое я, отец дьякон, курю? Дьякон молчал.

— Говорите же, потрудитесь, что я курю? Я трубку курю?

— Трубку курите, — ответил дьякон.

— Трубку? отлично. Где я её курю? я её дома курю?

— Дома курите.

— Иногда в гостях, у хороших друзей курю.

— В гостях курите.

— А не с приказчиками же-с я её у лавок курю! — вскрикнул, откидываясь назад, Туберозов и, постучав внушительно пальцем по своей ладони, добавил: — Ступай к своему месту, да смотри за собою. Я тебя много, много раз удерживал, но теперь гляди: наступают новые порядки, вводится новый суд[139], и пойдут иные обычаи, и ничто не будет в тени, а все въяве, и тогда мне тебя не защитить.

С этим протопоп стал своею большущею ногой на соломенный стул и начал бережно снимать рукой жёлтенькую канареечную клетку.

---

[139] …вводится новый суд… — Речь идёт о реформе судебной системы, проведённой Александром II в 1864 году.

«Тьфу! Господи милосердный, за веру заступился и опять не в такту!» — проговорил в себе Ахилла и, выйдя из дома протопопа, пошёл скорыми шагами к небольшому жёлтенькому домику, из открытых окон которого выглядывала целая куча белокуреньких детских головок.

Дьякон торопливо взошёл на крылечко этого домика, потом с крыльца вступил в сени и, треснувшись о перекладину лбом, отворил дверь в низенькую залу.

По зале, заложив назад маленькие ручки, расхаживал сухой, миниатюрный Захария, в подряснике и с длинною серебряною цепочкой на запавшей груди.

Ахилла входил в дом к отцу Захарию совсем не с тою физиономией и не с тою поступью, как к отцу протопопу Смущение, с которым дьякон вышел от Туберозова, по мере приближения его к дому отца Захарии исчезало и на самом пороге заменилось уже крайним благодушием. Дьякон от нетерпения ещё у порога начинал:

— Ну, отец Захария! Ну… брат ты мой милесенький… Ну!..

— Что такое? — спросил с кроткою улыбкой отец Захария, — чего это ты, чего егозишься, чего? — и с этим словом, не дождавшись ответа, сухенький попик заходил снова.

Дьякон прежде всего весело расхохотался, а потом воскликнул:

— Вот, друже мой, какой мне сейчас был пудромантель[140]; ох, отче, от мыла даже голова болит. Вели скорее дать маленький опрокидонтик?

— Опрокидонт? Хорошо. Но кто же это, кто, мол, тебя пробирал?

— Да разумеется, министр юстиции.

— Ага! Отец Савелий.

— Никто же другой. Дело, отец Захария, необыкновенное по началу своему и по окончанию необыкновенное. Я старался как заслужить, а он все смял, повернул бог знает куда лицом и вывел что-то такое, чего я, хоть убей, теперь не пойму и рассказать не умею.

Однако же дьякон, присев и выпив поданную ему на тарелке рюмку водки, с мельчайшими подробностями передал отцу Захарии всю свою историю с Данилкой и с отцом Туберозовым. Захария во все время этого рассказа ходил тою же подпрыгивающею походкой и лишь только на секунду приостанавливался, по временам устранял со своего пути то одну, то другую из шнырявших по комнате белокурых головок, да когда дьякон совсем кончил, то он при самом последнем слове его рассказа, закусив губами кончик бороды, проронил внушительное: «Да-с, да, да, да, однако ничего».

— Я больше никак не рассуждаю, что он в гневе, и ещё…

---

[140] Пудромантель — накидка, которую надевали во время бритья или причёсывания; здесь — головомойка.

— Да, и ещё что такое? Подите вы прочь, пострелята! Так, и что такое ещё? — любопытствовал Захария, распихивая с дороги детей.

— И что я ещё в это время так неполитично трубки коснулся, — объяснил дьякон.

— Да, ну конечно… разумеется… отчасти оно могло и это… Подите вы прочь, пострелята!.. Впрочем, полагать можно, что он не на тебя недоволен. Да, оно даже и верно, что не на тебя.

— Да и я говорю то же, что не на меня: за что ему на меня быть недовольным? Я ему, вы знаете, без лести предан.

— Да, это не на тебя: это он… я так полагаю… Да уйдёте ли вы с дороги прочь, пострелята!.. Это он душою… понимаешь?

— Скорбен, — сказал дьякон.

Отец Захария помотал ручкой около своей груди и, сделав кислую гримаску на лице, проговорил:

— Возмущён.

— Уязвлён, — решил дьякон Ахилла, — знаю: его все учитель Варнавка гневит, ну да я с Варнавкой скоро сделаю и прочее и прочее!

И с этим дьякон, ничего в подробности не объясняя, простился с Захарией и ушёл.

Идучи по дороге домой, Ахилла повстречался с Данилкой, остановил его и сказал:

— А ты, брат Данилка, сделай милость, на меня не сердись. Я если тебя и наказал, то совершенно по христианской моей обязанности наказал.

— Всенародно оскорбили, отец дьякон! — отвечал Данилка тоном обиженным, но звучащим склонностью к примирению.

— Ну и что ж ты теперь со мною будешь делать, что обидел? Я знаю, что я обидел, но когда я строг… Я же ведь это не нагло; я тебе ведь ещё в прошлом году, когда застал тебя, что ты в сенях у исправника отца Савельеву ризу надевал и кропилом кропил, я тебе ещё тогда говорил: «Рассуждай, Данила, по бытописанию как хочешь я по науке много не смыслю, но обряда не касайся». Говорил я ведь тебе этак или нет? Я говорил: «Не касайся, Данила, обряда».

Данилка нехотя кивнул головой и пробурчал:

— Может быть и говорили.

— Нет, ты, брат, не финти, а сознавайся! Я наверно говорил, я говорил: «не касайся обряда», вот все! А почему я так говорил? Потому что это наша жизненность, наше существо, и ты его не касайся. Понял ты это теперь?

Данила только отвернулся в сторону и улыбался: ему самому было смерть смешно, как дьякон вёл его по улице за ухо, но другие находившиеся при этом разговоре мещане, шутя и тоже едва сдерживая свой смех, упрекали дьякона в излишней строгости.

— Нет, строги вы, сударь, отец дьякон! Уж очень не в меру строги, — говорили они ему.

Ахилла, выслушав это замечание, подумал и, добродетельно вздохнув, положил свои руки на плечи двух ближе стоящих мещан и сказал:

— Строг, вы говорите: да, я, точно, строг, это ваша правда, но зато я и справедлив. А если б это дело к мировому судье? — Гораздо хуже. Сейчас три рубля в пользу детских приютов взыщет!

— Ничего-с: иной мировой судья за это ещё рубль серебра на чай даст.

— Ну вот видишь! нет, я, братец, знаю, что я справедлив.

— Что же за справедливость? Не бог знает как вы, отец дьякон, и справедливы.

— Это почему?

— А потому, что Данила много ли тут виноват, что он только повторил, как ему учёный человек сказывал? Это ведь по-настоящему, если так судить, вы Варнаву Васильича должны остепенять, потому что это он нам сказывал, а Данила только сомневался, что не то это, как учитель говорил, дождь от естества вещей, не то от молебна! Вот если бы вы оттрясли учителя, это точно было бы закон.

— Учителя… — Дьякон развёл широко руки, вытянул к носу хоботком обе свои губы и, постояв так секунду пред мещанами, прошептал: — Закон!.. Закон-то это, я знаю, велит… да вот отец Савелий не велит… и невозможно!

ГЛАВА 2

Прошло несколько дней: Туберозов убедился, что он совершенно напрасно опасался, как бы несдержанные поступки дьякона Ахиллы не навлекли какие-нибудь судебные неприятности; все благополучно шло по-старому; люди разнообразили свою монотонную уездную жизнь тем, что ссорились для того, чтобы мириться, и мирились для того, чтобы снова ссориться. Покою ничто не угрожало; напротив, даже Туберозову был ниспослан прекрасный день, который он провёл в чистейшем восторге. Это был день именин исправницы, наступивший вскоре за тем днём, когда Ахилла, в своей, по вере, ревности, устроил публичный скандал с комиссаром Данилкой. Когда все гости, собравшиеся на исправницкий пирог, были заняты утолением своего аппетита, хозяин, подойдя случайно к окну, вдруг громко крикнул жене:

— Боже мой! Посмотри-ка, жена, какие к тебе гости!

— Кто же там, кто? — отозвалась исправница.

— А ты посмотри.

Именинница, а с ней вместе и все бывшие в комнате гости бросились к окнам, из которых было видно, как с горы осторожно, словно трехглавый змей на чреве, спускалась могучая тройка рослых буланых коней. Коренник мнётся и тычет ногами, как старый генерал, подходящий, чтобы кого-то распечь: он то скусит губу налево, то скусит её направо, то встряхнёт головой и опять тычет и тычет ногами; пристяжные то вьются, как отыскивающие vis-a-vis[141] уланские корнеты, то сжимаются в клубочки, как спутанные овцы; малиновый колокольчик шлёпнет колечком в край и снова прилип и молчит; одни бубенчики глухо рокочут, но рокочут без всякого звона. Но вот этот трехглавый змей сполз и распустился: показались хребты коней, махнул в воздухе хвост пристяжной; из-под ветра взвеяла грива; тройка выровнялась и понеслась по мосту. Показались золочёная дуга с травлёною росписью[142] и большие старинные, бронзой кованные, троечные дрожки гитарой. На дрожках рядком, как сидят на козетках, сидели два маленькие существа: одно мужское и одно женское; мужчина был в темно-зеленой камлотовой шинели и в большом картузе из шляпного волокнистого плюша, а женщина в масаковом гроденаплевом салопе, с лиловым бархатным воротником, и в чепчике с коричневыми лентами.

— Боже, да это плодомасовские карлики! — Не может быть! — Смотрите сами! — Точно, точно! — Да как же: вон Николай-то Афанасьич, видите, увидел нас и кланяется, а вон и Марья Афанасьевна кивает.

Такие возгласы раздались со всех сторон при виде карликов, и все словно невесть чему обрадовались: хозяева захлопотали возобновлением для новых гостей завтрака а прежние гости внимательно смотрели на двери, в которые должны были показаться маленькие люди, и они, наконец, показались.

Впереди шёл старичок ростом с небольшого восьмилетнего мальчика; за ним старушка немного побольше.

Старичок был весь чистота и благообразие: на лице его и следа нет ни жёлтых пятен, ни морщин, обыкновенно портящих лица карликов: у него была очень пропорциональная фигура, круглая как шар головка, покрытая совершенно белыми, коротко остриженными волосами, и небольшие коричневые медвежьи глазки. Карлица лишена была приятности брата: она была одутловата, у неё был глуповатый чувственный рот и тупые глаза.

На карлике Николае Афанасьевиче, несмотря на жаркое время года,

---

[141] Партнёр в танцах (франц.)

[142] ...с травлёною росписью... — т. е. с узорами, вытравленными по краске кислотой.

были надеты тёплые плисовые сапожки, чёрные панталоны из лохматой байки, жёлтый фланелевый жилет и коричневый фрак с металлическими пуговицами. Бельё его было безукоризненной чистоты, и щёчки его туго поддерживал высокий атласный галстук. Карлица была в шёлковом зеленом капоте и большом кружевном воротнике.

Николай Афанасьевич, войдя в комнату, вытянул ручки по швам, потом приподнял правую руку с картузом к сердцу, шаркнул ножкой об ножку и, направясь вразвалец прямо к имениннице, проговорил тихим и ровным старческим голосом:

— Господин наш Никита Алексеич Плодомасов и господин Пармен Семёнович Туганов[143] от себя и от супруги своей изволили приказать нам, их слугам, принести вам сударыня Ольга Арсентьевна, их поздравление. Сестрица, повторите, — отнёсся он к стоявшей возле него сестре, и когда та кончила своё поздравление, Николай Афанасьевич шаркнул исправнику и продолжал:

— А вас, сударь Воин Васильевич, и всю честную компанию с дорогою именинницей. И затем, сударь, имею честь доложить, что, прислав нас с сестрицей для принесения вам их поздравления, и господин мой и Пармен Семёнович Туганов просят извинения за наше холопье посольство; но сами теперь в своих минутах не вольны и принесут вам в том извинение сегодня вечером.

— Пармен Семеныч будет здесь? — воскликнул исправник.

— Вместе с господином моим Никитою Алексеичем Плодомасовым, проездом в Петербург, просят простить вас, что заедут в дорожном положении.

В обществе по поводу этого известия возникла маленькая суета, пользуясь которою карлик подошёл под благословение к Туберозову и тихо проговорил:

— Пармен Семёнович просили вас быть вечером здесь.

— Скажи, голубчик, буду, — отвечал Туберозов. Карлик взял благословение у Захарии. Дьякон Ахилла взял ручку у почтительно поклонившегося ему маленького человечка, который при этом, улыбнувшись, проговорил:

— Только сделайте милость, сударь, надо мною силы богатырской не пробуйте!

— А что, Николай Афанасьич, разве он того... здоров? — пошутил хозяин.

— Силу пробовать любят-с, — отвечал старичок. — Есть над кем? Над калечкой.

---

[143] Никита Алексеич Плодомасов, Пармен Семёнович Туганов — персонажи хроники Н. С. Лескова «Старые годы в селе Плодомасове».

— А что ваше здоровье, Николай Афанасьич? — пытали карлика дамы, окружая его со всех сторон и пожимая его ручонки.

— Какое, государыни, моё здоровье! Смех отвечать: точно поросёнок стал. Петровки[144] на дворе, — а я все зябну!

— Зябнете?

— Да как же-с: вот можете посудить, потому что весь в мешок заячий зашит. Да и чему дивиться-то-с, государи мои, станем? Восьмой десяток лет ведь уж совершил ненужный человек.

Николая Афанасьича наперебой засыпали вопросами о различных предметах, усаживали, потчевали всем: он отвечал на все вопросы умно и находчиво, но отказывался от всех угощений, говоря, что давно уж ест мало, и то какой-нибудь овощик.

— Вот сестрица покушают, — говорил он, обращаясь к сестре. — Садитесь, сестрица, кушайте, кушайте! Чего церемониться? А не хотите без меня, так позвольте мне, сударыня Ольга Арсентьевна, морковной начиночки из пирожка на блюдце... Вот так, довольно-с, довольно! Теперь, сестрица, кушайте, а с меня довольно. Меня и кормить-то уж не за что; нитяного чулка вязать, и того уже теперь путём не умею. Лучше гораздо сестрицы вязал когда-то, и даже бродери англез выплетал, а нынче что ни стану вязать, все петли спускаю.

— Да; бывало, Никола, ты славно вязал! — отозвался Туберозов, весь оживившийся и повеселевший с прибытием карлика.

— Ах, отец Савелий! Время, государь, время! — карлик улыбнулся и договорил, шутя: — А к тому же и строгости надо мной, ваше высокопреподобие, нынче не стало; избаловался после смерти моей благодетельницы. Что? хлеб-соль готовые, кров тёплый, всегда ленюсь.

Протоиерей посмотрел со счастливою улыбкой в глаза карлику и сказал:

— Вижу я тебя, Никола, словно милую сказку старую пред собою вижу, с которою умереть бы хотелось.

— А она, батушка (карлик говорил у вместо ю), она, сказка-то добрая, прежде нас померла.

— А забываешь, Николушка, про госпожу-то свою? Про боярыню-то свою, Марфу Андревну, забываешь? — вопрошал, юля около карлика, дьякон Ахилла, которого Николай Афанасьевич все как бы опасался и остерегался.

— Забывать, сударь отец дьякон, я уже стар, я уже и сам к ней, к утешительнице моей, служить на том свете давно собираюсь, — отвечал карлик очень тихо и с лёгким только полуоборотом в сторону Ахиллы.

— Утешительная, говорят, была эта старуха, — отнёсся безразлично ко всему собранию дьякон.

— Ты это в каком же смысле берёшь её утешительность? — спросил Туберозов.

— Забавная!

Протопоп улыбнулся и махнул рукой, а Николай Афанасьевич поправил Ахиллу, твёрдо сказав ему:

— Утешительница, сударь, утешительница, а не забавница.

— Что ты ему внушаешь, Никола. Ты лучше расскажи, как она тебя ожесточила-то? Как откуп-то сделала? — посоветовал протопоп.

— Что, отец протопоп, старое это, сударь.

— Наитеплейше это у него выходит, когда он рассказывает, как он ожесточился, — обратился Туберозов к присутствующим.

— А уж так, батушка, она, госпожа моя, умела человека и ожесточить и утешить, и ожесточала и утешала, как разве только один ангел господень может утешить, — сейчас же отозвался карлик. — В сокровенную души, бывало, человека проникнет и утешит, и мановением своим всю благую для него на земли совершит.

— А ты, в самом деле, расскажи, как это ты ожесточён был?

— Да, расскажи, Николаша, расскажи!

— Что ж, милостивые государи, смеётесь ли вы или не смеётесь, а вправду интересуетесь об этом слышать, но если вся компания желает, то уже я ослушаться не смею, расскажу.

— Пожалуйста, Николай Афанасьич, рассказывай.

— Расскажу, — отвечал, улыбнувшись, карлик, — расскажу, потому что повесть эта даже и приятна. — С этими словами карлик начал.

ГЛАВА 3

— Это всего было чрез год как они меня у прежних господ купили. Я прожил этот годок в ужасной грусти, потому что был оторван, знаете, от крови родной и от фамилии. Разумеется, виду этого, что грущу, я не подавал, чтобы как помещице о том не донесли или бы сами они не заметили; но только все это было втуне, потому что покойница все это провидели. Стали приближаться мои именины, они и изволят говорить:

«Какой же, — говорят, — я тебе, Николай, подарок подарю?»

«Матушка, — говорю, — какой мне ещё, глупцу, подарок? Я и так всем свыше главы моей доволен».

«Нет, — изволят говорить, — я думаю тебя хоть рублём одарить».

Что ж, я отказываться не посмел, поцеловал её ручку и говорю:

«Много, — говорю, — вашею милостью взыскан», — и сам опять сел чулок вязать. Я ещё тогда хорошо глазами видел и даже в гвардию нитяные чулки на господина моего Алексея Никитича вязал. Вяжу, сударь, чулок-то, да и заплакал. Бог знает чего заплакал, так, знаете, вспомнилось что-то про родных, пред днём ангела, и заплакал.

А Марфа Андревна видят это, потому что я напротив их кресла на подножной скамеечке всегда вязал, и спрашивают:

«Что ж ты это, — изволят говорить, — Николаша, плачешь?»

«Так, — отвечаю, — матушка, что-то слезы так...» — да и знаете, что им доложить-то, отчего плачу, и не знаю. Встал, ручку их поцеловал, да и опять сел на свою скамеечку.

«Не извольте, — говорю, — сударыня, обращать взоров ваших на эту слабость, это я так, сдуру, эти мои слезы пролил».

И опять сидим да работаем; и я чулок вяжу, и они чулочек вязать изволят. Только вдруг они этак повязали, повязали и изволят спрашивать:

«А куда же ты, Николай, рубль-то денешь, что я тебе завтра подарить хочу?»

«Тятеньке, — говорю, — сударыня, своему при верной оказии отправлю».

«А если, — говорят, — я тебе два подарю?»

«Другой, — докладываю, — маменьке пошлю».

«А если три?»

«Братцу, — говорю, — Ивану Афанасьевичу».

Они покачали головкой да изволят говорить:

«Много же как тебе, братец, денег-то надо, чтобы всех оделить! Этого ты, такой маленький, и век не заслужишь».

«Господу, — говорю, — было угодно меня таким создать», — да с сими словами и опять заплакал; опять сердце, знаете, сжалось: и сержусь на свои слезы и плачу. Они же, покойница, глядели, глядели на меня и этак молчком меня к себе одним пальчиком и поманули: я упал им в ноги, а они положили мою голову в колени, да и я плачу, и они изволят плакать. Потом встали, да и говорят:

«Ты никогда не ропщешь, Николаша, на бога?»

«Как же, — говорю, — матушка, можно на бога роптать? Никогда не ропщу!»

«Ну, он, — изволят говорить, — тебя за это и утешит».

Встали они, знаете, с этим словом, велели мне приказать, чтобы к ним послали бурмистра Дементия в их нижний разрядный кабинет, и сами туда отправились.

«Не плачь, — говорят, — Николаша! тебя господь утешит».

И точно, утешил.

При этом Николай Афанасьевич вдруг заморгал частенько своими

116

тонкими веками и, проворно соскочив со стула, отбежал в уголок, где утёр белым платочком глаза и возвратился со стыдливою улыбкой на своё место. Снова усевшись, он начал совсем другим, торжественным голосом, очень мало напоминавшим прежний:

— Встаю я, судари мои, рано: сходил потихоньку умылся, потому что я у них, у Марфы Андревны, в ножках за ширмой, на ковре спал, да и пошёл в церковь, чтоб у отца Алексея после утрени молебен отслужить. Вошёл я, сударь, в церковь и прошёл прямо в алтарь, чтоб у отца Алексея благословение принять, и вижу, что покойник отец Алексей как-то необыкновенно радостны в выражении и меня шепотливо поздравляют с радостью. Я это отнёс, разумеется, к праздничному дню и к именинам моим. Но что ж тут, милостивые государи, последовало! Выхожу я с просфорой на левый клирос, так как я с покойным дьячком Ефимычем на левом клиросе тонким голосом пел, и вдруг мне в народе представились и матушка, и отец, и братец Иван Афанасьевич. Батюшку-то с матушкой я в народе ещё и не очень вижу, но братец Иван Афанасьевич, он такой был… этакой гвардион, я его сейчас увидал. Думаю, это видение! Потому что очень уж я желал их в этот день видеть. Нет, не видение! Вижу, маменька, — крестьянка они были, — так и убиваются плачут. Думаю, верно у своих господ отпросились и издалека да пришли с своим дитем повидаться. Разумеется, я, чтобы благочиния церковного не нарушать, только подошёл к родителям, к братцу, поклонился им в пояс, и ушёл скорей совсем в алтарь, и сам уже не пел… Потому решительно скажу: не мог-с! Ну-с; так и заутреня и обедня по чину, как должно, кончились, и тогда… Вот только опять боюсь, чтоб эти слезы дурацкие опять рассказать не мешали, — проговорил, быстро обмахнув платочком глаза, Николай Афанасьевич.

— Выхожу я, сударь, после обедни из алтаря, чтобы святителю по моему заказу молебен отслужить, а смотрю — пред аналоем с иконой стоит сама Марфа Андревна, к обедне пожаловали, а за нею вот они самые, сестрица Марья Афанасьевна, которую пред собой изволите видеть, родители мои и братец. Стали петь «святителю отче Николае», и вдруг отец Алексей на молитве всю родню мою поминает. Очень я был всем этим, сударь, тронут: отцу Алексею я, по состоянию своему, что имел заплатил, хотя они и брать не хотели, но это нельзя же даром молиться, да и подхожу к Марфе Андревне, чтобы поздравить. А они меня тихонько ручкой от себя отстранили и говорят:

«Иди прежде родителям поклонись!»

Я повидался с отцом, с матушкой, с братцем, и все со слезами. Сестрица Марья Афанасьевна (Николай Афанасьевич с ласковой улыбкой указал на сестру), сестрица ничего, не плачут, потому что у них характер лучше, а я слаб и плачу. Тут, батюшка, выходим мы на паперть, госпожа моя Марфа Андревна достают из карманчика кошелёчек кувшинчиком, и сам я видел даже, как они этот кошелёчек вязали, да не знал, разумеется, кому он. «Одари, — говорят мне, — Николаша, свою родню». Я начинаю одарять: тятеньке серебряный рубль, маменьке рубль, братцу Ивану Афанасьевичу рубль, и все новые рубли, а в кошельке и ещё четыре рубля. «Это, говорю, матушка, для чего прикажете?» А ко мне, гляжу, бурмистр Дементий и подводит и невестушку и трех ребятишек — все в свитках. Всех я, по её великой милости, одарил, и пошли мы домой из церкви все вместе: и покойница госпожа, и отец Алексей, и я, сестрица Марья Афанасьевна, и родители, и все дети братцевы. Сестрица Марья Афанасьевна опять и здесь идут, ничего, разумно, ну, а я, глупец, все и тут, сам не знаю чего, рекой разливаюсь плачу. Но все же, однако, я, милостивые государи, до сих пор хоть и плакал, но шёл; но тут, батушка, у крыльца господского, вдруг смотрю, вижу стоят три подводы, лошади запряжены разгонные господские Марфы Андревны, а братцевы две лошадёнки сзади прицеплены, и на телегах вижу весь багаж моих родителей и братца. Я, батушка, этим смутился и не знаю, что думать. Марфа Андревна до сего времени, идучи с отцом Алексеем, все о покосах изволили разговаривать и внимания на меня будто не обращали, а тут вдруг ступили ножками на крыльцо, оборачиваются ко мне и изволят говорить такое слово: «Вот тебе, слуга мой, отпускная: пусти своих стариков и брата с детьми на волю!» и положили мне за жилет эту отпускную... Ну, уж этого я не перенёс...

Николай Афанасьевич приподнял руки вровень с своим лицом и заговорил:

— «Ты! — закричал я в безумии, — так это все ты, — говорю, — жестокая, стало быть, совсем хочешь так раздавить меня благостию своей!» И тут грудь мне перехватило, виски заныли, в глазах по всему свету замелькали лампады, и я без чувств упал у отцовских возов с тою отпускной.

— Ах, старичок, какой чувствительный! — воскликнул растроганный Ахилла, хлопнув по плечу Николая Афанасьевича.

— Да-с, — продолжал, вытерев себе ротик, карло. — А пришёл-то я в себя уж через девять дней, потому что горячка у меня сделалась, и то-с осматриваюсь и вижу, госпожа сидит у моего изголовья и говорит: «Ох, прости ты меня, Христа ради, Николаша: чуть я тебя, сумасшедшая, не убила!» Так вот она какой великан-то была, госпожа Плодомасова!

— Ах ты, старичок прелестный! — опять воскликнул дьякон Ахилла, схватив Николая Афанасьевича в шутку за пуговичку фрака и как бы оторвав её.

Карла молча попробовал эту пуговицу и, удостоверясь, что она цела и на своём месте, сказал:

— Да-с, да, я ничтожный человек, а они заботились обо мне, доверяли;

даже скорби свои иногда мне открывали, особенно когда в разлуке по Алексею Никитичу скорбели. Получат, бывало, письмо, сейчас сначала скоро, скоро сами про себя пробежат, а потом и все вслух читают. Они сидят читают, а я пред ними стою, чулок вяжу да слушаю. Прочитаем и в разговор сейчас вступим: «Теперь его в офицеры, — бывало, скажут, — должно быть скоро произведут». А я говорю: «Уж по ранжиру, матушка, непременно произведут». Тогда рассуждают: «Как ты, Николаша, думаешь, ему ведь больше надо будет денег посылать». — «А как же, — отвечаю, — матушка, непременно тогда надо больше». — «То-то, скажут, нам ведь здесь деньги все равно и не нужны». — «Да нам, мол, они на что же, матушка, нужны!» А сестрица Марья Афанасьевна вдруг в это время не потрафят и смолчат, покойница на них за это сейчас и разгневаются: «Деревяшка ты, скажут, деревяшка! Недаром мне тебя за братом в придачу даром отдали».

Николай Афанасьевич вдруг спохватился, страшно покраснел и, повернувшись к своей тупоумной сестре, проговорил:

— Вы простите меня, сестрица, что я это рассказываю?

— Сказывайте, ничего, сказывайте, — отвечала, водя языком за щекой, Марья Афанасьевна.

— Сестрица, бывало, расплачутся, — продолжал успокоенный Николай Афанасьевич, — а я её куда-нибудь в уголок или на лестницу тихонечко с глаз Марфы Андревны выманю и уговорю. «Сестрица, говорю, успокойтесь; пожалейте себя, эта немилость к милости». И точно, горячее да сплывчивое сердце их сейчас скоро и пройдёт: «Марья! — бывало, зовут через минутку. — Полно, мать, злиться-то. Чего ты кошкой-то ощетинилась, иди сядь здесь, работай». Вы ведь, сестрица, не сердитесь?

— Сказывайте, что ж мне? сказывайте, — отвечала Марья Афанасьевна.

— Да-с; тем, бывало, и кончено. Сестрица возьмут скамеечку, подставят у их ножек и опять начинают вязать. Ну, тут я уж, как это спокойствие водворится, сейчас подхожу к Марфе Андревне, попрошу у них ручку поцеловать и скажу: «Покорно вас, матушка, благодарим». Сейчас все даже слезой взволнуются. «Ты у меня, говорят, Николай, нежный. Отчего это только, я понять не могу, отчего она у нас такая деревянная?» — скажут опять на сестрицу. А я, — продолжал Николай Афанасьевич, улыбнувшись, — я эту речь их сейчас по-секретарски под сукно, под сукно. «Сестрица! шепчу, сестрица, попросите ручку поцеловать!» Марфа Андревна услышут, и сейчас все и конец: «Сиди уж, мать моя, — скажут сестрице, — не надо мне твоих поцелуев». И пойдём колтыхать спицами в трое рук. Только и слышно, что спицы эти три-ти-ти-ти-три-ти-ти, да мушка ж-ж-жу, ж-жу, ж-жу пролетит. Вот в какой тишине мы всю жизнь и жили!

119

— Ну, а вас же самих с сестрицей на волю она не отпустила? — спросил кто-то, когда карлик хотел встать, окончив свою повесть.

— На волю? Нет, сударь, не отпускали. Сестрица, Марья Афанасьевна, были приписаны к родительской отпускной, а меня не отпускали. Они, бывало, изволят говорить: «После смерти моей живи где хочешь (потому что они на меня капитал для пенсии положили), а пока жива, я тебя на волю не отпущу». — «Да и на что, говорю, мне, матушка, она, воля? Меня на ней воробьи заклюют».

— Ах ты, маленький этакой! — воскликнул в умилении Ахилла.

— Да, а что вы такое думаете? И конечно-с заклюют, — подтвердил Николай Афанасьевич. — Вон у нас дворецкий Глеб Степанович, какой был мужчина, просто красота, а на волю их отпустили, они гостиницу открыли и занялись винцом и теперь по гостиному двору ходят да купцам за грош «скупого рыцаря» из себя представляют. Разве это хорошо.

— Он ведь у неё во всем правая рука был, Николай-то Афанасьевич, — отозвался Туберозов, желая возвысить этим отзывом заслуги карлика и снова наладить разговор на желанную тему.

— Служил, батюшка, отец протоиерей, по разумению своему служил. В Москву и в Питер покойница езжали, никогда горничных с собою не брали. Терпеть женской прислуги в дороге не могли. Изволят, бывало, говорить: «Все эти Милитрисы Кирбитьевны квохчут, да в гостиницах по коридорам расхаживают, да знакомятся, а Николаша, говорят, у меня как заяц в угле сидит». Они ведь меня за мужчину вовсе не почитали, а все: заяц. Николай Афанасьевич рассмеялся и добавил:

— Да и взаправду, какой же я уж мужчина, когда на меня, извините, ни сапожков и никакого мужского платья готового нельзя купить — не придётся. Это и точно их слово справедливое было, что я заяц.

— Трусь! трусь! трусь! — заговорил, смеясь и оглаживая карлика по плечам, Ахилла.

— Но не совсем же она тебя считала зайцем, когда хотела женить? — отозвался к карлику исправник Порохонцев.

— Это, батушка Воин Васильич, было. Было, сударь, — добавил он, все понижая голос, — было.

— Неужто, Николай Афанасьич, было? — откликнулось разом несколько голосов.

Николай Афанасьевич покраснел и шёпотом уронил:

— Грех лгать — было.

Все, кто здесь на это время находились, разом пристали к карлику:

— Голубчик, Николай Афанасьич, расскажите про это?

— Ах, господа, про что тут рассказывать! — отговаривался, смеясь, краснея и отмахиваясь от просьб руками, Николай Афанасьевич.

Его просили неотступно; дамы брали его за руки, целовали его в лоб; он ловил на лету прикасавшиеся к нему дамские руки и целовал их, но все-таки отказывался от рассказа, находя его долгим и незанимательным. Но вот что-то вдруг неожиданно стукнуло о пол, именинница, стоявшая в эту минуту пред креслом карлика, в испуге посторонилась, и глазам Николая Афанасьевича представился коленопреклонённый, с воздетыми кверху руками, дьякон Ахилла,

— Душка! — мотая головой, выбивал Ахилла. — Расскажи, как тебя женить хотели!

— Скажу, все расскажу, только поднимитесь, отец дьякон.

Ахилла встал и, обмахнув с рясы пыль, самодовольно возгласил:

— Ага! А что-с? А то, говорят, не расскажет! С чего так не расскажет? Я сказал — выпрошу, вот и выпросил. Теперь, господа, опять по местам, и чтоб тихо; а вы, хозяйка, велите Николаше за это, что он будет рассказывать, стакан воды с червонным вином, как в домах подают.

Все уселись, Николаю Афанасьевичу подали стакан воды, в который он сам впустил несколько капель красного вина, и начал новую о себе повесть.

ГЛАВА 4

— То, господа, было вскоре после французского замирения, как я со в бозе почившим государем императором разговаривал.

— Вы с государем разговаривали? — сию же минуту перебили рассказчика несколько голосов.

— А как бы вы изволили полагать? — отвечал с тихою улыбкой карлик. — Да-с; с самим императором Александром Павловичем говорил и имел рассудок, как ему отвечать.

— Ха-ха-ха! Вот, бог меня убей, шельма какая у нас этот Николавра! — взвыл вдруг от удовольствия дьякон Ахилла и, хлопнув себя ладонями по бёдрам, добавил: — Глядите на него — маленький, а между тем он, клопштос[145], с царём разговаривал.

— Сиди, дьякон, смирно, сиди спокойно, — внушительно произнёс Туберозов.

Ахилла показал руками, что он более ничего не скажет, и сел.

Рассказ начался снова.

— Это как будто от разговора моего с государем императором даже и начало имело, — спокойно заговорил Николай Афанасьевич. — Госпожа

---

[145] Клопштос — здесь: малыш, клоп.

моя, Марфа Андревна, имела желание быть в Москве, когда туда ждали императора после всесветной его победы над Наполеоном Бонапарте[146]. Разумеется, и я в этой поездке, по их воле, при них находился. Они, покойница, тогда уже были в больших летах и, по нездоровью своему, порядочно стали гневливы и обидчивы. Молодым господам по этой причине в дому у нас было скучно, и покойница это видели и много за это досадовали, а больше всех на Алексея Никитича сердились, что не так, полагали, верно у них в доме порядок устроен, чтобы всем весело было, и что чрез то их все забывают. Вот Алексей Никитич и достали маменьке приглашение на бал, на который государя ожидали. Марфа Андревна не скрыли от меня, что это им очень большое удовольствие доставило. Сделали они себе к этому балу наряд бесценный и для меня французу портному заказали синий фрак аглицкого сукна с золотыми пуговицами, панталоны, — сударыни, простите, — жилет, галстук — все белое; манишку с гофреями и пряжки на башмаки, сорок два рубля заплатили. Алексей Никитич для маменькина удовольствия так упросили, чтоб и меня можно было туда взять. Приказано было метрдотелю, чтобы ввесть меня в оранжерею при доме и напротив самого зала, куда государь войдёт, в углу где-нибудь между цветами поставить. Так это, милостивые государи, все и исполнилось, но не совсем. Поставил меня, знаете, метрдотель в угол у большого такого дерева, китайская пальма называется, и сказал, чтоб я держался и. смотрел, что отсюда увижу. А что оттуда увидать можно? ничего. Вот я, знаете, как Закхей Мытарь[147], цап-царап, да и взлез на этакую маленькую искусственную скалу, взлез и стою под пальмой. В зале шум, блеск, музыка; а я хоть и на скале под пальмой стою, а все ничего не вижу, кроме как одни макушки да тупеи. Только вдруг все эти головы засуетились, раздвинулись, и государь с князем Голицыным[148] прямо и входит от жара в оранжерею. И ещё то, представьте, идёт не только что в оранжерею, а даже в самый тот дальний угол прохладный, куда меня спрятали. Я так, сударыни, и засох. На скале-то засох и не слезу.

---

[146] …ждали императора после всесветной его победы над Наполеоном… — Александр I вернулся в Россию в 1817 году.

[147] …я, знаете, как Закхей Мытарь… — Согласно Евангелию от Луки (XIX, 1 — 10), мытарь (т. е. сборщик податей) Закхей, житель Иерихона, желая увидеть Христа, подходившего к Иерихону, влез на смоковницу. Закхей был маленького роста и не мог увидеть Христа, окружённого толпой. Христос заметил его, заговорил с ним, посетил его дом, не погнушавшись ремеслом Закхея (мытари собирали подати в пользу завоевавших Палестину римлян). Потрясённый Закхей обещал вчетверо воздать всем, кого обидел.

[148] Князь Голицын, Александр Николаевич (1773-1844) — с 1803 года — обер-прокурор св. синода, в 1817-1824 годах — министр народного просвещения.

— Страшно? — спросил Туберозов.

— Как вам доложить? не страшно, но как будто волненье.

— А я бы убег, — сказал, не вытерпев, дьякон.

— Чего же, сударь, бежать? Не могу сказать, чтобы совсем ни капли не испугался, но не бегал. А его величество тем часом все подходят, подходят; уже я слышу даже, как сапожки на них рип-рип-рип; вижу уж и лик у них этакий тихий, взрак ласковый, да уж, знаете, на отчаянность уж и думаю и не думаю, зачем я пред ними на самом на виду являюсь? Только государь вдруг этак головку повернули и, вижу, изволили вскинуть на меня свои очи и на мне их и остановили.

— Ну! — крикнул, бледнея, дьякон.

— Я взял да им поклонился.

Дьякон вздохнул и, сжав руку карлика, прошептал:

— Сказывай же, сделай милость, скорее, не останавливайся!

— Они посмотрели на меня и изволят князю Голицыну говорить по-французски: «Ах, какой миниатюрный экземпляр! чей, любопытствуют, это такой?» Князь Голицын, вижу, в затруднительности ответить; а я, как французскую речь могу понимать, сам и отвечаю: «Госпожи Плодомасовой, ваше императорское величество». Государь обратился ко мне и изволят меня спрашивать: «Какой вы нации?» — «Верноподданный, говорю, вашего императорского величества». — «И русский уроженец?» — изволят спрашивать, а я опять отвечаю: «Из крестьян, говорю, верноподданный вашего императорского величества». Император и рассмеялись. «Bravo, — изволили пошутить, — bravo, mon petit sujet fidele[149]», — и ручкой этак меня за голову к себе и пожали.

Николай Афанасьевич понизил голос и сквозь тихую улыбку, как будто величайшую политическую тайну, шёпотом добавил:

— Ручкой-то своею, знаете, взяли обняли, а здесь… неприметно для них пуговичкой обшлага нос-то мне совсем чувствительно больно придавили.

— А ты же ведь ничего… не закричал? — спросил дьякон.

— Нет-с, что вы, батушка, что вы? Как же можно от ласк государя кричать? Я-с, — заключил Николай Афанасьевич, — только как они выпустили меня, я поцеловал их ручку… что счастлив и удостоен чести, и только и всего моего разговора с их величеством было. А после, разумеется, как сняли меня из-под пальмы и повезли в карете домой, так вот тут уж я все плакал.

— Отчего же после-то плакать? — спросил Ахилла.

— Да как же отчего? Мало ли отчего-с? От умиления чувств плачешь.

— Маленький, а как чувствует! — воскликнул в восторге Ахилла.

---

[149] Браво, браво, мой маленький верноподданный (франц.)

— Ну-с, позвольте! — начал снова рассказчик. — Теперь только что это случайное внимание императора по Москве в некоторых домах разгласилось, покойница Марфа Андревна начали всюду возить меня и показывать, и я, истину вам докладываю, не лгу, я был тогда самый маленький карлик во всей Москве. Но недолго это было-с, всего одну зиму…

Но в это время дьякон ни с того ни с сего вдруг оглушительно фыркнул и, свесив голову за спинку стула, тихо захохотал.

Заметя, что его смех остановил рассказ, он приподнялся и сказал:

— Нет, это ничего!.. Рассказывай, сделай милость, Николавра, это я по своему делу смеюсь. Как со мною однажды граф Кленыхин говорил.

— Нет-с, уж вы, сударь, лучше выскажитесь, а то опять перебьёте, — ответил карлик.

— Да ничего, ничего, это самое простое дело, — возражал Ахилла. — Граф Кленыхин у нас семинарский корпус смотрел, я ему поклонился, а он говорит: «Пошёл прочь, дурак!» Вот и весь наш разговор, чему я рассмеялся.

— И точно-с, смешно, — сказал Николай Афанасьевич и, улыбнувшись, стал продолжать.

— На другую зиму, — заговорил он, — Вихиорова генеральша привезла из-за Петербурга чухоночку Метту, карлицу ещё меньше меня на палец. Покойница Марфа Андревна слышать об этом не могла. Сначала все изволили говорить, что это карлица не натуральная, а свинцом будто опоённая, но как приехали и изволили сами Метту Ивановну увидать, и рассердились, что она этакая беленькая и совершенная. Во сне стали видеть, как бы нам Метту Ивановну себе купить. А Вихиорша та слышать не хочет, чтобы продать. Вот тут Марфа Андревна и объясняют, что «мой Николай, говорят, умный и государю отвечать умел, а твоя, говорят, девчушка — что ж, только на вид хороша». Так меж собой обе госпожи за нас и спорят. Марфа Андревна говорят той: продай, а эта им говорит, чтобы меня продать. Марфа Андревна вскипят вдруг: «Я ведь, — изволят говорить, — не для игрушки у тебя её торгую: я её в невесты на вывод покупаю, чтобы Николая на ней женить». А госпожа Вихиорова говорят: «Что ж, я его и у себя женю». Марфа Андревна говорят: «Я тебе от них детей дам, если будут», и та тоже говорит, что и они пожалуют детей, если дети будут. Марфа Андревна рассердятся и велят мне прощаться с Меттой Ивановной. А потом опять, как Марфа Андревна не выдержат, заедем и, как только они войдут, сейчас и объявляют: «Ну слушай же, матушка генеральша, я тебе, чтобы попусту не говорить, тысячу рублей за твою уродицу дам», а та, как назло, не порочит меня, а две за меня Марфе Андревне предлагает. Пойдут друг другу набавлять и набавляют, и опять рассердится Марфа Андревна, вскрикнет: «Я, матушка, своими людьми не торгую», а госпожа Вихиорова тоже отвечают, что и они не торгуют, так и опять велят нам с Меттой Ивановной прощаться. До десяти тысяч рублей, милостивые государи, доторговались за нас, а все дело не подвигалось, потому что моя госпожа за ту даёт десять тысяч, а та за меня одиннадцать. До самой весны, государи мои, так тянулось, и доложу вам, хотя госпожа Марфа Андревна была духа великого и несокрушимого, и с Пугачёвым спорила, и с тремя государями танцевала, но госпожа Вихиорова ужасно Марфы Андревны весь характер переломили. Скучают! страшно скучают! И на меня все начинают гневаться! «Это вот все ты, — изволят говорить, — сякой-такой пентюх, что девку даже ни в какое воображение ввести не можешь, чтоб она сама за тебя просилась». — «Матушка, говорю, Марфа Андревна, чем же, говорю, питательница, я могу её в воображение вводить? Ручку, говорю, матушка, мне, дураку, пожалуйте». А они ещё больше гневаются. «Глупый, говорят, глупый! только и знает про ручки». А я уж все молчу.

— Маленький! маленький! Он, бедный, этого ничего не может! — участливо объяснял кому-то по соседству дьякон.

Карлик оглянулся на него и продолжал:

— Ну-с, так дальше — больше, дошло до весны, пора нам стало и домой в Плодомасово из Москвы собираться. Марфа Андревна опять приказали мне одеваться, и чтоб оделся в гишпанское платье. Поехали к Вихиорше и опять не сторговались. Марфа Андревна говорят ей: «Ну, хоть позволь же ты своей каракатице, пусть они хоть походят с Николашей вместе пред домом!» Генеральша на это согласилась, и мы с Меттой Ивановной по тротуару против окон и гуляли. Марфа Андревна, покойница, и этому радовались и всяких костюмов нам обоим нашли. Приедем, бывало, они и приказывают: «Наденьте нынче, Николаша с Меттой, пейзанские костюмы!» Вот мы оба и являемся в деревянных башмаках, я в камзоле и в шляпе, а Метта Ивановна в высоком чепчике, и ходим так пред домом, и народ на нас стоит смотрит. Другой раз велят одеться туркой с турчанкой, мы тоже опять ходим; или матросом с матроской, мы и этак ходим. А то были у нас тоже медвежьи платьица, те из коричневой фланели, вроде чехлов сшиты. Всунут нас, бывало, в них, будто руку в перчатку или ногу в чулок, ничего, кроме глаз, и не видно, а на макушечках такие суконные завязочки ушками поделаны, трепятся. Но в этих платьицах нас на улицу не посылали, а велят, бывало, одеться, когда обе госпожи за столом кофе кушают, и чтобы во время их кофею на ковре против их стола бороться. Метта Ивановна пресильная была, даром что женщина, но я, бывало, если им дам хорошенько подножку, так она все-таки сейчас и слетят, но только я, впрочем, всегда Метте Ивановне больше поддавался, потому что мне их жаль было по их женскому полу, да и генеральша сейчас, бывало, в их защиту собачку болонку кличут, а та

125

меня за голеняшки, а Марфа Андревна сердятся... Ну их совсем и с одолением! А то тоже покойница заказали нам самый лучший костюм, он у меня и теперь цел: меня одели французским гренадером, а Метту Ивановну маркизой. У меня этакий кивер медвежий, меховой, высокий, мундир длинный, ружье со штыком и тесак, а Метте Ивановне роб и опахало большое. Я, бывало, стану в дверях с ружьем, а Метта Ивановна с опахалом проходят, и я им честь отдаю, и потом Марфа Андревна с генеральшей опять за нас торгуются, чтобы нас женить. Но только надо вам доложить, что все эти наряды и костюмы для нас с Меттой Ивановной все моя госпожа на свой счет делали, потому что они уж наверное надеялись, что мы Метту Ивановну купим, и даже так, что чем больше они на нас двоих этих костюмов надевали, тем больше уверялись, что мы оба ихние; а дело-то совсем было не туда. Госпожа генеральша Вихиорова, Каролина Карловна, как были из немок, то они ничему этому, что в их пользу, не препятствовали и принимали, а уступать ничего не хотели. Пред самою весной Марфа Андревна ей вдруг решительно говорят: «Однако что же это такое мы с тобою, матушка, делаем, ни Мишу, ни Гришу? Надо же, говорят, это на чем-нибудь кончить», да на том было и кончили, что чуть-чуть их самих на Ваганьково кладбище не отнесли. Зачахли покойница, желчью покрылись, на всех стали сердиться и вот минуты одной, какова есть минута, не хотят ждать: вынь да положь им Метту Ивановну, чтобы сейчас меня на ней женить! У кого в доме Светлое Христово Воскресенье, а у нас тревога, а к Красной Горке[150] ждем последний ответ и не знаем, как ей и передать его. Тут-то Алексей Никитич, дай им бог здоровья, уж и им это дело насолило, видят, что беда ожидает неминучая, вдруг надумались или с кем там в полку из умных офицеров посоветовались, и доложили маменьке, что будто бы Вихиоршина карлица пропала. Марфе Андревне все, знаете, от этого легче стало, что уж ни у кого ее нет, и начали они беспрестанно об этом говорить. «Как же так, расспрашивают, она пропала?» Алексей Никитич отвечают, что жид украл. «Как? какой жид?» — все расспрашивают. Сочиняем им что попало, так, мол, жид этакой каштановатый, с бородой, все видели, взял да понес. «А что же, — изволят спрашивать, — зачем же его не остановили?» Так, мол, он из улицы в улицу, из переулка в переулок, так и унес. «Да и она-то, рассуждают, дура какая, что ее несут, а она даже не кричит. Мой Николай ни за что бы, говорят, не дался». — «Как можно, говорю, сударыня, жиду сдаться!» Всему уж они как ребенок стали верить. Но тут Алексей Никитич вдруг ненароком маленькую ошибку дал или, пожалуй сказать, перехитрил: намерение их такое было,

---

[150] Красная Горка — народное название первого воскресенья после Пасхи, в этот день обычно совершались бракосочетания.

126

разумеется, чтобы скорее Марфу Андревну со мною в деревню отправить, чтоб это тут забылось, они и сказали маменьке: «Вы, — изволят говорить, — маменька, не беспокойтесь: её, эту карлушку, найдут, потому что её ищут, и как найдут, я вам сейчас и отпишу в деревню», — а покойница-то за это слово и ухватились: «Нет уж, говорят, если ищут, так я лучше подожду, я, главное, теперь этого жида-то хочу посмотреть, который её унёс!» Тут, судари мои, мы уж и одного квартального вместе с собою лгать подрядили: тот всякий день приходит и врёт, что «ищут, мол, её, да не находят». Она ему всякий день синенькую[151], а меня всякий день к ранней обедне посылает в церковь Иоанну Воинственнику молебен о сбежавшей рабе служить…

— Иоанну Воинственнику? Иоанну Воинственнику, говоришь ты, молебен-то ходил служить? — перебил дьякон.

— Да-с, Иоанну Воинственнику.

— Ну так, брат, поздравляю тебя, совсем не тому святому служил.

— Дьякон! да сделай ты милость, сядь, — решил отец Савелий, — а ты, Николай, продолжай.

— Да что, батюшка, больше продолжать, когда вся уж почти моя сказка и рассказана. Едем мы один раз с Марфой Андревной от Иверской Божией Матери, а генеральша Вихиорова и хлоп на самой Петровке нам навстречу в коляске, и Метта Ивановна с ними. Тут Марфа Андревна все поняли и… поверите ли, государи мои, или нет, тихо, но горько в карете заплакали.

Карлик замолчал.

— Ну, Никола, — подогнал его протопоп Савелий.

— Ну-с, а тут уж что же: как приехали мы домой, они и говорят Алексею Никитичу, «А ты, сынок, говорят, выходишь дурак, что смел свою мать обманывать, да ещё квартального приводил», — и с этим велели укладываться и уехали.

ГЛАВА 5

Николай Афанасьевич обернулся на стульце ко всем слушателям и добавил:

— Я ведь вам докладывал, что история самая простая и нисколько не занимательная. А мы, сестрица, — добавил он, вставая, — засим и поедемте!

Марья Афанасьевна стала собираться; но дьякон опять выступил со спором, что Николай Афанасьевич не тому святому молебен служил.

---

[151] Синенькая — пятирублевка.

— Это, сударь мой, отец дьякон, не моё дело знать, — оправдывался, отыскивая свой пуховой картуз, Николай Афанасьевич.

— Нет, как же не твоё! Непременно твоё: ты должен знать, кому молишься.

— Позвольте-с, позвольте, я в первый раз как пришёл по этому делу в церковь, подал записочку о бежавшей рабе и полтинник, священник и стали служить Иоанну Воинственнику, так оно после и шло.

— Ой! если так, значит плох священник…

— Чем? чем? чем? Чем так священник плох? — вмешался неожиданно отец Бенефактов.

— Тем, отец Захария, плох, что дела своего не знает, — отвечал Бенефактову с отменною развязностию Ахилла. — О бежавшем рабе нешто Иоанну Воинственнику петь подобает?

— Да, да; а кому же, по-твоему? кому же? кому же?

— Кому? Забыли, что ли, вы? У ктиторова места лист в прежнее время был наклеен. Теперь его сняли, а я все помню, кому в нем за что молебен петь положено.

— Да.

— Ну и только! Федору Тирону, если вам угодно слышать, вот кому.

— Ложно осуждаешь: Иоанну Воинственнику они правильно служили.

— Не конфузьте себя, отец Захария. Я тебе говорю, служили правильно.

— А я вам говорю, понапрасну себя не конфузьте.

— Да что ты тут со мной споришь.

— Нет, это что вы со мной спорите! Я вас ведь, если захочу, сейчас могу оконфузить.

— Ну, оконфузь.

— Ей-богу, душечка, оконфужу!

— Ну, оконфузь, оконфузь!

— Ей-богу ведь оконфужу, не просите лучше, потому что я эту таблицу наизусть знаю.

— Да ты не разговаривай, а оконфузь, оконфузь, — смеясь и радуясь, частил Захария Бенефактов, глядя то на дьякона, то на чинно хранящего молчание отца Туберозова.

— Оконфузить? извольте, — решил Ахилла и, сейчас же закинув далеко на локоть широкий рукав рясы, загнул правою рукой большой палец левой руки, как будто собирался его отломить, и начал: — Вот первое: об исцелении от отрясовичной болезни — преподобному Марою.

— Преподобному Марою, — повторил за ним, соглашаясь, отец Бенефактов.

— От огрызной болезни — великомученику Артемию, — вычитывал Ахилла, заломив тем же способом второй палец

— Артемию, — повторил Бенефактов.

— О разрешении неплодства — Роману Чудотворцу; если возненавидит муж жену свою — мученикам Гурию, Самону и Авиву; об отогнании бесов — преподобному Нифонту; об избавлении от блудныя страсти — преподобной Фомаиде…

— И преподобному Моисею Угрину, — тихо подставил до сих пор только в такт покачивавшей своею головкой Бенефактов.

Дьякон, уже загнувший все пять пальцев левой руки, секунду подумал, глядя в глаза отцу Захарии, и затем, разжав левую руку, с тем чтобы загибать ею правую, произнёс:

— Да, тоже можно и Моисею Угрину.

— Ну, теперь продолжай.

— От винного запойства — мученику Вонифатию…

— И Моисею Мурину.

— Что-с?

— Вонифатию и Моисею Мурину, — повторил отец Захария.

— Точно, — повторил дьякон.

— Продолжай.

— О сохранении от злого очарования — священномумученику Киприяну…

— И святой Устинии.

— Да позвольте же, наконец, отец Захария, с этими подсказами!

— Да нечего позволять! Русским словом ясно напечатано: и святой Устинии.

— Ну, хорошо! ну, и святой Устинии, а об обретении украденных вещей и бежавших рабов (дьякон начал с этого места подчёркивать свои слова) — Феодору Тирону, его же память празднуем семнадцатого февраля.

Но только что Ахилла протрубил своё последнее слово, как Захария тою же тихою и бесстрастною речью продолжал чтение таблички словами:

— И Иоанну Воинственнику, его же память празднуем десятого июля.

Ахилла похлопал глазами и проговорил:

— Точно; теперь вспомнил, есть и Иоанну Воинственнику.

— Так о чём же это вы, сударь отец дьякон, изволили целый час спорить? — спросил, протягивая на прощанье свою ручку Ахилле, Николай Афанасьевич.

— Ну вот поди же ты со мною! Дубликаты позабыл, вот из-за чего и спорил, — отвечал дьякон.

— Это, сударь, называется: шапка на голове, а я шапку ищу. Моё глубочайшее почтение, отец дьякон.

— «Шапку ищу»… Ах ты, маленький! — произнёс, осклабляясь,

Ахилла и, подхватив Николая Афанасьевича с полу, посадил его себе на ладонь и воскликнул: — как пушиночка лёгенький!

— Перестань, — велел отец Туберозов.

Дьякон опустил карлика и, поставив его на землю, шутливо заметил, что, по лёгкости Николая Афанасьевича, его никак бы нельзя на вес продавать; но протопопу уже немножко досадила суетливость Ахиллы, и он ему отвечал:

— А ты знаешь ли, кого ценят по весу?

— А кого-с?

— Повесу.

— Покорно вас благодарю-с.

— Не взыщи, пожалуйста.

Дьякон смутился и, обведя носовым бумажным платком по ворсу своей шляпы, проговорил:

— А вы уж нигде не можете обойтись без политики, — и с этим, слегка надувшись, вышел за двери.

Вскоре раскланялись и разошлись в разные стороны и все другие гости.

Николая Афанасьевича с сестрой быстро унесли окованные бронзой троечные дрожки, а Туберозов тихо шёл за реку вдвоём с тем самым Дарьяновым, с которым мы его видели в домике просвирни Препотенской.

Перейдя вместе мост, они на минуту остановились, и протопоп, как бы что-то вспомнив, сказал:

— Не удивительно ли, что эта старая сказка, которую рассказал сейчас карлик и которую я так много раз слышал, ничтожная сказочка про эти вязальные старухины спицы, не только меня освежила, но и успокоила от того раздражения, в которое меня ввергла намеднишняя новая действительность? Не явный ли знак в этом тот, что я уже остарел и назад меня клонит? Но нет, и не то; таков был я сыздетства, и вот в эту самую минуту мне вспомнился вот какой случай: приехал я раз уже студентом в село, где жил мои детские годы, и застал там, что деревянную церковку сносят и выводят стройный каменный храм... и я разрыдался!

— О чем же?

— Представьте: стало мне жаль деревянной церковки. Чуден и светел новый храм возведут на Руси и будет в нем и светло и тепло молящимся внукам, но больно глядеть, как старые бревна без жалости рубят!

— Да что и хранить-то из тех времён, когда только в спички стучали да карликов для своей потехи женили.

— Да; вот заметьте себе, много, много в этом скудости, а мне от этого пахнуло русским духом. Я вспомнил эту старуху, и стало таково и бодро и приятно, и это бережи моей отрадная награда. Живите, государи мои, люди русские в ладу со своею старою сказкой. Чудная вещь старая сказка!

Горе тому, у кого её не будет под старость! Для вас вот эти прутики старушек ударяют монотонно; но для меня с них каплет сладких сказаний источник!.. О, как бы я желал умереть в мире с моею старою сказкой.

— Да это, конечно, так и будет.

— Представьте, а я опасаюсь, что нет.

— Напрасно. Кто же вам может помешать?

— Как можно знать, как можно знать, кто это будет? Но, однако, позвольте, что же это я вижу? — заключил протоиерей, вглядываясь в показавшееся на горе облако пыли.

Это облако сопровождало дорожный троечный тарантас, а в этом тарантасе сидели два человека: один — высокий, мясистый, чёрный, с огненными глазами и несоразмерной величины верхнею губой; другой — сюбтильный, выбритый, с лицом совершенно бесстрастным и светлыми водянистыми глазками.

Экипаж с этими пассажирами быстро проскакал по мосту и, переехав реку, повернул берегом влево.

— Какие неприятные лица! — сказал, отвернувшись, протопоп.

— А вы знаете ли, кто это такие?

— Нет, слава богу, не знаю.

— Ну так я вас огорчу. Это и есть ожидаемый у нас чиновник князь Борноволоков; я узнаю его, хоть и давно не видал. Так и есть; вон они и остановились у ворот Бизюкина.

— Скажите ж на милость, который же из них сам Борноволоков?

— Борноволоков тот, что слева, маленький.

— А тот другой что за персона?

— А эта персона, должно быть, просто его письмоводитель. Он тоже знаменит кой-чем.

— Юрист большой?

— Гм! Ну, этого я не слыхал о нем, а он по какой-то студенческой истории в крепости сидел.

— Батюшки мои! А как имя мужу сему?

— Измаил Термосесов.

— Термосесов?

— Да, Термосесов; Измаил Петров Термосесов.

— Господи, каких у нашего царя людей нет!

— А что такое?

— Да как же, помилуйте: и губастый, и страшный, и в крепости сидел, и на свободу вышел, и фамилия ему Термосесов.

— Не правда ли, ужасно! — воскликнул, расхохотавшись, Дарьянов.

— А что вы думаете, оно, пожалуй, и вправду ужасно! — отвечал Туберозов. — Имя человеческое не пустой совсем звук: певец «Одиссеи» недаром сказал, что «в минуту рождения каждый имя своё себе в сладостный дар получает». Но до свидания пока. Вечером встретимся?

— Непременно.

— Так вот и прекрасно: там нам будет время добеседовать и об именах и об именосцах.

С этим протопоп пожал руку своего компаньона, и они расстались.

Туберозов пришёл вечером первый в дом исправника, и так рано, что хозяин ещё наслаждался послеобеденным сном, а именинница обтирала губкой свои камелии и олеандры, окружавшие угольный диван в маленькой гостиной.

Хозяйка и протопоп встретились очень радушно и с простотой, свидетельствовавшей о их дружестве.

— Рано придрал я? — спросил протопоп.

— И очень даже рано, — отвечала, смеясь, хозяйка.

— Подите ж! Жена была права, что останавливала, да что-то не сидится дома; охота гостевать пришла. Давайте-ка я стану помогать вам мыть цветы.

И старик вслед за словом снял рясу, засучил рукава подрясника и, вооружась мокрою тряпочкой, принялся за работу.

В этих занятиях и незначащих перемолвках с хозяйкой о состоянии её цветов прошло не более полчаса, как под окнами дома послышался топот подкатившей четверни. Туберозов вздрогнул и, взглянув в окно, произнёс в себе: «Ага! нет, хорошо, что я поторопился!» Затем он громко воскликнул: «Пармен Семеныч? Ты ли это, друг?» И бросился навстречу выходившему из экипажа предводителю Туганову.

ГЛАВА 6

Теперь волей-неволей, повинуясь неодолимым обстоятельствам, встречаемым на пути нашей хроники, мы должны оставить на время и старогородского протопопа и предводителя и познакомиться совершенно с другим кружком того же города. Мы должны вступить в дом акцизного чиновника Бизюкина, куда сегодня прибыли давно жданные в город петербургские гости: старый университетский товарищ акцизника князь Борноволоков, ныне довольно видный петербургский чиновник, разъезжающий с целью что-то ревизовать и что-то вводить, и его секретарь Термосесов, также некогда знакомец и одномышленник Бизюкина. Мы входим сюда именно в тот предобеденный час, когда пред этим домом остановилась почтовая тройка, доставившая в Старогород столичных гостей.

Самого акцизника в это время не было дома, и хозяйственный элемент представляла одна акцизница, молодая дама, о которой мы кое-что знаем из слов дьякона Ахиллы, старой просвирни да учителя Препотенского. Интересная дама эта одна ожидала дорогих гостей, из коих Термосесов её необыкновенно занимал, так как он был ей известен за весьма влиятельного политического деятеля. О великом характере и о значении этой особы она много слыхала от своего мужа и потому, будучи сама политическою женщиной, ждала этого гостя не без душевного трепета. Желая показаться ему с самой лучшей и выгоднейшей для своей репутации стороны, Бизюкина ещё с утра была озабочена тем, как бы ей привести дом в такое состояние, чтобы даже внешний вид её жилища с первого же взгляда производил на приезжих целесообразное впечатление. Акцизница ещё спозаранка обошла несколько раз все свои комнаты и нашла, что все никуда не годится. Остановясь посреди опрятной и хорошо меблированной гостиной, она в отчаянии воскликнула: «Нет, это черт знает что такое! Это совершенно так, как и у Порохонцевых, и у Дарьяновых, и у почтмейстера, словом, как у всех, даже, пожалуй, гораздо лучше! Вот, например, у Порохонцевых нет часов на камине, да и камина вовсе нет; но камин, положим, ещё ничего, этого гигиена требует; а зачем эти бра, зачем эти куклы, наконец зачем эти часы, когда в зале часы есть?.. А в зале? Господи! Там фортепьяно, там ноты... Нет, это решительно невозможно так, и я не хочу, чтобы новые люди обошлись со мной как-нибудь за эти мелочи. Я не хочу, чтобы мне Термосесов мог написать что-нибудь вроде того, что в умном романе „Живая душа“ умная Маша написала своему жениху[152], который жил в хорошем доме и пил чай из серебряного самовара. Эта умная девушка прямо написала ему, что, мол, «после того, что я у вас видела, между нами все кончено». Нет, я этого не хочу. Я знаю, как надо принять деятелей! Одно досадно: не знаю, как именно у них все в Петербурге?.. Верно, у них там все это как-нибудь скверно, то есть я хотела сказать прекрасно... тфу, то есть скверно... Черт знает что такое. Да! Но куда же, однако, мне все это деть? Неужели же все выбросить? Но это жаль, испортится; а это все денег стоит, да и что пользы выбросить вещи, когда кругом, на что ни взглянешь... вон в спальне кружевные занавески... положим, что это в спальне, куда гости не заглянут... ну, а если заглянут!.. Ужасная гадость. Притом же дети так хорошо одеты!.. Ну да их не покажут; пусть там и сидят, где сидят; но все-

---

[152] ...что в умном романе «Живая душа» умная Маша написала своему жениху... — Героиня этого романа, принадлежащего Марко Вовчок (псевдоним писательницы М. А. Виленской-Маркович), отказывает жениху, считая, что его богатство не согласуется с её намерением посвятить жизнь делу служения народу. Эпизода, приводимого далее в «Соборянах», в названном романе нет.

133

таки... все выбрасывать жаль! Нет, лучше уж одну мужнину комнату отделать.

И с этим молодая чиновница позвала людей и велела им тотчас же перенести все излишнее, по её мнению, убранство мужнина кабинета в кладовую.

Кабинет акцизника, и без того обделённый убранством в пользу комнат госпожи и повелительницы дома, теперь совсем был ободран и представлял зрелище весьма печальное. В нем оставались стол, стул, два дивана и больше ничего.

«Вот и отлично, — подумала Бизюкина. — По крайней мере есть хоть одна комната, где все совершенно как следует». Затем она сделала на письменном столе два пятна чернилами, опрокинула ногой в углу плевальницу и рассыпала по полу песок... Но, боже мой! возвратясь в зал, акцизница заметила, что она было чуть-чуть не просмотрела самую ужасную вещь: на стене висел образ!

— Ермошка! Ермошка! скорей тащи долой этот образ и неси его... я его спрячу в комод.

Образ был спрятан.

— Как это глупо, — рассуждала она, — что жених, ожидая живую душу, побил свои статуи и порвал занавески? Эй, Ермошка, подавай мне сюда занавески! Скорей свёртывай их. Вот так! Теперь сам смотри же, чертёнок, одевайся получше!

— Получше-с?

— Ну да, конечно, получше. Что там у тебя есть?

— Бешмет-с.

— Бешмет, дурак, «бешмет-с»! Жилетку, манишку и новый кафтан, все надень, чтобы все было как должно, — да этак не изволь мне отвечать по-лакейски: «чего-с изволите-с» да «я вам докладывал-с», а просто говори: «что, мол, вам нужно?» или: «я, мол, вам говорил». Понимаешь?

— Понимаю-с.

— Не «понимаю-с», глупый мальчишка, а просто «понимаю», ю, ю, ю; просто понимаю!

— Понимаю.

— Ну вот и прекрасно. Ступай одевайся, у нас будут гости. Понимаешь?

— Понимаю-с.

— Понимаю, дурак, понимаю, а не «понимаю-с».

— Понимаю.

— Ну и пошёл вон, если понимаешь.

Озабоченная хозяйка вступила в свой будуар, открыла большой ореховый шкаф с нарядами и, пересмотрев весь свой гардероб, выбрала, что там нашлось худшего, позвала свою горничную и велела себя одевать.

— Марфа! ты очень не любишь господ?

— Отчего же-с?

— Ну, «отчего же-с?» Так, просто ни отчего. За что тебе любить их?

Девушка была в затруднении.

— Что они тебе хорошего сделали?

— Хорошего ничего-с.

— Ну и ничего-с, и дура, и значит, что ты их не любишь, а вперёд, я тебя покорно прошу, ты не смей мне этак говорить: «отчего же-с», «ничего-с», а говори просто «отчего» и «ничего». Понимаешь?

— Понимаю-с.

— Вот и эта: «понимаю-с». Говори просто «понимаю».

— Да зачем так, сударыня?

— Затем, что я так хочу.

— Слушаго-с.

— «Слушаю-с». Я сейчас только сказала: говори просто «слушаю и понимаю».

— Слушаю и понимаю; но только мне этак, сударыня, трудно.

— Трудно? Зато после будет легко. Все так будут говорить. Слышишь?

— Слышу-с.

— «Слышу-с»... Дура. Иди вон! Я тебя прогоню, если ты мне ещё раз так ответишь. Просто «слышу», и ничего больше. Господ скоро вовсе никаких не будет; понимаешь ты это? не будет их вовсе! Их всех скоро... топорами порежут. Поняла?

— Поняла, — ответила девушка, не зная, как отвязаться.

— Иди вон и пошли Ермошку.

«Теперь необходимо ещё одно, чтоб у меня здесь была школа». И Бизюкина, вручив Ермошке десять медных пятаков, велела заманить к ней с улицы, сколько он может, мальчишек, сказав каждому из них, что они у неё получат ещё по другому пятаку.

Ермошка вернулся минут через десять в сопровождении целой гурьбы оборванцев — уличных ребятишек.

Бизюкина оделила их пятаками и, посадив их в мужнином кабинете, сказала:

— Я вас буду учить и дам вам за это по пятачку. Хорошо?

Ребятишки подёрнули носами и прошипели:

— Ну дак что ж.

— А мы в книжку не умеем читать, — отозвался мальчик посмышленее прочих.

— Песню учить будете, а не книжку.

— Ну, песню, так ладно.

— Ермошка, иди и ты садись рядом. Ермошка сел и застенчиво закрыл рот рукой.

— Ну, теперь валяйте за мною!

Как идёт млад кузнец[153] да из кузницы.

Дети кое-как через пятое в десятое повторили.

— «Слава!» — воскликнула Бизюкина.

— «Слава!» — повторили дети.

Под полой три ножа да три острых несёт. Слава!

Тут Ермошка приподнял вверх голову и, взглянув в окно, вскрикнул:

— Сударыня, гости!

Бизюкина бросила из рук линейку, которою размахивала, уча детей песне, и быстро рванулась в залу.

Ермошка опередил её и выскочил сначала в переднюю, а оттуда на крыльцо и кинулся высаживать Борноволокова и Термосесова. Молодая политическая дама была чрезмерно довольна собою, гости застали её, как говорится, во всем туалете.

ГЛАВА 7

Князь Борноволоков и Термосесов, при внимательном рассмотрении их, были гораздо занимательнее, чем показались они мельком Туберозову.

Сам ревизор был живое подобие уснувшего ерша: маленький, вихрястенький, широкоперый, с глазами, совсем затянутыми какою-то сонною влагой. Он казался ни к чему не годным и ни на что не способным; это был не человек, а именно сонный ёрш, который ходил по всем морям и озёрам и теперь, уснув, осклиз так, что в нем ничего не горит и не светится.

Термосесов же был нечто напоминающее кентавра. При огромном мужском росте у него было сложение здоровое, но чисто женское: в плечах он узок, в тазу непомерно широк; ляжки как лошадиные окорока, колени мясистые и круглые; руки сухие и жилистые; шея длинная, но не с кадыком, как у большинства рослых людей, а лошадиная — с зарезом; голова с гривой вразмёт на все стороны; лицом смугл, с длинным, будто армянским носом и с непомерною верхнею губой, которая тяжело садилась на нижнюю; глаза у Термосесова коричневого цвета, с резкими чёрными пятнами в зрачке; взгляд его пристален и смышлён.

Костюмы новоприбывших гостей тоже были довольно замечательны. На Борноволокове надето маленькое серенькое пальто вроде рейт-фрака и

---

[153] «Как идёт млад кузнец…» — неточно цитируемые строки из агитационной песни А. А. Бестужева-Марлинского и, вероятно, К. Ф. Рылеева «Как идёт кузнец да из кузницы».

шотландская шапочка с цветным околышем, а на Термосесове широкий темно-коричневый суконный сак, подпоясанный широким чёрным ремнём, и форменная фуражка с зелёным околышем и кокардой; Борноволоков в лайковых полусапожках, а Термосесов в так называемых суворовских сапогах

Вообще Термосесов и шире скроен, и крепче сшит, и по всему есть существо гораздо более фундаментальное, чем его начальник! Фундаментальность эта ещё более подкрепляется его отменною манерой держаться.

Ревизор Борноволоков, ступив на ноги из экипажа, прежде чем дойти до крыльца, сделал несколько шагов быстрых, но неровных, озираясь по сторонам и оглядываясь назад, как будто он созерцал город и даже любовался им, а Термосесов не верхоглядничал, не озирался и не корчил из себя первое лицо, а шёл тихо и спокойно у левого плеча Борноволокова. Лошадиная голова Термосесова была им слегка опущена на грудь, и он как будто почтительно прислушивался к тому, что думает в это время в своей голове его начальник. Бизюкина видела все это. Она наблюдала новоприезжих из-за оконной притолки и млела в недоумении: который же из этих двоих ревизор Борноволоков и который Термосесов? По её соображениям выходило, что князь Борноволоков непременно этот большой, потому что он в форменной фуражке и с кокардой, а тот вон, без формы, в рейт-фрачке и пёстренькой шапочке, — Термосесов, человек свободный, служащий по вольному найму. Хозяйку, кроме того, томил другой вопрос: как ей их встретить?.. Выйти навстречу?.. это похоже на церемонию. Ничего не делать, сидеть, пока войдут?.. натянуто. Книгу читать?.. Да, это самое естественное, читать книгу.

И она взяла первую попавшуюся ей в руки книгу и, взглянув поверх её в окно, заметила, что у Борноволокова, которого она считала Термосесовым, руки довольно грязны, между тем как её праздные руки белы как пена.

Бизюкина немедленно схватила горсть земли из стоявшего на окне цветного вазона, растёрла её в ладонях и, закинув колено на колено, села, полуоборотясь к окну, с книгой.

В эту самую минуту в сенях послышался весёлый, довольно ласковый бас, и вслед за тем двери с шумом отворились, и в переднюю вступили оба гостя: Термосесов впереди, а за ним князь Борноволоков.

ГЛАВА 8

Хозяйка сидела и не трогалась. Она в это время только вспомнила, как неуместен должен показаться гостям стоящий на окне цветок и, при всём своём замешательстве, соображала, как бы ловчее сбросить его за открытое окошко? Мысль эта так её занимала, что она даже не вслушалась в первый вопрос, с которым отнёсся к ней один из её новоприезжих гостей, что ей и придало вид особы, непритворно занятой чтением до самозабвения.

Термосесов посмотрел на неё через порог и должен был повторить свой вопрос.

— Вы кто здесь, может быть сама Бизюкина? — спросил он, спокойно всовываясь в залу.

— Я — Бизюкина, — отвечала, не поднимаясь с места, хозяйка.

Термосесов вошёл в зал и заговорил:

— Я Термосесов, Измаил Петров сын Термосесов, вашего мужа когда-то товарищ по воспитанию, но после из глупости размолвили; а это князь Афанасий Федосеич Борноволоков, чиновник из Петербурга и ревизор, пробирать здесь всех будем. Здравствуйте!

Термосесов протянул руку.

Бизюкина подала свою руку Термосесову, а другою, кладя на окно книгу, столкнула на улицу вазон.

— Что это; вы, кажется, цветок за окно уронили?

— Нет, нет; пустое... Это совсем не цветок, это трава от пореза, но уж она не годится.

— Да, разумеется, не годится: какой же шут теперь лечится от пореза травой. А впрочем, может быть ещё есть и такие ослы. А где же это ваш муж?

Бизюкина оглянулась на ревизора, который, ни слова не говоря, тихо сел на диванчик, и отвечала Термосесову, что мужа её нет дома.

— Нет! Ну, это ничего: свои люди — сочтёмся. Мы ведь с ним большие были приятели, да после из глупости немножко повздорили; но все-таки я вам откровенно скажу, ваш муж не по вас. Нет, не по вас, — тут и толковать нечего, что не по вас. Он фофан — и больше ничего, и это счастье его, что вы ему могли такое место доставить по акцизу; а вы молодчина и все уладили; и место мужу выхлопотали, и чудесно у вас тут! — добавил он, заглянув насколько мог по всем видным из залы комнатам и, заметив в освобождённом от всяких убранств кабинете кучу столпившихся у порога детей, добавил:

— А-а! да у вас тут есть и школка. Ну, эта комнатка зато и плохандрос: ну, да для школы ничего. Чему вы их, паршь-то эту, учите? — заключил он круто

Ненаходчивая Бизюкина совсем не знала, что ей отвечать. Но Термосесов сам выручил. Не дожидаясь её ответа, он подошёл к ребятишкам и, подняв одного из них за подбородок, заговорил:

— А что? Умеешь горох красть? Воруй, братец, и когда в Сибирь погонят, то да будет над тобой моё благословение. Отпустите их, Бизюкина! Идите, ребятишки, по дворам! Марш горох бузовать.

Дети один за другим тихо выступили и, перетянувшись гуськом через залу, шибко побежали по сеням, а потом по двору.

— Что все эти школы? канитель!

— Я и сама это нахожу, — осмелилась вставить хозяйка.

— Да, разумеется; субсидии ведь не получаете?

— Нет; какая ж субсидия?

— Отчего ж? другие из наших берут. А это, вероятно, ваш фруктик? — вопросил он, указав на вошедшего нарядного Ермошку, и, не ожидая ответа, заговорил к нему:

— Послушайте, милый фруктик: вели-ко, дружочек, прислуге подать нам умыться!

— Это вовсе не сын мой, — отозвалась сконфуженная хозяйка.

Но Термосесов её не слышал. Ухватясь за мысль, что видит пред собой хозяйского сына, он развивал её, к чему его готовить и как его вести.

— К службе его приспособляйте. Чтобы к литературе не приохочивался. Я вот и права не имею поступить на службу, но кое-как, хоть как-нибудь, бочком, ничком, а все-таки примкнул. Да-с; а я ведь прежде тоже сам нигилист был и даже на вашего мужа сердился, что он себе службу достал. Глупо! отчего нам не служить? на службе нашего брата любят, на службе деньги имеешь; на службе влияние у тебя есть — не то что там, в этой литературе. Там ещё дарования спрашивают, а тут дарования даже вредят, и их не любят. Эх, да-с, матушка, да-с! служить сынка учите, служить.

— Да... Но, однако, мастерские идут, — заметила Данка.

— Идут?.. Да, идут, — ответил с иронией Термосесов. — А им бы лучше потвёрже стоять, чем все идти. Нет, я замечаю, вы рутинистка. В России сила на службе, а не в мастерских — у Веры Павловны[154]. Это баловство, а на службе я настоящему делу служу; и сортирую людей: ты такой? — так тебя, а ты этакой? — тебя этак. Не наш ты? Я тебя приневолю, придушу, сокрушу, а казна мне за это плати. Хоть немного, а все тысячки три-четыре давай. Это уж теперь такой прификс[155]. Что вы на

---

[154] ...а не в мастерских — у Веры Павловны. — Речь идёт о мастерских, создававшихся демократами-шестидесятниками по примеру героини романа Н. Г. Чернышевского «Что делать?» Веры Павловны.

[155] Прификс (франц. prix fixe) — твёрдая цена.

139

меня так глазёнками-то уставились? или дико без привычки эту практику слышать?

Удивлённая хозяйка молчала, а гость продолжал:

— Вы вон школы заводите, что же? по-настоящему, как принято у глупых красных петухов, вас за это, пожалуй, надо хвалить, а как Термосесов практик, то он не станет этого делать. Термосесов говорит: бросьте школы, они вредны; народ, обучаясь грамоте, станет святые книги читать. Вы думаете, грамотность к разрушающим элементам относится? Нет-с. Она идёт к созидающим, а нам надо прежде все разрушить.

— Но ведь говорят же, что революция с нашим народом теперь невозможна, — осмелилась возразить хозяйка.

— Да, и на кой черт она нам теперь, революция, когда и так без революции дело идёт как нельзя лучше на нашу сторону… А вон ваш сынишка, видите, стоит и слушает. Зачем вы ему позволяете слушать, что большие говорят

— Это совсем не мой сын, — ответила акцизница.

— Как не сын ваш: а кто же он такой?

— Мальчишка, слуга.

— Мальчишка, слуга! А выфранчен лихо. Пошёл нам умыться готовь, чертёнок.

— Готово, — резко ответил намуштрованный Ермошка.

— А что же ты давно не сказал? Пошёл вон! Термосесов обернулся к неподвижному во все время разговора Борноволокову и, взяв очень ласковую ноту, проговорил:

— Позвольте ключ, я достану вам из сака ваше полотенце.

Но молчаливый князь свернулся и не дал ключа.

— Да полотенце вам, верно, подано, — отозвалась хозяйка.

— Есть, — крикнул из кабинета Ермошка.

— «Есть!» Ишь как орёт, каналья.

Термосесов довольно комично передразнил Ермошку и, добавив: «Вот самый чистокровный нигилист!», пошёл вслед за Борноволоковым в кабинет, где было приготовлено умыванье.

Первое представление кончилось, и хозяйка осталась одна, — одна, но с бездною новых чувств и глубочайших размышлений.

Бизюкина совсем не того ожидала от Термосесова и была поражена им. Ей было и сладко и страшно слушать его неожиданные и совершенно новые для неё речи. Она не могла ещё пока отдать себе отчёта в том, лучше это того, что ею ожидалось, или хуже, но ей во всяком случае было приятно, что во всем, что она слышала, было очень много чрезвычайно удобного и укладливого. Это ей нравилось.

— Вот что называется в самом деле быть умным! — рассуждала она, не своди изумлённого взгляда с двери, за которою скрылся Термосесов. — У всех строгости, заказы, а тут ничего: все позволяется, все можно, и между тем этот человек все-таки никого не боится. Вот с каким человеком легко жить; вот кому даже сладко покоряться.

Коварный незнакомец смертельно покорил сердце Данки. Вся прыть, которою она сызмлада отличалась пред своим отцом, мужем, Варнавкой и всем человеческим обществом, вдруг её предательски оставила. После беседы с Термосесовым Бизюкина почувствовала неодолимое влечение к рабству. Она его уже любила — любила, разумеется, рационально, любила за его несомненные превосходства. Бизюкиной все начало нравиться в её госте: что у него за голос? что в нем за сила? И вообще какой он мужчина!.. Какой он прелестный! Не селадон, как её муж; не мямля, как Препотенский; нет, он решительный, неуступчивый... настоящий мужчина... Он ни в чем не уступит... Он как... настоящий ураган... идёт... палит, жжёт...

Да; бедная Дарья Николаевна Бизюкина не только была влюблена, но она была неисцелимо уязвлена жесточайшею страстью: она на мгновение даже потеряла сознание и, закрыв веки, почувствовала, что по всему её телу разливается доселе неведомый, крепящий холод; во рту у корня языка потерпло, уста похолодели, в ушах отдаются учащённые удары пульса, и слышно, как в шее тяжело колышется сонная артерия.

Да! дело кончено! Где-то ты, где ты теперь, бедный акцизник, и не чешется ли у тебя лоб, как у молодого козлёнка, у которого пробиваются рога?

ГЛАВА 9

Влюблённая Бизюкина уже давно слышала сквозь затворенную дверь кабинета то тихое утиное плесканье, то ярые взбрызги и горловые фиоритуры; но все это уже кончилось, а Термосесов не является. Неужто он ещё не наговорился с этим своим бессловесным вихрястым князем, или он спит?.. Чего мудрёного: ведь он устал с дороги. Или он, может быть, читает?.. Что он читает? И на что ему читать, когда он сам умнее всех, кто пишет?.. Но во время этих впечатлений дверь отворилась, и на пороге предстал мальчик Ермошка с тазом, полным мыльною водой, и не затворил за собою двери, а через это Дарье Николаевне стало все видно. Вон далеко, в глубине комнаты маленькая фигурка вихрястого князька, который смотрел в окно, а вон тут же возле него, но несколько ближе, мясистый торс Термосесова. Ревизор и его письмоводитель оба были в дезабилье. Борноволоков был в панталонах и белой как кипень голландской рубашке, по которой через плечи лежали крест-накрест две алые ленты шёлковых подтяжек; его маленькая белокурая головка была приглажена, и он ещё тщательнее натирал её металлическою щёткой. Термосесов же стоял весь выпуклый, представляясь и всею своею физиономией и всею фигурой: ворот его рубахи был расстегнут, и далеко за локоть засученные рукава открывали мускулистые и обросшие волосами руки.

На этих руках Термосесов держал длинное русское полотенце с вышитыми на концах красными петухами и крепко тёр и трепал в нем свои взъерошенные мокрые волосы.

По энергичности, с которою приятнейший Измаил Петрович производил эту операцию, можно было без ошибки отгадать, что те весёлые, могучие и искренние фиоритуры, которые минуту тому назад неслись из комнаты сквозь затворенные двери, пускал непременно Термосесов, а Борноволоков только свиристел и плескался по-утиному. Но вот Ермошка вернулся, дверь захлопнулась, и сладостное видение скрылось.

Однако Термосесов в это короткое время уже успел окинуть поле своим орлиным оком и не упустил случая утешить Бизюкину своим появлением без вихрястого князя. Он появился в накинутом наопашь саке своём и, держа за ухо Ермошку, выпихнул его в переднюю, крикнув вслед ему:

— И глаз не смей показывать, пока не позову! Затем он запер вплотную дверь в кабинет, где оставался князь, и в том же наряде прямо подсел к акцизнице.

— Послушайте, Бизюкина, ведь этак, маточка, нельзя! — начал он, взяв её бесцеремонно за руку. — Посудите сами, как вы это вашего подлого мальчишку избаловали: я его назвал поросёнком за то, что он князю все рукава облил, а он отвечает: «Моя мать-с не свинья, а Аксинья». Это ведь, конечно, все вы виноваты, вы его так наэмансипировали? Да?

И Термосесов вдруг совершенно иным голосом и самою мягкою интонацией произнёс: «Ну, так да, что ли? да?» Это да было произнесено таким тоном, что у Бизюкиной захолонуло в сердце. Она поняла, что ответ требуется совсем не к тому вопросу, который высказан, а к тому, подразумеваемый смысл которого даже её испугал своим реализмом, и потому Бизюкина молчала. Но Термосесов наступал.

— Да? или нет? да или нет? — напирал он с оттенком резкого нетерпения.

Места долгому раздумью не было, и Бизюкина, тревожно вскинув на Термосесова глаза, начала было робко:

— Да я не зн…

Но Термосесов резко прервал её на полуслове.

142

— Да! — воскликнул он, — да! и довольно! И больше мне от тебя никаких слов не нужно. Давай свои ручонки: я с первого же взгляда на тебя узнал, что мы свои, и другого ответа от тебя не ожидал. Теперь не трать время, но докажи любовь поцелуем.

— Не хотите ли вы чаю? — пролепетала, как будто бы не слыхав этих слов, акцизница.

— Нет, этим меня не забавляй: я голова не чайная, а я голова отчаянная.

— Так, может быть, вина? — шептала, вырываясь, Дарья Николаевна.

— Вина? — повторил Термосесов, — ты — «слаще мирра и вина», — и он с этим привлёк к себе мадам Бизюкину и, прошептав: — Давай «сольёмся в поцелуй», — накрыл её алый ротик своими подошвенными губами.

— А скажи-ка мне теперь, зачем же это ты такая завзятая монархистка? — начал он непосредственно после поцелуя, держа пред своими глазами руку дамы.

— Я вовсе не монархистка! — торопливо отреклась Бизюкина.

— А по ком же ты этот траур носишь: по мексиканскому Максимилиану[156]? — И Термосесов, улыбаясь, указал ей на чёрные полосы за её ногтями и, отодвинув её от себя, сказал: —Ступай вымой руки!

Акцизница вспыхнула до ушей и готова была расплакаться. У неё всегда были безукоризненно чистые ногти, а она нарочно загрязнила их, чтобы только заслужить похвалу, но какие тут оправдания?.. Она бросилась в свою спальню, вымыла там свои руки и, выходя с улыбкой назад, объявила:

— Ну вот я и опять республиканка, у меня белые руки. Но гость погрозил ей пальцем и отвечал, что республиканство — это очень глупая штука.

— Что ещё за республика! — сказал он, — за это только горячо достаться может. А вот у меня есть с собою всего правительства фотографические карточки, не хочешь ли, я их тебе подарю, и мы их развесим на стенку?

— Да у меня они и у самой есть.

— А где же они у тебя? Верно, спрятаны? А? Клянусь самим сатаной, что я угадал: петербургских гостей ждала и, чтобы либерализмом пофорсить, взяла и спрятала? Глупо это, дочь моя, глупо! Ступай-ка тащи их скорее сюда, я их опять тебе развешу.

---

[156] ...этот траур носишь: по мексиканскому Максимилиану? — Максимилиан, император мексиканский, был свергнут с престола и расстрелян 19 июня 1867 года.

Пойманная и изобличённая акцизница снова спламенела до ушей, но вынула из стола оправленные в рамки карточки и принесла по требованию Термосесова молоток и гвозди, которыми тот и принялся работать.

— Я думаю, их лучше всего здесь, на этой стене, разместить? — рассуждал он, водя пальцем.

— Как вы хотите.

— Да чего ты все до сих пор говоришь мне вы, когда я тебе говорю ты? Говори мне ты. А теперь подавай мне сюда портреты.

— Это все муж накупил.

— И прекрасно, что он начальство уважает, и прекрасно! Ну, мы господ министров всех рядом под низок. Давай? Это кто такой? Горчаков. Канцлер, чудесно! Он нам Россию отстоял![157] Ну, молодец, что отстоял, — давай мы его за то первого и повесим. А это кто? ба! ба! ба!

Термосесов поднял вровень с своим лицом карточку покойного графа Муравьёва[158] и пропел:

— Михайло Николаич, здравствуйте, здравствуйте, здравствуйте!

— Вы с ним разве были знакомы?

— Я?… то есть ты спрашиваешь, лично был ли я с ним знаком? Нет; меня бог миловал, — а наши кое-кто наслаждались его беседой[159]. Ничего; хвалят и превозносят. Он одну нашу барыню даже в Христову веру привёл и Некрасова музу вдохновил[160]. Давай-ка я его поскорее повешу! Ну, вот теперь и все как следует на месте.

Термосесов соскочил на пол, взял хозяйку за локти и сказал:

— Ну, а теперь какое же мне от тебя поощрение будет?

Бизюкиной это показалось так смешно, что она тихонько рассмеялась и спросила:

— За что поощрение?

---

[157] Горчаков. Канцлер… Он нам Россию отстоял! — видимо, намёк на отпор, который государственный канцлер кн. Александр Михайлович Горчаков (1798-1883) дал правительствам Англии, Австрии и Франции, пытавшимся, преследуя свои политические цели, вмешаться в русско-польские дела во время польского восстания 1863-1864 гг.

[158] …покойного графа Муравьёва… — Граф Михаил Николаевич Муравьёв (1796-1866) — один из наиболее реакционных государственных деятелей, за жестокость подавления Польского восстания 1863 года прозванный «вешателем».

[159] …наши кое-кто наслаждались его беседой. — Назначенный председателем следственной комиссии по делу покушения Д. В. Каракозова на Александра II, М. Н. Муравьёв многих арестованных допрашивал лично.

[160] …Некрасова музу вдохновил — Н. А. Некрасов, надеясь спасти от закрытия журнал «Современник», прочитал М. Н. Муравьёву посвящённые ему хвалебные стихи.

— А за все: за труды, за заботы, за расположение. Ты, верно, неблагодарная? — И Термосесов, взяв правую руку Бизюкиной, положил её себе на грудь.

— Правда, что у меня горячее сердце? — спросил он, пользуясь её смущением.

Но Дарья Николаевна была обижена и, дёрнув руку, сердито заметила:

— Вы, однако, уже слишком дерзки!

— Те-те-те-те! — «ви слиськом дельски», а совсем «не слиськом», а только как раз впору, — передразнил её Термосесов и обвёл другую свою свободную руку вокруг её стана.

— Вы просто наглец! Вы забываете, что мы едва знакомы, — заговорила, вырываясь от него, разгневанная Дарья Николаевна.

— Ни капли я не наглец, и ничего я не забываю, а Термосесов умен, прост, естественен и практик от природы, вот и все. Термосесов просто рассуждает: если ты умная женщина, то ты понимаешь, к чему разговариваешь с мужчиной на такой короткой ноге, как ты со мною говорила; а если ты сама не знаешь, зачем ты себя так держишь, так ты, выходит, глупа, и тобою дорожить не стоит.

Бизюкина, конечно, непременно желала быть умною.

— Вы очень хитры, — сказала она, слегка отклоняя своё лицо от лица Термосесова.

— Хитёр! На что же мне тут хитрость? Разумеется, если ты меня любишь или я тебе нравлюсь…

— Кто же вам сказал, что я вас люблю?

— Ну, полно врать!

— Нет, я вам правду говорю. Я вовсе вас не люблю, и вы мне нимало не нравитесь.

— Ну, полно врать вздор! как не любишь? Нет, а ты вот что: я тебя чувствую, и понимаю, и открою тебе, кто я такой, но только это надо наедине.

Бизюкина молчала.

— Понимаешь, что я говорю? чтоб узнать друг друга вполне — нужна рандевушка… с политическою, разумеется, целию.

Бизюкина опять молчала.

Термосесов вздохнул и, тихо освободив руку своей дамы, проговорил:

— Эх вы, жены, всероссийские жены! А туда же с польками равняются! Нет, далеко ещё вам, подруженьки, до полек! Дай-ка Измаила Термосесова польке, она бы с ним не рассталась и горы бы Араратские с ним перевернула.

— Польки — другое дело, — заговорила акцизница.

— Почему другое?

145

— Они любят своё отечество, а мы своё ненавидим.

— Ну так что же? У полек, стало быть, враги — все враги самостоятельности Польши, а ваши враги — все русские патриоты.

— Это правда.

— Ну так кто же здесь твой злейший враг? Говори, и ты увидишь, как он испытает на себе всю тяжесть руки Термосесова!

— У меня много врагов.

— Злейших называй! Называй самых злейших!

— Злейших двое.

— Имена сих несчастных, имена подавай!

— Один… Это здешний дьякон Ахилла.

— Смерть дьякону Ахилле!

— А другой: протопоп Туберозов.

— Гибель протопопу Туберозову!

— За ним у нас весь город, весь народ.

— Ну так что же такое, что весь город и весь народ? Термосесов знает начальство и потому никаких городов и никаких народов не боится.

— Ну, а начальство не совсем его жалует.

— А не совсем жалует, так тем ему вернее и капут; теперь только закрепи все это как следует: «полюби и стань моей, Иродиада![161]»

Бизюкина бестрепетно его поцеловала.

— Вот это честно! — воскликнул Термосесов и, расспросив у своей дамы, чем и как досаждали ей её враги Туберозов и Ахилла, пожал с улыбкой её руку и удалился в комнату, где оставался во все это время его компаньон.

ГЛАВА 10

Ревизор ещё не спал, когда к нему возвратился его счастливый секретарь.

Одетый в белую коломянковую жакетку, сиятельный сопутник Термосесова лежал на приготовленной ему постели и, закрыв ноги лёгким пледом, дремал или мечтах с опущенными веками.

Термосесов пожелал удостовериться, спит его начальник или только притворяется спящим, и для того он тихо подошёл к кровати, нагнулся к его лицу и назвал его по имени.

— Вы спите? — спросил его Термосесов.

---

[161] …«полюби и стань моей, Иродиада!» — строка из поэмы Г. Гейне «Атта Тролль».

— Да, — отвечал Борноволоков.

— Ну где ж там да? Значит не спите, если откликаетесь.

— Да.

— Ну, это и выходит нелепость.

Термосесов отошёл к другому дивану, сбросил с себя свой сак и начал тоже умащиваться на покой.

— А я этим временем, пока вы здесь дремали, много кое-что обработал. — начал он, укладываясь.

Борноволоков в ответ на это опять уронил только одно да, но «да» совершенно особое, так сказать любопытное да с оттенком вопроса.

— Да, вот-с как да, что я, например, могу сказать, что я кое-какие преполезнейшие для нас сделал открытия.

— С этою дамой?

— С дамой? Дама — это само по себе, — это дело междудельное! Нет-с, а вы помните, что я вам сказал, когда поймал вас в Москве на Садовой?

— Ох, да!

— Я вам сказал: «Ваше сиятельство, премилостивейший мой князь! Так со старыми товарищами нельзя обходиться, чтоб их бросать: так делают только одни подлецы». Сказал я вам это или не сказал?

— Да, вы это сказали.

— Ага! вы помните! Ну так вы тоже должны помнить, как я вам потом развил мою мысль и доказал вам, что вы, наши принцы egalite[162], обратясь теперь к преимуществам своего рода и состояния по службе, должны не задирать носов пред нами, старыми монтаньярами[163] и бывшими вашими друзьями. Я вам это все путём растолковал.

— Да, да.

— Прекрасно! Вы поняли, что со мной шутить плохо, и были очень покладисты, и я вас за это хвалю. Вы поняли, что вам меня нельзя так подкидывать, потому что голод-то ведь не свой брат, и голодая-то мало ли кто что может припомнить? А у Термосесова память первый сорт и смётка тоже водится: он ещё, когда вы самым красным революционером были, знал, что вы непременно свернёте.

— Да.

— Вы решились взять меня с собою вроде письмоводителя... То есть,

---

[162] Равенство (франц.).

...принцы egalite. — Во время Французской революции герцог Филипп Орлеанский (1747-1793), известный в истории под именем Филиппа Эгалите, и его сын, будущий французский король Луи-Филипп (1773-1850), отказались от своего титула и стали именоваться гражданами Эгалите (Равенство).

[163] Монтаньяры (франц. montagnards — горцы) — якобинцы, получившие это прозвание потому, что сидели в Конвенте на верхних местах.

если по правде говорить, чтобы не оскорблять вас лестию, вы не решились этого сделать, а я вас заставил взять меня. Я вас припугнул, что могу выдать ваши переписочки кое с кем из наших привислянских братий.

— Ох!

— Ничего, князь не вздыхайте. Я вам что тогда сказал в Москве на Садовой, когда держал вас за пуговицу и когда вы от меня удирали, то и сейчас скажу: не тужите и не охайте, что на вас напал Термосесов. Измаил Термосесов вам большую службу сослужит. Вы вон там с вашею нынешнею партией, где нет таких плутов, как Термосесов, а есть другие почище его, газеты заводите и стремитесь к тому, чтобы не тем, так другим способом над народишком инспекцию получить.

— Да-с.

— Ну так никогда вы этого не получите.

— Почему?

— Потому что очень неискусны: сейчас вас патриоты по лапам узнают и за вихор да на улицу.

— Гм!

— Да-с; а вы бросьте эти газеты да возьмитесь за Термосесова, так он вам дело уладит. Будьте-ка вы Иван Царевич, а я буду ваш Серый Волк.

— Да, вы Серый Волк.

— Вот оно что и есть: я Серый Волк, и я вам, если захочу, помогу достать и златогривых коней, и жар-птиц, и царь-девиц, и я учиню вас вновь на господарстве.

И с этим Серый Волк, быстро сорвавшись с своего логова, перескочил на кровать своего Ивана Царевича и тихо сказал:

— Подвиньтесь-ка немножко к стене, я вам кое-что пошепчу.

Борноволоков подвинулся, а Термосесов присел к нему на край кровати и, обняв его рукой, начал потихоньку речь:

— Хлестните-ка по церкви: вот где язва! Ею набольших-то хорошенько пугните!

— Ничего не понимаю.

— Да ведь христианство равняет людей или нет? Ведь известные, так сказать, государственные люди усматривали же вред в переводе Библии на народные языки. Нет-с, христианство... оно легко может быть толкуемо, знаете, этак, в опасном смысле. А таким толкователем может быть каждый поп.

— Попы у нас плохи, их не боятся.

— Да, это хорошо, пока они плохи, но вы забываете-с, что и у них есть хлопотуны; что, может быть, и их послобонят, и тогда и попы станут иные. Не вольготить им нужно, а нужно их подтянуть.

— Да, пожалуй.

— Так-с; стойте на том, что все надо подобрать и подтянуть, и благословите судьбу, что она послала вам Термосесова, да держитесь за него, как Иван Царевич за Серого Волка. Я вам удеру такой отчёт, такое донесение вам сочиню, что враги ваши, и те должны будут отдать вам честь и признают в вас административный гений.

Термосесов ещё понизил голос и заговорил:

— Помните, когда вы здесь уже, в здешнем губернском городе, в последний раз с правителем губернаторской канцелярии, из клуба идучи, разговаривали, он сказал, что его превосходительство жалеет о своих прежних бестактностях и особенно о том, что допустил себя до фамильярности с разными патриотами.

— Да.

— Помните, как он упоминал, что его превосходительству один вольномысленный поп даже резкостей наговорил.

— Да.

— А ведь вот вы небось не спохватились, что этот поп называется Туберозов и что он здесь, в этом самом городе, в котором вы растягиваетесь, и решительно не будете в состоянии ничего о нем написать.

Борноволоков вдруг вскочил и, сев на кровати, спросил:

— Но как вы можете знать, что мне говорил правитель канцелярии?

— А очень просто. Я тогда потихоньку сзади вас шёл. За вами ведь не худо присматривать. Но теперь не в этом дело, а вы понимаете, мы с этого попа Туберкулова начнём свою тактику, которая в развитии своём докажет его вредность, и вредность вообще подобных независимых людей в духовенстве; а в окончательном выводе явится логическое заключение о том, что религия может быть допускаема только как одна из форм администрации. А коль скоро вера становится серьёзною верой, то она вредна, и её надо подобрать и подтянуть. Это будет вами первыми высказанная мысль, и она будет повторяться вместе с вашим именем, как повторяются мысли Макиавелли[164] и Меттерниха. Довольны ли вы мною, мой повелитель?

— Да.

— И уполномочиваете меня действовать?

— Да.

— То есть как разуметь это «да»? Значит ли оно, что вы этого хотите?

— Да, хочу.

— То-то! А то ведь у вас «да» значит и да и нет. Термосесов отошёл от кровати своего начальника и добавил:

---

[164] Макиавелли, Никколо ди Бернардо (1469-1527) — итальянский политик и писатель.

— А то ведь… нашему брату, холопу, долго бездействовать нельзя: нам бабушки не ворожат, как вам, чтобы прямо из нигилистов в сатрапы попадать. Я и о вас, да и о себе хлопочу; мне голодать уже надоело, а куда ни сунешься, все формуляр один: «красный» да «красный», и никто брать не хочет.

— Побелитесь.

— Белил не на что купить-с.

— Зачем вы в Петербурге в шпионы себя не предложили?

— Ходил-с и предлагал, — отвечал беззастенчиво Термосесов, — но с нашим нынешним реализмом-то уже все эти выгодные вакансии стали заняты. Надо, говорят, прежде чем-нибудь зарекомендоваться.

— Так и зарекомендуйтесь.

— Дайте случай способности свои показать; а то, ей-богу, с вас начну.

— Скот, — прошипел Борноволоков.

— Мм-м-м-м-у-у-у! — замычал громко Термосесов. Борноволоков вскочил и, схватясь в ужасе за голову, спросил:

— Это ещё что?

— Это? это чёрный скот мычит, жратвы просит и приглашает белых быть с ним вежливее, — проговорил спокойно Термосесов.

Борноволоков скрипнул в досаде зубами и завернулся молча к стене.

— Ага! вот этак-то лучше! Смирись, благородный князь, и не кичись своею белизной, а то так тебя разрисую, что выйдешь ты серо-буро-соловый, в полтени голубой с крапинами! Не забывай, что я тебе, брат, послан в наказанье; я тёрн в листах твоего венца[165]. Носи меня с почтеньем!

Умаянный Борноволоков задушил вздох и притворился спящим, а торжествующий Термосесов без притворства заснул на самом деле.

ГЛАВА 11

Тою порой, пока между приезжими гостями Бизюкиной происходила описанная сцена, сама Дарья Николаевна, собрав всю свою прислугу, открыла усиленную деятельность по реставрации своих апартаментов. Обрадованная дозволением жить не по-спартански, она решила даже сделать маленький раут, на котором бы показать своим гостям все своё

---

[165] …я тёрн в листах твоего венца… — перефразированные слова Мазепы из пушкинской «Полтавы»:
Петру я послан в наказанье;
Я тёрн в листах его венца…

превосходство пред обществом маленького города, где она, чуткая и живая женщина, погибает непонятая и неоценённая.

Работа кипела и подвигалась быстро: комнаты прифрантились. Дарья Николаевна работала, и сама она стояла на столе и подбирала у окон спальни буфы белых пышных штор на розовом дублюре[166].

Едва кончилось вешанье штор, как из тёмных кладовых полезла на свет божий всякая другая галантерейщина, на стенах появились картины за картинами, встал у камина роскошнейший экран, на самой доске камина поместились чёрные мраморные часы со звёздным маятником, столы покрылись новыми, дорогими салфетками; лампы, фарфор, бронза, куколки и всякие безделушки усеяли все места спальни и гостиной, где только было их ткнуть и приставить. Все это придало всей квартире вид ложемента[167] богатой дамы demi-monde'a[168], получающей вещи зря и без толку.

На самый разгар этой работы явился учитель Препотенский и ахнул. Разумеется, он никак не мог одобрять «этих шиков». Он даже благоразумно не понимал, как можно «новой женщине», не сойдя окончательно с ума, обличить такую наглость пред петербургскими предпринимателями, и потому Препотенский стоял и глядел на всю эту роскошь с язвительной улыбкой, но когда не обращавшая на него никакого внимания Дарья Николаевна дерзко велела прислуге, в присутствии учителя, снимать чехлы с мебели то Препотенский уже не выдержал и спросил:

— И вам это не стыдно?

— Нимало.

И затем, снова не обращая никакого внимания на удивлённого учителя, Бизюкина распорядилась, чтобы за диваном был поставлен вынесенный вчера трельяж с зелёным плющом, и начала устраивать перед камином самый восхитительный уголок из лучшей своей мягкой мебели.

— Это уж просто наглость! — воскликнул Препотенский и, отойдя в сторону, сел и начал просматривать новую книгу.

— А вот погодите, вам за это достанется! — сказала ему вместо ответа Дарья Николаевна.

— Мне достанется? За что-с?

— Чтобы вы так не смели рассуждать.

— От кого же-с мне может достаться? Кто мне это может запретить иметь честные мысли?..

---

[166] Дублюр (франц. doublure) — подкладка.
[167] Ложемент (франц. logement) — квартира, жилище.
[168] Полусвет (франц.)

Но в это время послышался кашель Термосесова, и Бизюкина коротко и решительно сказала Препотенскому:

— Послушайте, идите вон!

Это было так неожиданно, что тот даже не понял всего сурового смысла этих слов, и она должна была повторить ему своё приказание.

— Как вон? — переспросил изумлённый Препотенский.

— Так, очень просто. Я не хочу, чтобы вы у меня больше бывали.

— Нет, послушайте… да разве вы это серьёзно?

— Как нельзя серьёзнее.

В комнате гостей послышалось новое движение.

— Прошу вас вон, Препотенский! — воскликнула нетерпеливо Бизюкина. — Вы слышите — идите вон!

— Но позвольте же… ведь я ничему не мешаю.

— Нет, неправда, мешаете!

— Так я же могу ведь исправиться.

— Да не можете вы исправиться, — настаивала хозяйка с нетерпеливою досадой, порывая гостя с его места.

Но Препотенский тоже обнаруживал характер и спокойно, но стойко добивался объяснения, почему она отрицает в нем способность исправиться.

— Потому что вы набитый дурак! — наконец вскричала в бешенстве madame Бизюкина.

— А, это другое дело, — ответил, вставая с места, Препотенский, — но в таком случае позвольте мне мои кости…

— Там, спросите их у Ермошки; я ему их отдала, чтоб он выкинул.

— Выкинул! — воскликнул учитель и бросился на кухню; а когда он через полчаса вернулся назад, то Дарья Николаевна была уже в таком ослепительном наряде, что учитель, увидав её, даже пошатнулся и схватился за печку.

— А! вы ещё не ушли? — спросила она его строго.

— Нет… я не ушёл и не могу… потому что ваш Ермошка…

— Ну-с!

— Он бросил мои кости в такое место, что теперь нет больше никакой надежды…

— О, да вы, я вижу, будете долго разговаривать! — воскликнула в яростном гневе Бизюкина и, схватив Препотенского за плечи, вытолкала его в переднюю. Но в это же самое мгновение на пороге других дверей очам сражающихся предстал Термосесов.

ГЛАВА 12

— Ба, ба, ба! что это за изгнание? — вопросил он у Бизюкиной, протирая свои слегка заспанные глаза.

— Ничего, это один... глупый человек, который к нам прежде хаживал, — отвечала та, покидая Препотенского.

— Так за что же теперь его вон, — что он такое снежничал?

— Решительно ничего, совершенно ничего, — отозвался учитель.

Термосесов посмотрел на него и проговорил:

— Да вы кто же такой?

— Учитель Препотенский.

— Чем же вы её раздражили?

— Да ровно ничем-с, ровно ничем.

— Ну так идите назад, я вас помирю. Препотенский сейчас же вернулся.

— Почему же вы говорите, что он будто глуп? — спросил у Бизюкиной Термосесов, крепко держа за обе руки учителя. — Я в нем этого не вижу.

— Да, разумеется-с, поверьте, я решительно не глуп, — отвечал, улыбаясь, Варнава.

— Совершенно верю, и госпожу хозяйку за такое обращение с вами не похвалю. Но пусть она нам за это на мировую чаю даст. Я со сна чай иногда употребляю.

Хозяйка ушла распорядиться чаем.

— А вы, батюшка учитель, сядьте-ка, да потолкуемте! Вы, я вижу, человек очень хороший и покладливый, — начал, оставшись с ним наедине, Термосесов и в пять минут заставил Варнаву рассказать себе все его горестное положение и дома и на полях, причём не были позабыты ни мать, ни кости, ни Ахилла, ни Туберозов, при имени которого Термосесов усугубил все своё внимание; потом рассказана была и недавнишняя утренняя военная история дьякона с комиссаром Данилкой.

При этом последнем рассказе Термосесов крякнул и, хлопнув Препотенского по колену, сказал потихоньку

— Так слушайте же, профессор, я поручаю вам непременно доставить мне завтра утром этого самого мещанина.

— Данилку-то?

— Да; того, что дьякон обидел.

— Помилуйте, да это ничего нет легче!

— Так доставьте же.

— Утром будет у вас до зари.

— Именно до зари. Нет; вы, я вижу, даже молодчина, Препотенский!

— похвалил Термосесов и, обратясь к возвратившейся в это время

Бизюкиной, добавил: — Нет, мне он очень нравится, а если он меня с попом Туберозовым познакомит, то я его даже совсем умником назову.

— Я его терпеть не могу и вам не советую с ним знакомиться, — лепетал Варнава, — но если вам это нужно.

— Нужно, друг, нужно.

— В таком случае пойдёмте на вечер к исправнику, там вы со всеми нашими познакомитесь.

— Пожалуй; я куда хочешь пойду, только ведь надо чтобы позвали.

— О, ничего нет этого легче, — перебил учитель и изложил самый простой план, что он сейчас пойдёт к исправнице и скажет ей от имени Дарьи Николаевны, что она просит позволения прийти вечером с приезжим гостем.

— Препотенский, приди, я тебя обниму! — воскликнул Термосесов.

— Да-с, — продолжал радостный учитель. — И они сами ещё все будут довольны, что у них будет новый гость, а вы там сразу познакомитесь не только с Туберозовым, но и с противным Ахилкой и с предводителем.

— Препотенский! подойди сюда, я тебя поцелую! — воскликнул Термосесов, и когда учитель встал и подошёл к нему, он действительно его поцеловал и, завернув налево кругом, сказал: — Ступай и действуй!

Гордый и совершенно обольщённый насчёт своей репутации, Варнава схватил шапку и убежал.

Через час времени, проведённый Термосесовым в разговоре с Бизюкиной о том, что ни одному дураку на свете не надо давать чувствовать, что он глуп, учитель явился с приглашением для всех пожаловать на вечер к Порохонцеву и при этом добавил:

— А что касается интересовавшего вас мещанина Данилки, то я его уже разыскал, и он в эту минуту стоит у ворот.

Термосесов, ещё раз поощрив Варнаву всякими похвалами, встал и, захватив с собою учителя, велел ему провести себя куда-нибудь в укромное место и доставить туда же и Данилку.

Препотенский свёл Измаила Петровича в пустую канцелярию акцизника и поставил перед ним требуемого мещанина.

— Здравствуйте, гражданин, — встретил Данилку Термосесов. — Как вас на сих днях утром обидел здешний дьякон?

— Никакой обиды не было.

— Как не было? Вы говорите мне прямо все, смело и откровенно, как попу на духу, потому что я друг народа, а не враг. Ахилла-дьякон вас обидел?

— Нет, обиды не было. Это мы так промеж себя все уже кончили.

— Как же можно все это кончить? Ведь он вас за ухо вёл по улице?

— Так что же такое? Глупость все это!

— Как глупость? Это обида. Вы размыслите, гражданин, — ведь он вас за ухо драл.

— Все же это больше баловство, и мы в этом обиды себе не числим.

— Как же, гражданин, не числите? Как же не числите такой обиды? Ведь это, говорят, было почти всенародно?

— Да, всенародно же-с, всенародно.

— Так вы должны на это жалобу подать!

— Кому-с?

— А вот этому князю, что со мною приехал.

— Так-с.

— Значит, подаёте вы жалобу или нет?

— Да на какой предмет её подавать-с?

— Сто рублей штрафу присудят, вот на какой предмет.

— Это точно.

— Так вы, значит, согласны. Ну, и давно бы так. Препотенский! садись и строчи, что я проговорю.

И Термосесов начал диктовать Препотенскому просьбу на имя Борноволокова, просьбу довольно краткую, но кляузную, в которой не было позабыто и имя протопопа, как поощрителя самоуправства, сказавшего даже ему, Даниле, что он воспринял от дьякона достойное по своим делам.

— Подписывай, гражданин! — крикнул Термосесов на Данилку, когда Препотенский дописал последнюю строчку.

Данилка встрепенулся.

— Подписывайте, подписывайте! — внушал Термосесов, насильно всовывая ему в руку перо, но «гражданин» вдруг ответил, что он не хочет подписывать жалобы.

— Что, как не хотите?

— Потому я на это не согласен-с.

— Как не согласен! Что ты это, черт тебя побери! То молчал, а когда просьбу тебе даром написали, так ты не согласен.

— Не согласен-с.

— Что, не целковый ли ещё тебе за это давать, чтобы ты подписал? Жирен, брат, будешь. Подписывай сейчас!

И Термосесов, схватив его сердито за ворот, потащил к столу.

— Я… как вашей милости будет угодно, а я не подпишу, — залепетал мещанин и уронил нарочно перо на пол.

— Я тебе дам «как моей милости угодно»! А не угодно ли твоей милости за это от меня получить раз десять по рылу?

Испуганный «гражданин» рванулся всем телом назад и залепетал:

— Ваше высокородие, смилуйтесь, не понуждайте! Ведь из моей просьбы все равно ничего не будет!

— Это почему?

— Потому что я уже хотел один раз подавать просьбу, как меня княжеский управитель Глич крапивой выпорол, что я ходил об заклад для исправника лошадь красть, но весь народ мне отсоветовал: «Не подавай, говорят, Данилка, станут о тебе повальный обыск писать, мы все скажем, что тебя давно бы надо в Сибирь сослать». Да-с, и я сам себя даже достаточно чувствую, что мне за честь свою вступаться не пристало.

— Ну, это ты сам себе можешь рассуждать о своей чести как тебе угодно…

— И господа чиновники здешние тоже все знают.

— И пусть их знают, все твои господа здешние чиновники, а мы не здешние, мы петербургские. Понимаешь? — из самой столицы, из Петербурга, и я приказываю тебе, сейчас подписывай, подлец ты треанафемский, без всяких рассуждений, а то… в Сибирь без обыска улетишь!

И при этом могучий Термосесов так сдавил Данилку одною рукой за руку, а другою за горло, что тот в одно мгновенье покраснел, как варёный рак, и едва прохрипел:

— Ради господа освободите! Все что угодно подпишу! И вслед за сим, перхая и ёжась, он нацарапал под жалобой своё имя.

Термосесов тотчас же взял этот лист в карман и, поставив пред носом Данилки кулак, грозно сказал:

— Гражданин, ежели ты только кому-нибудь до времени пробрешешься, что ты подал просьбу, то…

Данилка, продолжая кашлять, только отмахнулся перемлевшею рукой.

— Я тебе, бездельнику, тогда всю рожу растворожу, щеку на щеку помножу, нос вычту и зубы в дроби превращу!

Мещанин замахал уже обеими руками.

— Ну а теперь полно здесь перхать. Але маршир[169] в двери! — скомандовал Термосесов и, сняв наложенный крючок с дверей, так наподдал Данилке на пороге, что тот вылетел выше пригороженного к крыльцу курятника и, сев с разлёту в тёплую муравку, только оглянулся, потом плюнул и, потеряв даже свою перхоту, выкатился на четвереньках за ворота.

Препотенский, увидя эту расправу, взрадовался и заплескал руками.

— Чего ты? — спросил Термосесов.

— Вы сильнее Ахилки! С вами я его теперь не боюсь.

— Да и не бойся.

---

[169] Але маршир — пошёл вон (искаж. франц. и нем.).

ГЛАВА 13

Спустившиеся над городом сумерки осветили на улице, ведущей от дома акцизницы к дому исправника, удалую тройку, которая была совсем в другом роде, чем та, что подвозила сюда утром плодомасовских карликов. В корню, точно дикий степной иноходец, пригорбясь и подносясь, шла, закинув назад головёнку, Бизюкина; справа от ней, заломя назад шлык, пер Термосесов, а слева — вил ногами и мотал головой Препотенский. Точно сборная обывательская тройка, одна — с двора, другая — с задворка, а третья — с попова загона; один пляшет, другой скачет, третий песенки поёт. Но разлада нет, и все они, хотя неровным аллюром, везут одни и те же дроги и к одной и той же цели. Цель эту знает один Термосесов; один он работает не из пустяков и заставляет служить себе и учителя и акцизницу, но весело им всем поровну. Если Термосесов знает, чего ликует смелая и предприимчивая душа его, то не всуе же играет сердце и Дарьи Николаевны и Препотенского. Оба эти лица предвкушают захватывающее их блаженство, — они готовятся насладиться стычкой Гога с Магогом[170] — Туберозова с Термосесовым!..

Как возьмётся за это дело ловкий, всесокрушающий приезжий, и кто устоит в неравном споре?[171]

Как вам угодно, а это действительно довольно интересно!

ЧАСТЬ ТРЕТЬЯ

ГЛАВА 1

Раньше чем Термосесов и его компания пришли на раут к исправнику, Туберозов провёл уже более часа в уединённой беседе с предводителем Тугановым. Старый протопоп жаловался важному гостю на то самое, на что он жаловался в известном нам своём дневнике, и получал в ответ те же старые шутки.

---

[170] Гог с Магогом — Имеются в виду упоминаемые в Библии (Книга пророка Иезекииля) князь и народ. Здесь в значении: противники.

[171] ...кто устоит в неравном споре? — строка из стихотворения А. С. Пушкина «Клеветникам России».

— Что будет из всей такой шаткости? — морща брови пытал протопоп, а предводитель, смеясь, отвечал ему:

— Не уявися, что будет, мой любезный.

— Без идеала, без веры, без почтения к деяниям предков великих... Это... это сгубит Россию.

— А что ж, если ей нужно сгибнуть, так и сгубит — ответил равнодушно Туганов и, вставши, добавил: — а пока знаешь что, пойдём к гостям: мы с тобою все равно ни до чего не договоримся — ты маньяк.

Протопоп остановился и с обидой в голосе спросил

— За что же я маньяк?

— Да что же ты ко всем лезешь, ко всем пристаёшь «идеал, вера»? Нечего, брат, делать, когда этому всему видно, время прошло.

Туберозов улыбнулся и, вздохнув кротко, ответил, что прошло не время веры и идеалов, а прошло время слов.

— Совершай, брат, дела.

— Дел теперь тоже мало.

— Что же нужно?

— Подвиги.

— Совершай подвиги. В каком только духе?

— В духе крепком, в дыхании бурном... Чтобы сами гасильники загорались!

— Да, да, да! Тебе ссориться хочется! Нет, отче: лучше мирись.

— Пармен Семёнович, много слышу, сударь, нынче об этом примирении. Что за мир с тем, кто пардона не просит. Не гож этот мир, и деды недаром нам завещали «не побивши кума, не пить мировой».

— Ему непременно «побить»!

— А то как же? Непременно побить!

— Ты, брат, совсем бурсак!

— Да ведь я себя и не выдаю за благородного.

— Да тебе что, неотразимо что ли уж хочется пострадать? Так ведь этого из-за пустяков не делают. Лучше побереги себя до хорошего случая.

— Бережных и без меня много; а я должен свой долг исполнять.

— Ну, уж не я же, разумеется, стану тебя отговаривать исполнять по совести свой долг. Исполняй: пристыди бесстыжих — выкусишь кукиш, прапорщик будешь, а теперь все-таки пойдём к хозяевам; я ведь здесь долго не останусь.

Протопоп пошёл за Тугановым, бодрясь, но чрезвычайно обескураженный. Он совсем не того ожидал от этого свидания, но вряд ли он и сам знал, чего ожидал.

ГЛАВА 2

Термосесов с Варнавой и либеральною акцизницей прибыли на раут в то время, когда Туганов с Туберозовым уже прошли через зал и сидели в маленькой гостиной. Другие гости расположились в зале, разговаривали, играли на фортепиано и пробовали что-то петь. Сюда-то прямо и вошли в это самое время Термосесов, Бизюкина и Варнава.

Хозяйка встретила их и поблагодарила Бизюкину за гостя, а Термосесова за его бесцеремонную простоту.

— Мы люди простые и простых людей любим, — сказала она ему.

— А я самый и есть простой человек, — отвечал Термосесов и при этом поклонился очень низко, улыбнулся очень приветливо и даже щёлкнул каблуком.

Видя это, Бизюкина, по совести, гораздо более одобряла достойное поведение Препотенского, который стоял — будто проглотил аршин. Случайно ли или в силу соображений, что вновь пришедшие гости люди более серьёзные, которым неприлично хохотать с барышнями и слушать вздорные рассказы и плохое пение, хозяйка провела Термосесова и Препотенского прямо в ту маленькую гостиную, где помещались Туганов, Плодомасов, Дарьянов, Савелий, Захария и Ахилла.

Бизюкина могла ориентироваться где ей угодно, но у неё недостало смелости проникнуть в гостиную вслед за своими кавалерами, а якшаться с дамами она не желала и потому села у двери.

Гостиная, куда вошли Препотенский и Термосесов, была узенькая комнатка; в конце её стоял диван с преддиванным столом, за которым помещались Туганов и Туберозов, а вокруг на стульях сидели: смиренный Бенефактов, Дарьянов и уездный предводитель Плодомасов. Ахилла не сидел, а стоял сзади за пустым креслом и держался рукою за резьбу. Бизюкина видела, как Термосесов, войдя в гостиную, наипочтительнейше раскланялся и... чего, вероятно, никто не мог себе представить, вдруг подошёл к Туберозову и попросил себе у него благословения. Больше всех этим был удивлён, конечно, сам отец Савелий; он даже не сразу нашёлся как поступить и дал требуемое Термосесовым благословение с видимым замешательством. А когда же Термосесов вдобавок хотел поцеловать его руку, то протопоп столь этим смутился, что торопливо опустил сильным движением свою и термосесовскую руку книзу и крепко сжал и потряс эту предательскую руку, как руку наилучшего друга.

Термосесов пожелал получить благословение и от Захарии, но смиренный Бенефактов оказался на сей раз находчивей Туберозова — он не только благословил, но и ничтоже сумняся сам поднёс к губам проходимца свою жёлтенькую ручку.

Разошедшийся Термосесов направился было за благословением и к Ахилле, но этот, бойко шаркнув ногою, сказал гостю:

— Я дьякон-с.

Засим оба они пожали друг другу руки, и Ахилла предложил Термосесову сесть на то кресло, за которым стоял, но Термосесов вежливо отклонил эту честь и поместился на ближайшем стуле, возле отца Захарии, меж тем как верный законам своей рутинной школы Препотенский отошёл как можно дальше и сел напротив отворённой двери в зал.

Таким выбором места он, во-первых, показывал, что не желает иметь общения с миром, а во-вторых, он видел отсюда Бизюкину; она в свою очередь должна была слышать все, что он скажет. Учитель чувствовал и сознавал необходимость поднять свои фонды, заколебавшиеся с приездом Термосесова, и теперь, усевшись, ждал только первого предлога завязать спор и показать Бизюкиной если уже не превосходство своего ума, то по крайней мере чистоту направления. Для искателей спора предлог к этому занятию представляет всякое слово, и Варнава недолго томился молчанием

ГЛАВА 3

При входе новых гостей предводитель Плодомасов рассказывал Туберозову о современных реформах в духовенстве[172] и возобновил этот разговор, когда Термосесов и Варнава уселись.

Уездный предводитель был поборник реформы, Туганов тоже, но последний вставил, что когда он вчера виделся с архиереем, то его преосвященство высказывался очень осторожно и, между прочим, шутил, что прекращением наследственности в духовенстве переведётся у нас самая чистокровная русская порода.

— Это что же значит-с? — любопытствовал Захария.

Туганов ему объяснил, что намёк этот на чистоту несмешанной русской породы в духовенстве касается неупотребительности в этом сословии смешанных браков. Захария не понял, и Туганов должен был ему помочь.

---

[172] …о современных реформах в духовенстве… — В конце 60-х годов в русской печати серьёзно обсуждалось положение духовенства. В это же время был проведён ряд реформ: упразднена наследственность церковных должностей, введены периодические собрания выборных лиц от духовенства для обсуждения дел духовных учебных заведений и др.

— Просто дело в том, — сказал он, — что духовные все женились на духовных же…

— На духовных-с, на духовных.

— А духовные все русские.

— Русские.

— Ну, и течёт, значит, в духовенстве кровь чистая русская, меж тем как все другие перемешались с инородцами: с поляками, с татарами, с немцами, со шведами и… даже с жидами.

— Ай-ай-ай, даже с жидами! — тпфу, погань, — произнёс Захария и плюнул.

— Да и шведы-то тоже «нерубленые головы», — легко ли дело с кем мешаться! — поддержал Ахилла.

Протопоп, кажется, побоялся, как бы дьякон не сказал чего-нибудь неподлежащего, и, чтобы замять этот разговор о национальностях, вставил:

— Да; владыка наш не бедного ума человек.

— Он даже что-то о каком-то «млеке» написал[173], — отозвался из своего далека Препотенский, но на его слова никто не ответил.

— И он юморист большой, — продолжал Туганов — Там у нас завёлся новый жандармчик, развязности бесконечной и все для себя считает возможным.

— Да, это так и есть; жандармы все могут, — опять подал голос Препотенский, и его опять не заметили.

— Узнал этот господчик, — продолжал Туганов, — что у вашего архиерея никто никогда не обедал, и пошёл пари в клубе с полицеймейстером, что он пообедает, а старик-то на грех об этом и узнай!..

— Ай-ай-ай! — протянул Захария.

— Ну-с; вот приехал к нему этот кавалерист и сидит, и сидит, как зашёл от обедни, так и сидит. Наконец, уж не выдержал и в седьмом часу вечера стал прощаться. А молчаливый архиерей, до этих пор все его слушавший, а не говоривший, говорит: «А что же, откушать бы со мною остались!» Ну, у того уж и ушки на макушке: выиграл пари. Ну, тут ещё часок архиерей его продержал и ведёт к столу.

— Ах, вот это уж он напрасно, — сказал Захария. — напрасно!

— Но позвольте же; пришли они в столовую, архиереи стал пред иконой и зачитал, и читает, да и читает молитву за молитвой. Опять час прошёл; тощий гость как с ног не валится.

---

[173] …о каком-то «млеке» написал… — Вероятно, Препотенский имеет в виду «Словесное млеко» (СПб, 1839, 1844) архиепископа Курского и Белгородского Илиодора (?-1861).

«Ну, теперь подавайте», — говорит владыка. Подали две мелкие тарелочки горохового супа с сухарями, и только что офицер раздразнил аппетит, как владыка уже и опять встаёт. «Ну, возблагодаримте, — говорит, — теперь господа бога по трапезе». Да уж в этот раз как стал читать, так тот молодец не дождался да потихоньку драла и убежал. Рассказывает мне это вчера старик и смеётся: «Сей дух, — говорит, — ничем же изымается, токмо молитвою и постом».

— Он и остроумен и человек обращения приятного и тонкого, — уронил Туберозов, словно его тяготили эти анекдотические разговоры.

— Да; но тоже кряхтит и жалуется, что людей нет. «Плывём, говорит, по глубокой пучине на расшатанном корабле и с пьяными матросами. Хорони бог на сей случаи бури».

— Слово горькое, — отозвался Туберозов.

— Впрочем, — начал снова Туганов, — про ваш город сказал, что тут крепко. «Там, говорит, у меня есть два попа: один умный, другой — благочестивый».

— Умный, это отец Савелий, — отозвался Захария.

— Почему же вы уверены, что умный — это непременно отец Савелий?

— Потому что… они мудры, — отвечал, конфузясь, Бенефактов.

— А отец Захария вышли по второму разряду, — подсказал дьякон.

Туберозов покачал на него укоризненно головою. Ахилла поспешил поправиться и сказал:

— Отец Захария благочестивый, это владыка, должно быть, к тому и сказали, что на отца Захарию жалоб никаких не было.

— Да, жалоб на меня не было, — вздохнул Захария

— А отец Савелий беспокойный человек, — пошутил Туганов.

Минута эта представилась Препотенскому крайне благоприятною, и он, не упуская её, тотчас же заявил, что беспокойные в духовенстве это значит доносчики, потому что религиозная совесть должна быть свободна. Туганов не постерегся и ответил Препотенскому, что свобода совести необходима и что очень жаль, что её у нас нет.

— Да, бедная наша церковь несёт за это отовсюду напрасные порицания, — заметил от себя Туберозов.

— Так на что же вы жалуетесь? — живо обратился к нему Препотенский.

— Жалуемся на неверотерпимость, — сухо ответил ему Туберозов.

— Вы от неё не страдаете.

— Нет, горестно страдаем! вы громко и свободно проповедуете, что надо, чтобы веры не было, и вам это сходит, а мы если только пошепчем, что надо, чтобы лучше ваших учений не было, то…

— Да, так вы вот чего хотите? — перебил учитель. — Вы хотите на нас науськивать, чтобы нас порешили!

— Нет, это вы хотите, чтобы нас порешили.

Препотенский не нашёлся ответить: отрицать этого он не хотел, а прямо подтвердить боялся. Туганов устранил затруднение, сказав, что отец протопоп только негодует, что есть люди, поставляющие себе задачею подрывать в простых сердцах веру.

— Наипаче негодую на то, что сие за потворством и удаётся.

Препотенский улыбнулся.

— Удаётся это потому, — сказал он, — что вера роскошь, которая дорого народу обходится.

— Ну, однако, не дороже его пьянства, — бесстрастно заметил Туганов.

— Да ведь пить-то — это веселие Руси есть, это национальное, и водка все-таки полезнее веры: она по крайней мере греет.

Туберозов вспыхнул и крепко сжал рукав своей рясы; но в это время Туганов возразил учителю, что он ошибается, и указал на то, что вера согревает лучше, чем водка, что все добрые дела наш мужик начинает помолившись, а все худые, за которые в Сибирь ссылают, делает водки напившись.

— Впрочем, откупа уничтожены экономистами, — перебросился вдруг Препотенский. — Экономисты утверждали, что чем водка будет дешевле, тем меньше её будут пить, и соврали. Впрочем, экономисты не соврали; они знают, что для того, чтобы народ меньше пьянствовал, требуется не одно то, чтобы водка подешевела. Надо, чтобы многое не шло так, как идёт. А между тем к новому стремятся не экономисты, а одни... «новые люди».

— Да; только люди-то эти дрянные, и пошло черт знает что.

— Да, их уловили шпионы.

— Нет, просто мошенники.

— Мошенники-и!

— Да. Мошенники ведь всегда заключают своею узурпациею все сумятицы, в которые им небезвыгодно вмешаться. У нас долго возились с этими... нигилистами, что ли? Возилось с ними одно время и правительство, возится до сих пор и общество и печать, а пошабашат их не эти, а просто-напросто мошенники, которые откликнутся в их кличку, мошенники и превзойдут их, а затем наступит поворот.

Препотенский бросил тревожный взгляд на Бизюкину. Его смущало, что Туганов просто съедает его задор, как вешний туман съедает с поля бугры снега. Варнава искал поддержки и в этом чаянии перевёл взоры свои на Термосесова, но Термосесов даже и не смотрел на него, но зато дьякон Ахилла, давно дававший ему рукою знаки перестать, сказал:

— Замолчи, Варнава Васильич, — совсем не занятно! Это взорвало учителя — тем более что и Туганов от него отвернулся. Препотенский пошёл напролом.

ГЛАВА 4

Учитель соскочил с места и подбежал к Туганову, говорившему с Туберозовым:

— Извините, что вас перебью… но я все-таки… Я стою за свободу.

— И я тоже, — ответил Туганов, снова обращаясь к протопопу.

— Позвольте же-с мне вам кончить! — воскликнул учитель.

Туганов обернулся в его сторону.

— А вы знаете ли, что свобода не даётся, а берётся? — задал ему Варнава.

— Ну-с!

— Кто же её возьмёт, если новые люди скверны?

— Её возьмёт порядок вещей.

— И все-таки это, значит, не будет дано, а будет взято. Я прав. Это я сказал: будет взята!

— Да ведь тебе про то же и говорят, — отозвался из-за стула дьякон Ахилла.

— Но ведь это я сказал: будет взята!

— А вам про что же говорят, — поддержал дьякона в качестве одномышленника Термосесов, — Пармен Семёнович вам про то и говорит, — внушал Термосесов, нарочно как можно отчётливее и задушевнее произнося имя Туганова.

— Однако мне пора, — шепнул, выходя из-за стола, Туганов и хотел выйти в залу, но был снова атакован Варнавой.

— Позвольте ещё одно слово, — приставал учитель. — Мне кажется, вам, вероятно, неприятно, что теперь все равны?

— Нет-с, мне не нравится, что не все равны.

Препотенский остановился и, переждав секунду, залепетал:

— Ведь это факт — все должны быть равны.

— Да ведь Пармен Семёнович вам это и говорит, что все должны быть равны! — отогнал его от предводителя Термосесов с одной стороны.

— Позвольте-с, — забегал он с другой, но здесь его не допускал Ахилла.

— Оставь, — говорил он, — что ни скажешь — все глупость!

Ах, позвольте, сделайте милость, я не с вами и говорю, — отбивался

164

Препотенский, забегая с фронта. — Я говорю — вам, верно, Англия нравится, потому что там лорды... Вам досадно и жаль, что исчезли сословные привилегии?

— А они разве исчезли?

— Отойди прочь, ты ничего не знаешь, — сплавлял отталкивая Варнаву, Ахилла, но тот обежал вокруг и, снова зайдя во фронт предводителю, сказал:

— О всяком предмете можно иметь несколько мнений

— Да чего же вам от меня угодно? — воскликнул, рассмеявшись, Туганов.

— Я говорю... можно иметь разные суждения.

— Только одно будет умное, а другое — глупое, — отвечал Термосесов.

— Одно будет справедливое, другое — несправедливое, — проговорил в виде примирения предводитель.

— У бога — и у того одна правда! — внушал дьякон — Между двумя точками только одна прямая линия проводится, вторую не проведёте, — натверживал Термосесов.

Препотенский вышел из себя.

— Да это что ж? ведь этак нельзя ни о чём говорить! — вскричал он. — Я один, а вы все вместе льстите. Этак хоть кого переспоришь. А я знаю одно, что я ничего старинного не уважаю.

— Это и есть самое старинное... Когда же у нас уважали историю?

— Ну послушай! замолчи, дурачок, — дружественно посоветовал Варнаве Ахилла, а Бизюкина от него презрительно отвернулась. Термосесов же, устраняя его с дороги, наступил ему на ногу, отчего учитель, имевший слабость в затруднительные минуты заговариваться и ставить одно слово вместо другого, вскрикнул:

— Ой, вы мне наступили на самую мою любимую мозоль!

По поводу «любимой мозоли» последовал смех, а Туганов в это время уже прощался с хозяйкой.

Зазвенели бубенцы, и шестерик свежих почтовых лошадей подкатил к крыльцу тугановскую коляску, а на пороге вытянулся рослый гайдук с английскою дорожною кисой[174] через плечо. Наступили последние минуты, которыми мог ещё воспользоваться Препотенский, чтобы себя выручить, и он вырвался из рук удерживавших его Термосесова и Ахиллы и, прыгая на своей «любимой мозоли», наскочил на предводителя и спросил:

---

[174] Киса — кожаный мешок.

— Вы читали Тургенева? «Дым»… Это дворянский писатель, и у него доказано, что в России все дым: «кнута, и того сами не выдумали[175]».

— Да, — отвечал Туганов, — кнут, точно, позаимствовали, но зато отпуск крестьян на волю с землёю сами изобрели. Укажите на это господину Тургеневу.

— Но ведь крестьян с землёй отняли у помещиков, — сказал Препотенский.

— Отняли? неправда. Государю принадлежит честь почина, а дворянству доблесть жертвы, — не вытерпел Туберозов.

— Велено, и благородное дворянство не смело ослушаться.

— Да оно и не желало ослушаться, — отозвался Туганов.

— Все-таки власть отняла крестьян.

— И власть, и время. Александр Благословенный целую жизнь мечтал освободить крестьян, но дело не шло, а у остзейских баронов и теперь не идёт[176]. — Потому что немцы умнее.

Туганов рассмеялся и, протянув руку Туберозову, сказал Варнаве с лёгким пренебрежением:

— Честь имею вам откланяться.

— Ничего-с, а я все-таки буду против дворян и за естественное право[177].

Беспокойство Препотенского заставило всех улыбнуться, и Туганов, будучи совсем на пути, ещё приостановился и сказал ему:

— А самая естественная форма жизни это… это жизнь вот этих лошадей, что мне подали, но их, видите, запрягают возить дворянина.

— И ещё дорогой будут кнутом наяривать, чтобы шибче, — заметил дьякон.

— И скотов всегда бьют, — поддержал Термосесов.

— Ну, опять все на одного! — воскликнул учитель и заключил, что он все-таки всегда будет против дворян.

— Ну так ты, значит, смутьян, — сказал Ахилла.

— Бездну на бездну призываешь[178], — отозвался Захария.

---

[175] …«кнута, и того сами не выдумали…» — неточно приведённые слова Потугина — одного из персонажей романа И. С. Тургенева «Дым».

[176] Александр Благословенный целую жизнь мечтал освободить крестьян, но дело не шло, а у остзейских баронов и теперь не идёт. — Александр I осуществил в 1817-1819 годах в остзейском крае (территория современных Латвии и Эстонии) освобождение крестьян без земли, но барщина была здесь отменена и заменена денежной арендой лишь в 1860-х годах; зажиточные крестьяне получили право на покупку земельных участков.

[177] Естественное право — правовая теория, исходящая из природных (естественных) прав человека.

166

— А вы знаете ли, что такое значит бездна бездну призывает? — огрызнулся Варнава. — Ведь это против вас: бездна бездну призывает, это — поп попа в гости зовёт.

Это всем показалось забавным, и дружный хохот залил залу.

Один Туберозов гневно сверкнул глазами и, порывисто дёрнув ленту, на которой висел наперсный крест, вышел в гостиную.

— Старик-то у вас совсем маньяк сделался, — сказал, кивнув вслед ему, Туганов.

— И не говорите. Получит газеты и носится с ними, и вздыхает, и ни о чем хладнокровно не может рассуждать, — ответил Дарьянов.

— Они это слышат, — тихо прошептал Ахилла. Савелий действительно все это слышал.

Туганов сошёл с лестницы и усаживался в коляску. Его провожали хозяева, некоторые из гостей, Варнава и протопоп. Варнава был сильно ободрён ему казалось, что после «бездны» фонды его быстро возвысились, и он, неожиданно смело схватив за рукав Туберозова, проговорил:

— Позвольте вас спросить: я третьего дня был в церкви и слышал, как один протопоп произнёс слово «дурак». Что клир[179] должен петь в то время, когда протопоп возглашает «дурак»?

— Клир трижды воспевает: «учитель Препотенский», — ответил Савелий.

При этом неожиданном ответе присутствующие с секунду были в остолбенении и вдруг разразились всеобщим бешеным хохотом. Туганов махнул рукой и уехал в самом весёлом настроении духа.

ГЛАВА 5

Около Препотенского, как говорится, было кругом нехорошо. Даже снисходительные дамы того сорта, которым дорог только процесс разговора и для которых, что мужчины ни говори, лишь бы это был говор, и те им возгнушались. Зато Термосесов забирал силу и овладевал всеобщим вниманием. Варнава не успел оглянуться, как Термосесов уже беседовал со всеми дамами, а за почтмейстершей просто ухаживал, и ухаживал, по мнению Препотенского, до последней степени дурно; ухаживал за нею не как за женщиной, но как за предержащею властью.

За ужином Термосесов, оставив дам, подступил поближе к мужчинам и выпил со всеми. И выпил как должно, изрядно, но не охмелел, и тут же

---

[178] Бездну на бездну призываешь... — перефразированная цитата из псалма 41, 8.

[179] Клир — здесь: хор (клирос — место в храме, где стоят певчие).

внезапно сблизился с Ахиллой, с Дарьяновым и с отцом Захарией. Он заговаривал не раз и с Туберозовым, но старик не очень поддавался на сближение. Зато Ахилла после часовой или получасовой беседы, ко всеобщему для присутствующих удивлению, неожиданно перешёл с Термосесовым на «ты», жал ему руку, целовал его толстую губу и даже сделал из его фамилии кличку.

— Вот, ей-богу, молодчина этот Термосеска, — барабанил всем дьякон, — посудите, как мы нынче с ним вдвоём Варнавку обработали. Правда? Ты, брат Термосесушка, от нас лучше совсем не уезжай. Что там у вас в Петербурге, какие кондиции? А мы с тобой здесь зимою станем вместе лисиц ловить. Чудесно, брат! Правда?

— Правда, правда, — отвечал Термосесов — и сам стал хвалить Ахиллу и называл его молодчиной. И оба эти молодчины снова целовались.

Когда пир был при конце и Захария с Туберозовым уходили уже домой, Термосесов придержал Ахиллу за рукав и сказал

— А тебе ведь спешить некуда?

— Да, пожалуй что и некуда, — ответил Ахилла.

— Так подожди, пойдём вместе!

Ахилла согласился, а Термосесов предложил ещё потанцевать под фортепиано, и танцевал прежде с почтмейстершей, потом с её дочерями, потом ещё с двумя или тремя другими дамами и, наконец, после всех с Бизюкиной, а в заключение всего обхватил дьякона, и провальсировал с ним, и, сажая его на место, как даму, поднёс к губам его руку, а поцеловал свою собственную.

Никак не ожидавший этого Ахилла сконфузился и быстро вырвал у Термосесова руку, но тот над ним расхохотался и сказал:

— Неужто же ты думал, что я твою кучерскую лапу стану целовать?

Дьякон обиделся и подумал: «Ох, не надо бы мне, кажется, с ним якшаться!» Но как они сейчас вслед за этим отправились по домам, то и он не отбился от компании. Семейство почтмейстера, дьякон, Варнава, Термосесов и Бизюкина шли вместе. Они завели домой почтмейстершу с дочерьми, и здесь, у самого порога комнаты, Ахилла слышал, как почтмейстерша сказала Термосесову:

— Я надеюсь, что мы с вами будем видеться.

— В этом не сомневаюсь, — отвечал Термосесов и добавил — вы говорили, что вам нравится, как у исправника на стене вся царская фамилия в портретах?

— Да, мне этого давно очень, очень хочется.

— Ну так это я вам завтра же устрою. И они расстались.

На дворе было уже около двух часов ночи, что для уездного города, конечно, было весьма поздно, и Препотенский, плетяся, размышлял, каким способом ему благополучнее доставиться домой, то есть улизнуть ли потихоньку чтоб его не заметил Ахилла, или, напротив, ввериться его великодушию, так как Варнава когда-то читал, что у черкесов на Кавказе иногда спасаются единственно тем, что вверяют себя великодушию врага, и теперь он почему-то склонялся к мысли судить об Ахилле по-черкесски.

Но прежде чем Препотенский пришёл к какому-нибудь положительному решению, Термосесов все это переиначил.

ГЛАВА 6

Тотчас как только они расстались с почтмейстершей, Термосесов объявил, что все непременно должны на минуту зайти с ним к Бизюкиной.

— Позволяешь? — отнёсся он полуоборотом к хозяйке.

Той это было неприятно, но она позволила.

— У тебя питра какая-нибудь дома есть?

Бизюкина сконфузилась. Она как нарочно нынче забыла послать за вином и теперь вспомнила, что со стола от обеда приняли последнюю, чуть не совсем пустую, бутылку хересу. Термосесов заметил это смущение и сказал:

— Ну, хоть пиво небось есть?

— Пиво, конечно, есть.

— Я знаю, что у акцизных пиво всегда есть. И мёд есть?

— Да, есть и мёд.

— Ну вот и прекрасно: есть, господа, у нас пиво и мёд, и я вам состряпаю из этого такое лампопо, что — Термосесов поцеловал свои пальцы и договорил: — язык свой, и тот, допивая, проглотите.

— Что это за ланпопо? — спросил Ахилла.

— Не ланпопо, а лампопо — напиток такой из пива и меду делается. Идём! — и он потянул Ахиллу за рукав.

— Постой, — оборонялся дьякон. — Какое же это ланпопо? Это у нас на похоронах пьют... «пивомедие» называется.

— А я тебе говорю, это не пивомедие будет, а лампопо. Идём!

— Нет, постой! — опять оборонялся Ахилла. — Я знаю это пивомедие... Оно, брат, опрокидонтом с ног валит... я его ни за что не стану пить.

— Я тебе говорю — будет лампопо, а не пивомедие!

— А лучше бы его нынче не надо, — отвечал дьякон, — а то назавтра чердак трещать будет.

Препотенский был тоже того мнения, но как ни Ахилла, ни Препотенский не обладали достаточною твёрдостью характера, чтобы настоять на своём, то настоял на своём Термосесов и забрал их в дом Бизюкиной. По мысли вожака, «питра» должна была состояться в садовой беседке, куда немедленно же и явилась наскоро закуска и множество бутылок пива и меду, из которых Термосесов в ту же минуту стал готовить лампопо.

Варнава Препотенский поместился возле Термосесова. Учитель хотел нимало не медля объясниться с Термосесовым, зачем он юлил около Туганова и помогал угнетать его, Варнаву?

Но, к удивлению Препотенского, Термосесов потерял всякую охоту болтать с ним и, вместо того чтоб ответить ему что-нибудь ласково, оторвал весьма нетерпеливо:

— Мне все равны: и мещане, и дворяне, и люди чёрных сотен[180]. Отстаньте вы теперь от меня с политикой, я пить хочу!

— Однако же вы должны согласиться, что люди семинария воспитанского лучше, — пролепетал, путая слова, Варнава.

— Ну вот, — перебил Термосесов, — то была «любимая мозоль», а теперь «семинария воспитанского»! Вот Цицерон!

— Он это часто, когда разгорячится, хочет сказать одно слово, а скажет совсем другое, — вступился за Препотенского Ахилла и при этом пояснил, что учитель за эту свою способность даже чуть не потерял хорошее знакомство, потому что хотел один раз сказать даме: «Матрёна Ивановна, дайте мне лимончика», да вдруг выговорил: «Лимона Ивановна, дайте мне матренчика!» А та это в обиду приняла.

Термосесов так и закатился весёлым смехом, но вдруг схватил Варнаву за руку и, нагнув к себе его голову, прошептал:

— Поди сейчас запиши мне для памяти тот разговор, который мы слышали от попов и дворян. Понимаешь, насчёт того, что и время пришло, и что Александр Первый не мог, и что в остзейском крае и сейчас не удаётся… Одним словом все, все…

— Зачем же распространяться? — удивился учитель.

— Ну, уж это не твоё дело. Ты иди скорей напиши, и там увидишь на что?.. Мы это подпишем и пошлём в надлежащее место…

— Что вы! что вы это? — громко заговорил, отчаянно замотав руками, Препотенский. — Доносить! Да ни за что на свете.

— Да ведь ты же их ненавидишь!

— Ну так что ж такое?

---

[180] Люди чёрных сотен — здесь: члены цеховых объединений торговцев и ремесленников.

— Ну и режь их, если ненавидишь!

— Да; извольте, я резать извольте, но… я не подлец, чтобы доносы…

— Ну так пошёл вон, — перебил его, толкнув к двери, Термосесов.

— Ага, «вон»! Значит я вас разгадал; вы заодно с Ахилкой.

— Пошёл вон!

— Да-с, да-с. Вы меня позвали на лампопо, а вместо того…

— Да… ну так вот тебе и лампопо! — ответил Термосесов и, щёлкнув Препотенского по затылку, выпихнул его за двери и задвинул щеколду.

Смотревший на всю эту сцену Ахилла смутился и, привстав с места, взял свою шляпу.

— Чего это ты? куда? — спросил его, снова садясь за стол, Термосесов.

— Нет; извините… Я домой.

— Допивай же своё лампопо.

— Нет; исчезни оно совсем, не хочу. Прощайте; моё почтение. — И он протянул Термосесову руку, но тот, не подавая своей руки, вырвал у него шляпу и, бросив её под свой стул, закричал: — Сядь!

— Нет, не хочу, — отвечал дьякон.

— Сядь! тебе говорят! — громче крикнул Термосесов и так подёрнул Ахиллу, что тот плюхнул на табуретку

— Хочешь ты быть попом?

— Нет, не хочу, — отвечал дьякон.

— Отчего же не хочешь?

— А потому, что я к этому не сроден и недостоин.

— Но ведь тебя протопоп обижает?

— Нет, не обижает.

— Да ведь он у тебя, говорят, раз палку отнял?

— Ну так что ж что отнял?

— И глупцом тебя называл.

— Не знаю, может быть и называл

— Донесём на него, что он нынче говорил.

— Что-о-о?

— А вот что!

И Термосесов нагнулся и, взяв из-под стула шляпу Ахиллы, бросил её к порогу.

— Ну так ты, я вижу, петербургский мерзавец, — молвил дьякон, нагибаясь за своею шляпою, но в это же самое время неожиданно получил оглушительный удар по затылку и очутился носом на садовой дорожке, на которой в ту же минуту явилась и его шляпа, а немного подальше сидел на коленях Препотенский. Дьякон даже не сразу понял, как все это случилось, но, увидав в дверях Термосесова, погрозившего ему садовою лопатой, понял, отчего удар был широк и тяжек, и протянул:

171

— Вот так лампопо! Спасибо, что поучил. И с этим он обратился к Варнаве и сказал:

— Что же? пойдём, брат, теперь по домам!

— Я не могу, — отвечал Варнава.

— Отчего?

— Да у меня, я думаю, на всём теле синевы, и болова голит.

— Ну, «болова голит», пройдёт голова. Пойдём домой: я тебя провожу, — и дьякон сострадательно поднял Варнаву на ноги и повёл его к выходу из сада. На дворе уже рассветало.

Отворяя садовую калитку, Ахилла и Препотенский неожиданно встретились лицом к лицу с Бизюкиным.

Либеральный акцизный чиновник Бизюкин, высокий, очень недурной собой человек, с незначащею, но не злою физиономиею, только что возвратился из уезда. Он посмотрел на Ахиллу и Варнаву Препотенского и весело проговорил:

— Ну, ну, однако, вы, ребята, нарезались?

— Нарезались, брат, — отвечал Ахилла, — могу сказать, что нарезались.

— Чем же это вы так угостились? — запытал Бизюкин.

— Ланпопом, друг, нас там угощали. Иди туда в беседку: там ещё и на твою долю осталось.

— Да кто же там? Жена? и кто с нею?

— Дионис, тиран сиракузский[181].

— Ну, однако ж, вы нализались!.. Какой там тиран!.. А вы, Варнава Васильич, уже даже как будто и людей не узнаете? — отнёсся акцизник к Варнаве.

— Извините, — отвечал, робко кланяясь, Препотенский. — Не узнаю. Знако лицомое, а где вас помнил, не увижу.

— Вон он даже, как он, бедный, уж совсем плохо заговорил! — произнёс дьякон и потащил Варнаву с гостеприимного двора.

Спустя несколько минут Ахилла благополучно доставил Варнаву до дома и сдал его на руки просвирне, удивлённой неожиданною приязнью дьякона с её сыном и излившейся в безмерных ему благодарностях.

Ахилла ничего ей не отвечал и, придя домой, поскорее потребовал у своей Эсперансы медную гривну.

— Вы, верно, обо что-нибудь ударились, отец дьякон? —

---

[181] Дионис, тиран сиракузский. — Дионисий — имя двух тиранов (изначальное значение: неограниченный правитель) Сиракузских: Дионисия Старшего (правил в 406-367 годах до н. э.) и его сына Дионисия Младшего (правил в 367-343 годах до н. э). Кого из них имеет в виду Ахилла, не ясно.

полюбопытствовала старуха, видя, как Ахилла жмёт к затылку поданную гривну.

— Да, Эсперанса, я ударился, — отвечал он со вздохом, — но только если ты до теперешнего раза думала, что я на мою силу надеюсь, так больше этого не думай Отец протопоп министр юстиции; он правду мне, Эсперанса, говорил: не хвались, Эсперанса, сильный силою своею, ни крепкий крепостью своею!

И Ахилла, опустив услужающую, присел на корточки к окну и, все вздыхая, держал у себя на затылке гривну и шептал:

— Такое ланпопо вздулось, что по-настоящему дня два показаться на улицу нельзя будет.

ГЛАВА 7

Протопоп возвратился домой очень взволнованный и расстроенный. Так как он, по причине празднества, пробыл у исправника довольно долго, то домоседка протопопица Наталья Николаевна, против своего всегдашнего обыкновения, не дождалась его и легла в постель, оставив, однако, дверь из своей спальни в зал, где спал муж, отпертою. Наталья Николаевна непременно хотела проснуться при возвращении мужа.

Туберозов это понял и, увидав отворённую дверь в спальню жены, вошёл к ней и назвал её по имени.

Наталья Николаевна проснулась и отозвалась.

— Не спишь?

— Нет, дружечка Савелий Ефимыч, не сплю.

— Ну и благо; мне хочется с тобой говорить.

И старик присел на краешек её кровати и начал пересказывать жене свою беседу с предводителем, а затем стал жаловаться на общее равнодушие к распространяющемуся повсеместно в России убеждению, что развитому человеку «стыдно веровать». Он представил жене разные свои опасения за упадок нравов и потерю доброго идеала. И как человек веры, и как гражданин, любящий отечество, и как философствующий мыслитель, отец Савелий в его семьдесят лет был свеж, ясен и тёпел: в каждом слове его блестел здравый ум, в каждой ноте слышалась задушевная искренность.

Наталья Николаевна не прерывала возвышенных и страстных речей мужа ни одним звуком, и он говорил на полной свободе, какой не давало ему положение его ни в каком другом месте.

— И представь же ты себе, Наташа! — заключил он, заметив, что уже начинает рассветать и его канарейка, проснувшись, стала чистить о жёрдочку свой носик, — и представь себе, моя добрая старушка, что ведь ни в чем он меня, Туганов, не опровергал и во всем со мною согласился, находя и сам, что у нас, как покойница Марфа Андревна говорила, и хвост долог, и нос долог, и мы стоим как кулики на болоте да перекачиваемся: нос вытащим — хвост завязнет, а хвост вытащим — нос завязнет; но горячности, какой требует такое положение, не обличил.. Ужасное равнодушие!

Наталья Николаевна молчала.

— И в дополнение ко всему меня же ещё назвал «маньяк»!.. Ну скажи, сделай милость, к чему это такое название ко мне может относиться и после чего? (Савелий продолжал, понизив голос.) Меня назвал «маньяком», а сам мне говорит… Я ему поставил вопрос, что все же, мол… мелко ли это или не мелко, то что я указываю, но все это знамения царящего в обществе духа. «И что же, мол, если теперь с этою мелочью не справимся, то как набольшие-то наши тогда думают справляться, когда это вырастет?» А он по этой, ненавистной мне, нашей русской шутливости изволил оповедать анекдот, который действительно очень подходящ к делу, но которого я, по званию своему, никому, кроме тебя, не могу и рассказать! Говорит, что был-де будто один какой-то офицер, который, вступив на походе в одну квартиру, заметил по соседству с собою замечательную красавицу и, пленясь её видом, тотчас же, по своему полковому обычаю, позвал денщика и говорит: «Как бы, братец, мне с сею красавицей познакомиться?» А денщик помялся на месте и, как ставил в эту пору самовар, вдруг восклицает: «Дымом пахнет!» Офицер вскочил и бросился в комнату к сей прелестнице, говоря: «Ай, сударыня, у вас дымом пахнет, и я пришёл вас с вашею красотой спасти от пламени пожара», и таким образом с нею познакомился, а денщика одарил и напоил водкой. Но спустя немалое время тот же охотник до красоты, перейдя на другое место, также увидал красивую даму, но уже не рядом с собою, а напротив своего окна через улицу, и говорит денщику: «Ах, познакомь меня с сею дамой!», но тот, однако, сумел только ответить снова то же самое, что «дымом пахнет!» И офицер увидал, что напрасно он полагался на ум сего своего помощника, и желанного знакомства через него вторично уже не составил. Заключай же, какая из сего является аналогия: у нас в необходимость просвещённого человека вменяется безверие, издёвка над родиной, в оценке людей, небрежение о святыне семейных уз, неразборчивость, а иносказательная красавица наша, наружная цивилизация, досталась нам просто; но теперь, когда нужно знакомиться с красавицей иною, когда нужна духовная самостоятельность… и сия красавица сидит насупротив у своего окна, как мы её достанем? Хватимся и ахнем: «Ах, мол, как бы нам с нею познакомиться!» А нескладные денщики что могут на сие ответить кроме того, что, мол, «дымом пахнет». Что тогда в этом проку, что «дымом пахнет»?

— Да, — уронила, вздохнув, Наталья Николаевна.

— Ну то-то и есть! Стало быть, и тебе это ясно: кто же теперь «маньяк»? Я ли, что, яснее видя сие, беспокоюсь, или те, кому все это ясно и понятно, но которые смотрят на все спустя рукава: лишь бы-де по наш век стало, а там хоть все пропади! Ведь это-то и значит: «дымом пахнет». Не так ли, мои друг?

— Да, голубчик, это верно девчонка встала самовар ставить! — проговорила скороговоркой сонным голосом Наталья Николаевна.

Туберозов понял, что он все время говорил воздуху, не имеющему ушей для того, чтоб его слышать, и он поник своею белою головой и улыбнулся.

Ему припомнились слова, некогда давно сказанные ему покойною боярыней Марфой Плодомасовой: «А ты разве не одинок? Что же в том, что у тебя есть жена добрая и тебя любит, а все же чем ты болеешь, ей того не понять. И так всяк, кто подальше брата видит, будет одинок промеж своих».

— Да, одинок! всемерно одинок! — прошептал старик. — И вот когда я это особенно почувствовал? когда наиболее не хотел бы быть одиноким, потому что... маньяк ли я или не маньяк, но... я решился долее ничего этого не терпеть и на что решился, то совершу, хотя бы то было до дерзости...

И старик тихо поднялся с кровати, чтобы не нарушить покоя спящей жены, перекрестил её и, набив свою трубку, вышел с нею на двор и присел на крылечке.

ГЛАВА 8

У Туберозова была большая решимость на дело, о котором долго думал, на которое давно порывался и о котором никому не говорил. Да и с кем он мог советоваться? Кому мог он говорить о том, что задумал? Не смиренному ли Захарии, который «есть так, как бы его нет»; удалому ли Ахилле, который живёт как стихийная сила, не зная сам, для чего и к чему он поставлен; не чиновникам ли, или не дамам ли, или, наконец, даже не Туганову ли, от которого он ждал поддержки как от коренного русского барина? Нет, никому и даже ни своей елейной Наталье Николаевне, которой запах дыма и во сне только напоминает один самовар...

— Она, голубка, и во сне озабочена, печётся одним, как бы согреть и напоить меня, старого, тёплым, а не знает того, что согреть меня может иной уголь, горящий во мне самом, и лишь живая струя властна напоить душевную жажду мою, которой нет утоления при одной мысли, что я старый... седой... полумертвец... умру лежачим камнем и... потеряю утешение сказать себе пред смертью, что... силился по крайней мере присягу выполнить и... и возбудить упавший дух собратий!

Старик задумался. Тонкие струйки вакштафного дыма, вылетая из-под его седых усов и разносясь по воздуху, окрашивались янтарного пронизью взошедшего солнца; куры слетели с насестей и, выйдя из закутки, отряхивались и чистили перья. Вот на мосту заиграл в липовую дудку пастух, на берегу зазвенели о водонос пустые вёдра на плечах босой бабы; замычали коровы, и собственная работница протопопа, крестя зевающий рот, погнала за ворота хворостиной коровку; канарейка трещит на окне, и день во всём сиянии.

Вот ударили в колокол.

Туберозов позвал работника и послал его за дьячком Павлюканом.

«Да, — размышлял в себе протопоп, — надо уйти от себя, непременно уйти и... покинуть многозаботливость. Поищу сего».

На пороге калитки показалась молодая цыганка с ребёнком у груди, с другим за спиной и с тремя цеплявшимися за её лохмотья.

— Дай что-нибудь, пан отец, счастливый, талантливый! — приступила она к Савелию.

— Что ж я тебе дам, несчастливая и бесталанная? Жена спит, у меня денег нет.

— Дай что-нибудь, что тебе не надо; за то тебе честь и счастие будет.

— Что же бы не надобно мне? А, а! Ты дело сказала, — у меня есть что мне не надо!

И Туберозов сходил в комнаты и, вынеся оттуда свои чубуки с трубками, бисерный кисет с табаком и жестянку, в которую выковыривал пепел, подал все это цыганке и сказал:

— На тебе, цыганка, отдай это все своему цыгану — ему это пристойнее.

Наталья Николаевна спала, и протопоп винил в этом себя, потому что все-таки он долго мешал ей уснуть то своим отсутствием, то своими разговорами, которых она хотя и не слушала, но которые тем не менее все-таки её будили.

Он пошёл в конюшню и сам задал двойную порцию овса паре своих маленьких бурых лошадок и тихо шёл через двор в комнаты, как вдруг неожиданно увидал входившего в калитку рассыльного солдата акцизного Бизюкина. Солдат был с книгой.

Протопоп взял из его рук разносную книгу и, развернув её, весь побагровел; в книге лежал конверт, на котором написан был следующий адрес: «Благочинному Старогородского уезда, протопопу Савелию Туберкулову». Слово «Туберкулову» было слегка перечёркнуто и сверху написано: «Туберозову».

— Велели сейчас расписку представить, — сказал солдат.

— А кто это велел?

— Этого приезжего чиновника секретарь.

— Ну, подождёт.

Протопоп понял, что это было сделано неспроста, что с ним идут на задор и, вероятно, имеют за что зацепиться.

«Что б это такое могло быть? И так рано... ночь, верно, не спали, сочиняя какую-нибудь мерзость... Люди досужие!»

Думая таким образом, Туберозов вступил в свою залитую солнцем зальцу и, надев круглые серебряные очки, распечатал любопытный конверт.

ГЛАВА 9

Щекотливая бумага была нечто бесформенное, которым в неприятных, каверзливых выражениях, какими преизобилует канцелярский язык, благочинный Туберозов не то приглашался, не то вызывался «конфиденциально» к чиновнику Борноволокову «для дачи объяснений относительно важных предметов, а также соблазнительных и непристойных поступков дьякона Ахиллы Десницына».

— Фу ты, прах вас возьми, да уж это не шутка ли глупейшая?.. Неужто уж они вздумали шутить надо мною таким образом?!. Но нет, это не шутка: «Туберкулову»... Фамилия моя перековеркана с явным умыслом оскорбить меня и... и потом «соблазнительное и непристойное поведение» Ахиллы!.. Что все это такое значит и на что сплетается?.. Дабы их не потешить и не впасть в погрешность, испробуем метод выжидательный, в неясных случаях единственно уместный.

Протопоп взял перо и под текстом бесформенной бумаги написал: «Благочинный Туберозов, не имея чести знать полномочий требующего его лица, не может почитать в числе своих обязанностей явку к нему по сему зову или приглашению», и потом, положив эту бумагу в тот же конверт, в котором она была прислана, он надписал поперёк адреса: «Обратно тому, чьего титула и величания не знаю».

Кинув все это в ту же рассыльную книгу, в которой бумага была доставлена, он вышел на крыльцо и отдал книгу солдату; явившемуся длинному дьячку Павлюкану велел мазать кибитку и готовиться через час ехать с ним в уезд по благочинию, а работницу послал за Ахиллой.

Меж тем встала Наталья Николаевна и, много извиняясь пред мужем, что она вчера уснула во время его рассказа, начала собирать ему его обыкновенный путевой чемоданчик, но при этом была удивлена тем, что на вопрос её: куда сунуть табак? протопоп коротко отвечал, что он больше не курит табаку, и вслед за тем обратился к вошедшему в эту минуту дьякону.

— Я сейчас еду по благочинию, а тебя попросил к себе, чтобы предупредить, — заговорил он к Ахилле, но тот его сейчас же перебил.

— Уж покорно вас благодарю, отец протоиерей, я уже предупреждён.

— Да; но это пока ещё ничего: не очень-то я сего пугаюсь, но, пожалуйста, прошу тебя, будь ты хотя в моё отсутствие посолиднее.

— Да уж теперь, отец протоиерей… хоть бы и вы не изволили говорить, так все кончено.

Туберозов остановился и посмотрел на него пристальным, проницающим взором. Фигура и лицо дьякона были не в авантаже; его густые природные локоны лежали на голове как сдвинувшаяся фальшивая накладка; правый висок был слишком далеко обнажён, левый закрыт до самого глаза.

Протопоп смекал, что б это такое ещё могло случиться с неосторожным дьяконом, а тот, потупив глаза в свою шляпу, заговорил:

— Я ещё вчера же, отец протопоп… как только пришёл домой от Бизюкинши… потому что мы все от исправника к ней ещё заходили, как вернулся, сейчас и сказал своей услужающей: «Нет, говорю, Эсперанса, отец Савелий справедлив: не надейся сильный на свою силу и не хвались своею крепостью».

Протопоп вместо ответа подошёл к дьякону и приподнял рукой волосы, не в меру закрывшие всю левую часть его лица.

— Нет, отец Савелий, здесь ничего, а вот тут, — тихо проговорил Ахилла, переводя руку протопопа себе на затылок.

— Стыдно, дьякон, — сказал Туберозов.

— И больно даже, отец протопоп! — отвечал, ударив себя в грудь Ахилла и горько заплакал, лепеча: — За это я себя теперь ежечасно буду угрызать.

Туберозов не подлил ни одной капли в эту чашу страдания Ахиллы, а, напротив, отполнил от неё то, что лилось через край; он прошёлся по комнате и, тронув дьякона за руку, сказал:

— Помнишь ли, ты меня когда-то весьма хорошо укорял трубкой?

— Простите.

— Нет; я тебе за это благодарен и хотя особенно худого в этом курении не усматриваю и привычку к сему имел, но дабы не простирать речей, сегодня эту привычку бросил и все свои трубки цыганам отдал.

— Цыганам! — воскликнул, весь просияв, дьякон.

— Да; это тебе все равно, кому я их отдал, но отдай же и ты кому-нибудь свою удаль: ты не юноша, тебе пятьдесят лет, и ты не казак, потому что ты в рясе. А теперь ещё раз будь здоров, а мне пора ехать.

И Туберозов уехал, а дьякон отправился к отцу Захарии, чтоб упросить его немедленно же под каким-нибудь предлогом сходить к акцизному и узнать: из какого звания происходит Термосесов?

— А на что это тебе? — отвечал Бенефактов.

— Да надобно же мне знать, чьего он роду, племени и какого отца с матерью.

Захария взялся забрать эту необходимую для Ахиллы справку.

ГЛАВА 10

В доме Бизюкина утро этого дня было очень неблагополучно: акцизница хватилась бывшего на ней вчера вечером дорогого бриллиантового колье и не нашла его. Прислуга была вся на ногах; хозяева тоже. Пропажу искали и в беседке, и по всему дому, и нигде не находили.

Борноволоков приступил к ревизии, а Термосесов был ожесточённо занят; он все возился около тарантасного ящика, служившего вместилищем его движимости. Достав отсюда из своей фотографической коллекции несколько карточек членов императорской фамилии, Термосесов почистил резинкой и ножичком те из них, которые ему показались запылёнными, и потом, положив их в конвертик, начал писать письмо в Петербург к какому-то несуществующему своему приятелю. Не зная планов Термосесова, объяснить себе этого невозможно. Он тут описывал красу природы, цвет розо-жёлтый облаков, и потом свою дружбу с Борноволоковым, и свои блестящие надежды на служебную карьеру, и наследство в Самарской губернии, а в конце прибавлял лёгкий эскиз виденного им вчера старогородского общества, которое раскритиковал страшно и сделал изъятие для одной лишь почтмейстерши. «Эта женщина, — писал он, — вполне достойна того, чтобы на ней остановиться. Представь, что тут даже как будто что-то роковое, я увидал её и сразу почувствовал к ней что-то сыновнее. Просто скажу тебе, что, кажется, если б она меня захотела высечь, то я поцеловал бы у неё с благодарностью руку. А впрочем, я и сам ещё не знаю, чем это кончится, у неё есть две дочери. Одна из них настоящая мать, да и другая, верно, будет не хуже. Кто, брат, знает, для чего неисповедимые судьбы сблизили меня с этим семейством высокоуважаемой женщины? Может быть, придётся пропеть „Ты прости, прощай, волюшка". Не осуждай, брат, а лучше, когда будешь ехать домой, закати и сам сюда на недельку! Кто, брат, знает, что и с тобой будет, как увидишь? Одному ведь тоже жить не радостно, а тем паче теперь, когда мы с тобой в хлебе насущном обеспечены да ещё людям помогать можем! Затем прощай покуда. Я тебе, впрочем, верно опять скоро буду писать, потому что я из лица этой почтённой почтмейстерши задумал сделать литературный очерк и через тебя пошлю его, чтобы напечатать в самом лучшем журнале. Твой Термосесов».

Адресовав письмо на имя Николая Ивановича Иванова, Термосесов погнул запечатанный конверт между двумя пальцами и, убедясь, что таким образом можно прочесть всю его приписку насчёт почтмейстерши, крякнул и сказал: «Ну-ка, посмотрим теперь, правду ли говорил вчера Препотенский, что она подлепливает письма? Если правда, так я благоустроюсь».

С этим он взял письмо и карточки и пошёл в почтовую контору. Кроме этого письма, в кармане Термосесова лежало другое сочинение, которое он написал в те же ранние часы, когда послал повестку Туберозову. В этом писании значилось:

«Комплот демократических социалистов, маскирующихся патриотизмом, встречается повсюду, и здесь он группируется из чрезвычайно разнообразных элементов, и что всего вредоноснее, так это то, что в этом комплоте уже в значительной степени участвует духовенство — элемент чрезвычайно близкий к народу и потому самый опасный. Результаты печальных промахов либеральной терпимости здесь безмерны и неисчислимы. Скажу одно: с тех пор как некоторым газетам дозволено было истолковать значение, какое имело русское духовенство в Галиции, и наши многие священники видимо стремятся подражать галицким духовным. Они уже не довольствуются одним исполнением церковных треб, а агитируют за свободу церкви и за русскую народность.

Старогородский протопоп Савелий Туберозов, уже не однажды обращавший на себя внимание начальства своим свирепым и дерзким характером и вредным образом мыслей, был многократно и воздерживаем от своих непозволительных поступков, но, однако, воздерживается весьма мало и в сущности полон всяких революционных начал.

Не хочу предрешать, сколько он может быть вреден целям правительства, но я полагаю, что вред, который он может принести, а частию уже и приносит, велик бесконечно. Протопоп Туберозов пользуется здесь большим уважением у всего города, и должно сознаться, что он владеет несомненным умом и притом смелостью, которая, будучи развита долгим потворством начальства, доходит у него до бесстрашия. Такой человек должен бы быть во всех своих действиях ограничен как можно строже, а он между тем говорит обо всём, нимало не стесняясь, и вдобавок ещё пользуется правом говорить всенародно в церкви.

Этот духовный элемент, столь близкий к народу, с другой стороны, видимо начинает сближаться и со всею земщиной, то есть с поместным дворянством. Так, например, этот подозрительный протопоп Туберозов пользуется, по-видимому, расположением и покровительством предводителя Туганова, личность и взгляды которого столь вам известны. Г-н Туганов, быв здесь на вечере у здешнего исправника, говорил, что «от земли застят солнце», очевидно разумея под словом земля — народ, а под солнцем — монарха, но а кто же застит, то уже не трудно определить, да, впрочем, он и сам это объяснил, сказав в разговоре, что он человек земский, а «губернатор калиф на час». И наконец, кроме всего этого, когда ему один здешний учитель, Препотенский, человек совершенно глупый, но вполне благонадёжный, сказал, что все мы не можем отвечать: чем и как Россия управляется? то он с наглою циничностью отвечал: «Я, говорит, в этом случае питаю большое доверие к словам екатерининского Панина, который говорил, что Россия управляется милостью божиею и глупостью народною». На все это имею честь обратить внимание вашего превосходительства и при сём считаю своею обязанностью свидетельствовать пред вашим превосходительством о незаменимых заслугах находящегося при мне вольнонаёмного канцелярского служителя Измаила Петрова Термосесова, тонкой наблюдательности которого и уменью проникать во все слои общества я обязан многими драгоценными сведениями, и смею выразить ту мысль, что если бы начальству угодно было употребить этого даровитого человека к самостоятельной работе в наблюдательном роде, то он несомненно мог бы принесть лользу безмерную».

Идучи с этою бумагой, Термосесов кусал себе губы и вопрошал себя:

— Подпишет ли каналья Борноволоков эту штуку? Да ничего — хорошенько нажму, так все подпишет!

ГЛАВА 11

Термосесов зашёл сначала в контору, подал здесь письмо и потом непосредственно отправился к почтмейстерше. Они встретились друзьями; он поцеловал её руку, она чмокнула его в темя и благодарила за честь его посещения.

— Помилуйте, мне вас надо благодарить, — отвечал Термосесов, — такая скука. Даже всю ночь не спал от страху, где я и с кем я?

— Да, она такая невнимательная, Дарья Николаевна, то есть не невнимательная, а не хозяйка.

— Да, кажется.

— Как же! она ведь все за книгами.

— Скажите, какие глупости! Тут надо смотреть, а не читать. Я, знаете, как вчера всех ваших посмотрел и послушал… просто ужас.

— Уж я говорила вчера дочерям: «Весело, — я говорю, — должно быть, было нашему заезжему гостю?»

— Нет; относительно этого ничего. Я ведь служу не из-за денег, а больше для знакомства с краем.

— Ах, так вы у нас найдёте бездну материалов для наблюдения!

— Вот именно для наблюдения! А вот, кстати, и те портреты, которые вы мне позволили принесть. Позвольте, я их развешу.

Почтмейстерша не знала, как ей благодарить.

— Это будет работа, которою я с удовольствием займусь, пока увижу ваших прекрасных дочерей… Надеюсь, я их увижу?

Почтмейстерша отвечала, что они ещё не одеты, потому что хозяйничают, но что тем не менее они выйдут.

— Ах, прошу вас, прошу вас об этом, — умолял Термосесов, и когда обольщённая им хозяйка вышла, он стал размещать по стене портреты на гвоздях, которые принёс с собою в кармане.

Туалет девиц продолжался около часа, и во все это время не являлась и почтмейстерша.

«Добрый знак, добрый знак, — думал Термосесов. — Верно, зачиталась моей литературы».

Но вот появились и предводимые матерью девицы. Измаил Петрович кинул быстрый и проницательный взгляд на мать. Она сияла и брызгала лучами восторга.

«Клюнула моего червячка, клюнула!» — мигнул себе Термосесов и удесятерил свою очаровательную любезность. Но чтобы ещё верней дознаться, «клюнула» ли почтмейстерша, он завёл опять речь о литературе и о своём дорожном альбоме впечатлений и заметок.

— Портретов! Бога ради, более портретов! более картинок с натуры! — просила почтмейстерша.

— Да, я уж написал, как мне представилось все здешнее общество, и, простите, упомянул о вас и о вашей дочери… Так, знаете, немножко, вскользь… Вот если бы можно было взять назад моё письмо, которое я только что подал…

— Ах нет, на что же! — отвечала, вспыхнув, почтмейстерша.

«Клюнула, разбойница, клюнула!» — утешался Термосесов и настаивал на желании прочесть дамам то, что он о них написал. В зале долгое время только и слышалось: «Нет, на что же читать? мы вам и так верим!» и «Нет-с, почему же не прочесть?.. Вы мне, бога ради, не доверяйтесь!»

Доводы Термосесова слишком соблазнительно действовали на любопытство девиц, из них то одна, то другая начали порываться сбегать к отцу в контору и принести интересное письмо заезжего гостя.

Как почтмейстерша ни останавливала их и словами и знаками, они все-таки не понимали и рвались, но зато Термосесов понял все в совершенстве; письмо было в руках хозяйки, теперь его надо было взять только из её рук и тем её самое взять в руки.

Термосесов, не задумываясь ни на одну минуту, сорвался с места и, несмотря на все удерживанья и зовы, бросился с предупредительностью в контору, крича, что он, наконец, и сам уже не властен отказать себе в удовольствии представить дамам лёгкие штрихи своих глубоких от них восторгов.

Удержать его стремительности не могли никакие просьбы, а письма в конторе действительно не было.

ГЛАВА 12

Измаил Петрович возвратился к дамам в крайнем смущении и застал их в ещё большем. Девицы при его приходе обе вскочили и убежали, чтобы скрыть слезы, которые прошибли их от материнской гонки, но почтмейстерша сама осталась на жертву.

Термосесов стал перед нею молча и улыбался.

— Я вижу вас, — заговорила, жеманясь, дама, — и мне стыдно.

— Письмо у вас?

— Что делать? я не утерпела: вот оно.

— Это хорошо, что вы этим не пренебрегаете, — похвалил её Термосесов, принимая из её рук своё запечатанное письмо.

— Нет, мне стыдно, мне ужасно стыдно, но что делать… я женщина…

— Полноте, пожалуйста! Женщина! тем лучше, что вы женщина. Женщина-друг всегда лучше друга-мужчины, а я доверчив, как дурак, и нуждаюсь именно в такой… в женской дружбе! Я сошёлся с господином Борноволоковым… Мы давно друзья, и он и теперь именно более мой друг, чем начальник, по крайней мере я так думаю.

— Да, я вижу, вижу; вы очень доверчивы и простодушны.

— Я дурак-с в этом отношении! совершенный дурак! Меня маленькие дети, и те надувают!

— Это нехорошо, это ужасно нехорошо!

— Ну а что же вы сделаете, когда уж такая натура? Мне одна особа, которая знает нашу дружбу с Борноволоковым, говорит: «Эй, Измаил Петрович, ты слишком глупо доверчив! Не полагайся, брат, на эту дружбу коварную. Борноволоков в глаза одно, а за глаза совсем другое о тебе говорит», но я все-таки не могу и верю.

— Зачем же?

— Да вот подите ж! как в песенке поётся: «И тебя возненавидеть и хочу, да не могу[182]». Не могу-с, я не могу по одним подозрениям переменять своё мнение о человеке, но… если бы мне представили доказательства!.. если б я мог слышать, что он говорит обо мне за глаза, или видеть его письмо!.. О, тогда я весь век мой не забыл бы услуг этой дружбы.

Почтмейстерша пожалела, что она даже и в глаза не видала этого коварного Борноволокова, и спросила: нет ли у Термосесова карточки этого предателя?

— Нет, карточки нет; но письмо есть. Вот его почерк. И он показал и оставил на столе у почтмейстерши обрывок листка, исписанного рукой Борноволокова.

ГЛАВА 13

Эта вторая удочка была брошена ещё метче первой, и пред вечером, когда Термосесов сидел с Борноволоковым и Бизюкиным за кофе, явился почтальон с просьбой, чтоб Измаил Петрович сейчас пришёл к почтмейстерше.

— А, да! я ей дал слово ехать нынче с ними за город в какую-то рощу и было совсем позабыл! — отвечал Термосесов и ушёл вслед за почтальоном.

Почтмейстерша встретила его одна в зале и, сжав его руку, прошептала:

— Ждите меня! я сейчас приду, — и с тем она вышла. Когда почтмейстерша чрез минуту обратно вернулась,

Термосесов стоял у окна и бил себя по спине фуражкой. Почтмейстерша осмотрелась; заперла на ключ дверь и, молча вынув из кармана письмо, подала его Термосесову.

Термосесов взял конверт, но не раскрывал его: он играл роль простяка и как будто ожидал пояснения, что ему с этим письмом делать?

— Смело, смело читайте, сюда никто не взойдёт, — проговорила ему хозяйка.

---

[182] «И тебя возненавидеть и хочу, да не могу» — неточная цитата из стихотворения Я. П. Полонского «Подойди ко мне, старушка».

Термосесов прочёл письмо, в котором Борноволоков жаловался своей петербургской кузине Нине на своё несчастие, что он в Москве случайно попался Термосесову, которого при этом назвал «страшным негодяем и мерзавцем», и просил кузину Нину «работать всеми силами и связями, чтобы дать этому подлецу хорошее место в Польше или в Петербурге, потому что иначе он, зная все старые глупости, может наделать черт знает какого кавардаку, так как он способен удивить свет своею подлостью, да и к тому же едва ли не вор, так как всюду, где мы побываем, начинаются пропажи».

Термосесов дочитал это письмо своего друга и начальника очень спокойно, не дрогнув ни одним мускулом, и, кончив чтение, молча же возвратил его почтмейстерше.

— Узнаете вы своего друга?

— Не ожидал этого! Убей меня бог, не ожидал! — отвечал Термосесов, вздохнув и закачав головой.

— Я признаюсь, — заговорила почтмейстерша, вертя с угла на угол возвращённое ей письмо, — я даже изумилась... Мне моя девушка говорит: «Барыня, барыня! какой-то незнакомый господин бросил письмо в ящик!» Я говорю: «Ну что ж такое?», а сама, впрочем, думаю, зачем же письмо в ящик? у нас это ещё не принято у нас письмо в руки отдают. Честный человек не станет таиться, что он посылает письмо, а это непременно какая-нибудь подлость! И вы не поверите, как и почему?.. просто по какому-то предчувствию говорю: «Нет, я чувствую, что это непременно угрожает чем-то этому молодому человеку, которого я... полюбила, как сына».

Термосесов подал почтмейстерше руку и поцеловал её руку.

— Право, — заговорила почтмейстерша с непритворными нервными слезами на глазах. — Право... я говорю, что ж, он здесь один... я его люблю, как сына; я в этом не ошибаюсь, и слава богу, что я это прочитала.

— Возьмите его, — продолжала она, протягивая письмо Термосесову, — возьмите и уничтожьте.

— Уничтожить — зачем? нет, я его не уничтожу. Нет; пусть его идёт, куда послано, но копийку позвольте, я только сниму с него для себя копийку.

Термосесов сразу сообразил, что хотя это письмо и не лестно для его чести, но зато весьма для него выгодно в том отношении, что уж его, как человека опасного, непременно пристроят на хорошее место.

Списав себе копию, Термосесов, однако, спрятал в карман и оригинал и ушёл погулять.

Он проходил до позднего вечера по загородным полям и вернулся поздно, когда уже супруги Бизюкины отошли в опочивальню, а Борноволоков сидел один и что-то писал.

— Строчите вы, ваше сиятельство! Уже опять что-то строчите? — заговорил весело Термосесов.

В ответ последовало одно короткое бесстрастное «да».

— Верно, опять какую-нибудь гадость сочиняете?

Борноволоков вздрогнул.

— Ну, так и есть! — лениво произнёс Термосесов, и вдруг неожиданно запер дверь и взял ключ в карман.

Борноволоков вскочил и быстро начал рвать написанную им бумажку.

ГЛАВА 14

Жестоковыйный проходимец расхохотался.

— Ах, как вы всполошились! — заговорил он. — Я запер дверь единственно для того, чтобы посвободнее с вами поблагодушествовать, а вы все сочинение порвали.

Борноволоков сел.

— Подпишите вот эту бумажку. Только чур её не рвать.

Термосесов положил пред ним ту бесформенную бумагу, в которой описал правду и неправду о Туберозове с Тугановым и положил себе аттестацию.

Борноволоков бесстрастно прочёл её всю от начала до конца.

— Что же? — спросил Термосесов, видя, что чтение окончено, — подписываете вы или нет?

— Я мог бы вам сказать, что я удивляюсь, но...

— Но я вас уже отучил мне удивляться! Я это прекрасно знаю, и я и сам вам тоже не удивляюсь, — и Термосесов положил пред Борноволоковым копию с его письма кузине Нине, и добавил:

— Подлинник у меня-с.

— У вас!.. но как же вы смели?

— Ну, вот ещё мы с вами станем про смелость говорить! Этот документ у меня по праву сильного и разумного.

— Вы его украли?

— Украл.

— Да это просто черт знает что!

— Да как же не черт знает что: быть другом и приятелем, вместе Россию собираться уничтожить, и вдруг потом аттестовать меня чуть не последним подлецом и негодяем! Нет, батенька: это нехорошо, и вы за то мне совсем другую аттестацию пропишите.

Борноволоков вскочил и заходил.

— Сядьте; это вам ничего не поможет! — приглашал Термосесов. —

Надо кончить дело миролюбно, а то я теперь с этим вашим письмецом, заключающим указания, что у вас в прошедшем хвост не чист, знаете куда могу вас спрятать? Оттуда уже ни полячишки, ни кузина Нина не выручат.

Борноволоков нетерпеливо хлопнул себя по ляжкам и воскликнул:

— Как вы могли украсть моё письмо, когда я его сам своими руками опустил в почтовый ящик?

— Ну вот, разгадывайте себе по субботам: как я украл? Это уже моё дело, а я в последний раз вам говорю: подписывайте! На первом листе напишите вашу должность, чин, имя и фамилию, а на копии с вашего письма сделайте скрепу и ещё два словечка, которые я вам продиктую.

— Вы... вы мне продиктуете?

— Да, да; я вам продиктую, а вы их напишите, и дадите мне тысячу рублей отсталого.

— Отсталого!.. за что?

— За свой покой без меня.

— У меня нет тысячи рублей.

— Я вам под расписку поверю. Рублей сто, полтораста наличностью, а то я подожду... Только уж вот что: разговаривать я долго не буду: вулеву[183], так вуле-ву, а не вуле-ву, как хотите: я вам имею честь откланяться и удаляюсь.

Борноволоков шагал мимо по комнате.

— Думайте, думайте! такого дела не обдумавши не следует делать, но только все равно ничего не выдумаете: я свои дела аккуратно веду, — молвил Термосесов.

— Давайте я подпишу, — резко сказал Борноволоков.

— Извольте-с!

Термосесов обтёр полой перо, обмакнул его в чернило и почтительно подал Борноволокову вместе с копией его письма к петербургской кузине Нине.

— Что писать?

— Сейчас-с. Термосесов крякнул и начал:

— Извольте писать: «Подлец Термосесов». Борноволоков остановился и вытаращил на него глаза. — Вы в самом деле хотите, чтоб я написал эти слова?

— Непременно-с; пишите: «Подлец Термосесов...»

— И вам это даже не обидно?

— Ведь все на свете обидно или не обидно, смотря по тому, от кого идёт.

---

[183] Вуле-ву (франц. voules-vous) — не желаете ли.

— Да; но говорите скорее, чего вы хотите далее; написал: «Подлец Термосесов».

— Покорно вас благодарю-с. Продолжайте.

ГЛАВА 15

Секретарь, стоя за стулом Борноволокова, глядел через его плечо в бумагу и продолжал диктовать: «Подлец Термосесов непостижимым и гениальным образом достал моё собственноручное письмо к вам, в котором я, по неосторожности своей, написал то самое, что вы на этом листке читаете выше, хотя это теперь написано рукой того же негодяя Термосесова».

— Довольно?

— Нет-с, ещё надо набавить. Извольте писать. «Как он взял письмо, собственноручно мною отданное на почту, я этого не могу разгадать, но зато это же самое может вам свидетельствовать об отважности и предприимчивости этого мерзавца, поставившего себе задачей не отступать от меня и мучить меня, пока вы его не устроите на хорошее жалованье. Заклинаю вас общим нашим благополучием сделать для него даже то, чего невозможно, ибо иначе он клянётся открыть все, что мы делали в глупую пору нашего революционерства».

— Нельзя ли последние слова изменить в редакции?

— Нет-с; я как Пилат: еже писах — писах[184]. Борноволоков дописал своё унижение и отбросил лист.

— Теперь вот эту бумагу о духовенстве и о вредных движениях в обществе просто подпишите.

Борноволоков взял в руки перо и начал ещё раз просматривать эту бумагу, раздумался и спросил:

— Что они вам сделали, эти люди, Туберозов и Туганов?

— Ровно ничего.

— Может быть, они прекрасные люди…

— Очень может быть.

— Ну так за что же вы на них клевещете? Ведь это, конечно, клевета?

— Не все, а есть немножко и клеветы!

— За что же это?

---

[184] …я как Пилат: еже писах — писах. — «Первосвященники же иудейские сказали Пилату: не пиши: царь Иудейский, но что Он [Христос] говорил: Я царь Иудейский. Пилат отвечал: что я написал, то написал» (Евангелие от Иоанна, XIX, 21-22). Табличка с надписью «Иисус Назарянин, царь Иудейский» была по приказу Пилата прибита к кресту, на котором был распят Христос.

— Что же делать: мне надо способности свои показать. За вас, чистокровных, ведь дядья да тётушки хлопочут, а мы, парвенюшки, сами о себе печёмся.

Борноволоков вздохнул и с омерзением подписал бумагу, на которой Термосесов строил его позор, Савелиеву гибель и собственное благополучие.

Термосесов принял подписанную ябеду и, складывая бумагу, заговорил:

— Ну, а теперь третье дело сделаем, и тогда шляпу наденем и простимся. Я заготовил векселек на восемьсот рублей и двести прошу наличностью.

Борноволоков молчал и глядел на Термосесова, опершись на стол локтями.

— Что же, в молчанку, что ли, будем играть?

— Нет; я только смотрю на вас и любуюсь.

— Любуйтесь, таков, какого жизнь устроила, и подпишите векселек и пожалуйте деньги.

— За что же, господин Термосесов? За что?

— Как за что? за прежние тайные удовольствия в тиши ночей во святой Москве, в греховном Петербурге; за беседы, за планы, за списки, за все, за все забавы, которых след я сохранил и в кармане и в памяти, и могу вам всю вашу карьеру испортить.

Борноволоков подписал вексель и выкинул деньги.

— Благодарю-с, — ответил Термосесов, пряча вексель и деньги, — очень рад, что вы не торговались.

— А то бы что ещё было?

— А то бы я вдвое с вас спросил.

Термосесов, забрав все свои вымогательства, стал искать фуражку.

— Я буду спать в тарантасе, — сказал он, — а то тут вдвоём нам душно.

— Да, это прекрасно, но вы же, надеюсь, теперь отдадите мне моё собственное письмо?

— Гм! ну, нет, не надейтесь: этого в уговоре не было.

— Но на что же оно вам?

— Да этого в договоре не было. И Термосесов рассмеялся.

— Хотите, я вам ещё денег дам.

— Нет-с, я не жаден-с, меня довольно.

— Фу, какая вы...

— Скотина, что ли? ничего, ничего, без церемоний, я не слушаю и бай-бай иду.

— Так выслушайте же по крайней мере вот что: где бриллианты, которые пропали у Бизюкиной?

— А я почему это должен знать?

189

— Вы… вы были с ней где-то… в беседке, что ли?

— Что же такое, что был? Там и другие тоже были: учителишка и дьякон.

— Да; ну так скажите по крайней мере, не в моих ли вещах где-нибудь эти бриллианты спрятаны?

— А я почему могу это знать?

— Господи! этот человек меня с ума сведёт! — воскликнул Борноволоков, заметавшись.

— А вы вот что… — прошептал, сжав его руку, Термосесов, — вы не вздумайте-ка расписывать об этом своим кузинам, а то… здесь письма ведь не один я читаю.

ГЛАВА 16

Пропавшие бриллианты Бизюкиной, лампопо, поражение Ахиллы и Препотенского, проделки с Дарьей Николаевной и почтмейстершей, наконец шах и мат, данные Борноволокову, — все это, будучи делом почти одних суток, немножко ошеломило самого Термосесова. Он чувствовал неодолимую потребность выспаться и, растянувшись на сене в тарантасе, спал могучим крепким сном до позднего утра. Прохладный сарай, в котором стоял экипаж, обращённый Термосесовым в спальню, оставался запертым, и Измаил Петрович, даже и проснувшись, долго ещё лежал, потягивался, чесал пятки и размышлял.

В размышлениях своих этот фрукт нашего рассадника был особенно интересен с той стороны, что он ни на минуту не возвращался к прошлому и совершившемуся и не останавливался ни на одном из новых лиц, которых он так круто и смело обошёл самыми бесцеремонными приёмами. Хотя это и может показаться странным, но позволительно сказать, что в Термосесове была даже своего рода незлобивость, смешанная с бесконечною нравственною неряшливостию нахала и пренебрежительностию ко всем людям и ко всяким мнениям. Он словно раз навсегда порешил себе, что совесть, честь, любовь, почтение и вообще все так называемые возвышенные чувства — все это вздор, гиль, чепуха, выдуманная философами, литераторами и другими сумасшедшими фантазёрами. Он не отрицал, — нет, это было бы слишком спорно, — он просто знал, что ничего подобного нет и что потому не стоит над этим и останавливаться. Не менее странно относился он и к людям: он не думал, что предстоящая ему в данную минуту личность жила прежде до встречи с ним и хочет жить и после, и что потому у неё есть свои исторические оглядки и свои засматриванья вперёд. Нет, по его, каждый человек выскакивал пред ним, как дождевой пузырь или гриб, именно только на ту минуту, когда Термосесов его видел, и он с ним тотчас же распоряжался и эксплуатировал его самым дерзким и бесцеремонным образом, и потом, как только тот отслуживал ему свою службу, он немедленно же просто позабывал его. На своём циническом языке он простодушно говорил: «я кого обижу, после на него никогда не сержусь», и это было верно. Если бы теперь к нему под сарай зашёл Ахилла или Препотенский, он мог бы заговорить с ними, нимало не смущаясь ничем происшедшим вчерашнею ночью.

Поймав Борноволокова, о котором давно было позабыл, он схватился за него и сказал: я на нем повисну! И повис. Встретив Бизюкину, он пожелал за ней приударить, и приударил; занимаясь её развитием черт знает для чего, он метнул мыслью на возможность присвоить себе бывшие на ней бриллианты и немедленно же привёл все это в исполнение, и притом спрятал их так хитро, что если бы, чего боже сохрани, Бизюкины довели до обыска, то бриллианты оказались бы, конечно, не у Термосесова, а у князя Борноволокова, который носил эти драгоценности чуть ли не на самом себе; они были зашиты в его шинели. О протопопе Туберозове Термосесов, разумеется, даже и совсем никогда не размышлял и при первых жалобах Бизюкиной на протопопа бросал на ветер обещания стереть этого старика, но потом вдохновился мыслью положить его ступенью для зарекомендования своих «наблюдательных способностей», и теперь никакие силы не отвлекли бы его от упорного стремления к исполнению этого плана.

Если бы старый протопоп это знал, то такая роль для него была бы самым большим оскорблением, но он, разумеется, и на мысль не набредал о том, что для него готовится, и разъезжал себе на своих бурках из села в село, от храма к храму; проходил многие версты по лесам; отдыхал в лугах и на рубежах нив и укреплялся духом в лоне матери-природы.

А в городе в это время неустанными усилиями Термосесова была уже затравлена длинная петля. Жалоба мещанина Данилки возымела ход, ничтожное происшествие стало делом, требующим решения по законам.

Ахилла был в ужасе: он метался то туда, то сюда, всех спрашивая:

— Ах, браточки мои, куда меня теперь за Данилку засудят?

Суд был для него страшнее всего на свете.

Слухи о предстоящем судьбище поползли из города в уезд и в самых нелепейших преувеличениях дошли до Туберозова, который сначала им не верил, но потом, получая отовсюду подтверждения, встревожился и, не объехав всего благочиния, велел Павлюкану возвращаться в город.

ГЛАВА 17

Шумные известия о напастях на дьякона Ахиллу и о приплетении самого протопопа к этому ничтожному делу захватили отца Савелия в далёком приходе, от которого до города было по меньшей мере двое суток езды.

Дни стояли невыносимо жаркие. От последнего села, где Туберозов ночевал, до города оставалось ехать около пятидесяти вёрст. Протопоп, не рано выехав, успел сделать едва половину этого пути, как наступил жар неодолимый: бедные бурые коньки его мылились, потели и были жалки. Туберозов решил остановиться на покорм и последний отдых: он не хотел заезжать никуда на постоялый двор, а, вспомнив очень хорошее место у опушки леса, в так называемом «Корольковом верху», решился там и остановиться в холодке.

Отсюда открывается обширная плоская покатость, в конце которой почти за двадцать с лишком вёрст мелькают золотые главы городских церквей, а сзади вековой лес, которому нет перерыва до сплошного полесья. Здесь глубокая тишина и прохлада

Утомлённый зноем, Туберозов лишь только вышел из кибитки, так сию же минуту почувствовал себя как нельзя лучше. Несмотря на повсеместный жар и истому, в густом темно-синем молодом дубовом подседе стояла живительная свежесть. На упругих и как будто обмокнутых в зелёный воск листьях молодых дубков ни соринки. Повсюду живой, мягкий, успокаивающий мат; из-под пёстрой, трафаретной листвы папоротников глядит ярко-красная волчья ягода; выше, вся озолочённая светом, блещет сухая орешина, а вдали, на темно-коричневой торфянистой почве, раскинуты целые семьи грибов, и меж них коралл костяники.

Пока Павлюкан в одном бельё и жилете отпрягал и проваживал потных коней и устанавливал их к корму у растянутого на оглоблях хрептюга[185], протопоп походил немножко по лесу, а потом, взяв из повозки коверчик снёс его в зеленую лощинку, из которой бурливым ключом бил гремучий ручей, умылся тут свежею водой и здесь же лёг отдохнуть на этом коверчике.

Мерный рокот ручья и прохлада повеяли здоровым «русским духом» на опалённую зноем голову Туберозова, и он не заметил сам, как заснул, и заснул нехотя: совсем не хотел спать, — хотел встать, а сон свалил и

---

[185] Хрептюг — мешок, в который насыпается овёс и который подвязывается к приподнятым оглоблям для кормления лошадей.

держит, — хотел что-то Павлюкану молвить, да дремя мягкою рукой рот зажала.

Дремотные мечтания протопопа были так крепки, что Павлюкан напрасно тряс его за плечи, приглашая встать и откушать каши, сваренной из крупы и молодых грибов. Туберозов едва проснулся и, проговорив: «Кушай, мой друг, мне сладостно спится», снова заснул ещё глубже.

Павлюкан отобедал один. Он собрал ложки и хлеб в плетённый из лыка дорожный кошель, опрокинул на свежую траву котёл и, залив водой костерчик, забрался под телегу и немедленно последовал примеру протопопа. Лошади отца Савелия тоже недолго стучали своими челюстями; и они одна за другою скоро утихли, уронили головы и задремали.

Кругом стало сонное царство. Тишь до того нерушима, что из чащи леса сюда на опушку выскочил подлинялый заяц, сделав прыжок, сел на задние лапки, пошевелил усиками, но сейчас же и сконфузился: кинул за спину длинные уши и исчез.

Туберозов отрывался от сна на том, что уста его с непомерным трудом выговаривали кому-то в ответ слово «здравствуй».

«С кем я это здравствуюсь? Кто был здесь со мной?» — старается он понять, просыпаясь. И мнится ему, что сейчас возле него стоял кто-то прохладный и тихий в длинной одежде цвета зреющей сливы.. Это казалось так явственно, что Савелий быстро поднялся на локти, но увидел только, что вон спит Павлюкан, вон его бурые лошади, вон и кибитка. Все это просто и ясно. Вон даже пристяжная лошадь, наскучив покоем, скапывает с головы оброть... Сбросила, отошла, повалялась, встала и нюхает ветер. Туберозов продолжает дремать, лошадь идёт дальше и дальше; вот она щипнула густой муравы на опушке; вот скусила верхушку молодого дубочка; вот, наконец, ступила на поросший диким клевером рубеж и опять нюхает тёплый ветер. Савелий все смотрит и никак не поймёт своего состояния. Это не сон и не бденье; влага, в которой он спал, отуманила его, и в голове точно пар стоит. Он протёр глаза и глянул вверх: высоко в небе над его головой плавает ворон. Ворон ли это или коршун? Нет. Нет, соображает старик, это непременно ворон: он держится стойче, и круги его шире... А вот долетает оттуда, как брошенная горстка гороху, ку-у-рлю. Это воронье ку-у-рлю, это ворон. Что он назирает оттуда? Что ему нужно? Он устал парить в поднебесье и, может быть, хочет этой воды. И Туберозову приходит на память легенда, прямо касающаяся этого источника, который, по преданию, имеет особенное, чудесное происхождение. Чистый прозрачный водоём ключа похож на врытую в землю хрустальную чашу. Образование этой котловины приписывают громовой стреле. Она пала с небес и проникла здесь в недра земли, и тоже опять по совершенно особенному случаю. Тут будто бы некогда, разумеется очень давно, пал изнемогший в бою русский витязь, а его одного отовсюду облегла несметная сила неверных. Погибель была неизбежна; и витязь взмолился Христу, чтобы Спаситель избавил его от позорного плена, и предание гласит, что в то же мгновение из-под чистого неба вниз стрекнула стрела и взвилась опять кверху, и грянул удар, и кони татарские пали на колени и сбросили своих всадников, а когда те поднялись и встали, то витязя уже не было, и на месте, где он стоял, гремя и сверкая алмазною пеной, бил вверх высокою струёй ключ студёной воды, сердито рвал ребра оврага и серебристым ручьём разбегался вдали по зеленому лугу.

Родник почитают все чудесным, и поверье гласит, что в воде его кроется чудотворная сила, которую будто бы знают даже и звери и птицы. Это всем ведомо, про это все знают, потому что тут всегдашнее таинственное присутствие Ратая веры. Здесь вера творит чудеса, и оттого все здесь так сильно и крепко, от вершины столетнего дуба до гриба, который ютится при его корне. Даже по-видимому совершенно умершее здесь оживает: вон тонкая сухая орешина; её опалила молонья, но на её кожуре выше корня, как зелёным воском, выведен «Петров крест», и отсюда опять пойдёт новая жизнь. А в грозу здесь, говорят, бывает не шутка.

«Что же; есть ведь, как известно, такие наэлектризованные места», — подумал Туберозов и почувствовал, что у него как будто шевелятся седые волосы. Только что встал он на ноги, как в нескольких шагах пред собою увидал небольшое бланжевое[186] облачко, которое, меняя слегка очертания, тихо ползло над рубежом, по которому бродила свободная лошадь. Облачко точно прямо шло на коня и, настигнув его, вдруг засновало, вскурилось и разнеслось, как дым пушечного жерла. Конь дико всхрапнул и в испуге понёсся, не чуя под собой земли.

Это была дурная вещь. Туберозов торопливо вскочил, разбудил Павлюкана, помог ему вскарабкаться на другого коня и послал его в погоню за испуганною лошадью, которой между тем уже не было и следа.

— Спеши, догоняй, — сказал Савелий дьячку и, вынув свои серебряные часы, поглядел на них: был в начале четвёртый час дня.

Старик сел в тени с непокрытою головой, зевнул и неожиданно вздрогнул; ему вдалеке послышался тяжёлый грохот.

«Что бы это такое: неужто гром?»

С этим он снова встал и, отойдя от опушки, увидел, что с востока действительно шла тёмная туча. Гроза застигала Савелия одним-

---

[186] Бланжевое — телесного цвета.

одинёшенька среди леса и полей, приготовлявшихся встретить её нестерпимое дыхание.

Опять удар, нива заколебалась сильней, и по ней полоснуло свежим холодом.

К чёрной туче, которою заслонён весь восток, снизу взмывали клубами меньшие тучки. Их будто что-то подтягивало и подбирало, как кулисы, и по всему этому нет-нет и прорежет огнём. Точно маг, готовый дать страшное представление, в последний раз осматривает с фонарём в руке тёмную сцену, прежде чем зажжёт все огни и поднимет завесу. Чёрная туча ползёт, и чем она ближе, тем кажется непроглядней. Не пронесёт ли её бог? Не разразится ли она где подальше? Но нет: вон по её верхнему краю тихо сверкнула огнистая нить, и молнии замигали и зареяли разом по всей тёмной массе. Солнца уже нет: тучи покрыли его диск, и его длинные, как шпаги, лучи, посветив мгновение, тоже сверкнули и скрылись. Вихорь засвистал и защёлкал. Облака заволновались, точно знамёна. По бурому полю зреющей ржи запестрели широкие белые пятна и пошли ходенем; в одном месте падёт будто с неба одно, в другом — сядет широко другое и разом пойдут навстречу друг другу, сольются и оба исчезнут. У межи при дороге ветер треплет колос так странно, что это как будто и не ветер, а кто-то живой притаился у корня и злится. По лесу шум. Вот и над лесом зигзаг; и ещё вот черкнуло совсем по верхушкам, и вдруг тихо... все тихо! ни молний, ни ветру: все стихло. Это тишина пред бурей: все запоздавшее спрятать себя от невзгоды пользуется этою последнею минутой затишья; несколько пчёл пронеслось мимо Туберозова, как будто они не летели, а несло их напором ветра. Из тёмной чащи кустов, которые казались теперь совсем чёрными, выскочило несколько перепуганных зайцев и залегли в меже вровень с землёю. По траве, которая при теперешнем освещении тоже черна как асфальт, прокатился серебристый клубок и юркнул под землю. Это ёж. Все убралось, что куда может. Вот и последний, недавно реявший, ворон плотно сжал у плеч крылья и, ринувшись вниз, тяжело закопошился в вершине высокого дуба.

ГЛАВА 18

Туберозов не был трусом, но он был человек нервный, а такими людьми в пору больших электрических разряжений овладевает невольное и неодолимое беспокойство. Такое беспокойство чувствовал теперь и он, озираясь вокруг и соображая, где бы, на каком бы месте ему безопаснее встретить и переждать готовую грянуть грозу.

Первым его движением было броситься к своей повозке, сесть в неё и закрыться, но чуть только он уместился здесь, лес заскрипел, и кибитку затрясло, как лубочную люльку. Ясно было, что это приют ненадёжный: кибитка могла очень легко опрокинуться и придавить его.

Туберозов выскочил из-под своего экипажа и бросился бегом в ржаное поле; крутивший встречь и с боков ветер останавливал его, рвал его назад за полы, и свистал, и трубил, и визжал, и гайгайкал ему в уши.

Туберозов бросился в ложбину к самому роднику; а в хрустальном резервуаре ключа ещё беспокойнее: вода здесь бурлила и кипела, и из-под расходящихся по ней кругов точно выбивался наружу кто-то замкнутый в недрах земли. И вдруг, в темно-свинцовой массе воды, внезапно сверкнуло и разлилось кровавое пламя. Это удар молнии, но что это за странный удар! Стрелой в два зигзага он упал сверху вниз и, отражённый в воде, в то же мгновение, таким же зигзагом, взвился под небо. Точно небо с землёю переслалось огнями; грянул трескучий удар, как от массы брошенных с кровли железных полос, и из родника вверх целым фонтаном взвилось облако брызг.

Туберозов закрыл лицо руками, пал на одно колено и поручил душу и жизнь свою богу, а на полях и в лесу пошла одна из тех грозовых перепалок, которые всего красноречивее напоминают человеку его беззащитное ничтожество пред силой природы. Реяли молнии; с грохотом нёсся удар за ударом, и вдруг Туберозов видит пред собою тёмный ствол дуба, и к нему плывёт светящийся, как тусклая лампа, шар; чудная искра посредине дерева блеснула ослепляющим светом, выросла в ком и разорвалась В воздухе грянуло страшное бббах! У старика спёрло дыхание, и на всех перстах его на руках и ногах завертелись горячие кольца, тело болезненно вытянулось, подломилось и пало… Сознание было одно, — это сознание, что все рушилось. «Конец!» — промелькнуло в голове протопопа, и дальше ни слова. Протопоп не замечал, сколько времени прошло с тех пор, как его оглушило, и долго ли он был без сознания. Приходя в себя, он услыхал, как по небу вдалеке тяжело и неспешно прокатило и стихло! Гроза проходила. Савелий поднял голову, оглянулся вокруг и увидал в двух шагах от себя на земле нечто огромное и безобразное. Это была целая куча ветвей, целая вершина громадного дуба. Дерево было как ножом срезано у самого корня и лежало на земле, а из-под ветвей его, смешавшихся с колосом ржи, раздавался противный, режущий крик: это драл глотку давешний ворон. Он упал вместе с деревом, придавлен тяжёлою ветвью к земле и, разинув широко пурпуровую пасть, судорожно бился и отчаянно кричал.

Туберозов быстро отпрыгнул от этого зрелища таким бодрым прыжком, как бы ему было не семьдесят лет, а семнадцать.

ГЛАВА 19

Гроза как быстро подошла, так быстро же и пронеслась: на месте чёрной тучи вырезывалась на голубом просвете розовая полоса, а на мокром мешке с овсом, который лежал на козлах кибитки, уже весело чирикали воробьи и смело таскали мокрые зёрна сквозь дырки мокрой реднины. Лес весь оживал; послышался тихий, ласкающий свист, и на межу, звонко скрипя крыльями, спустилась пара степных голубей. Голубка разостлала по земле крылышко, черкнула по нем красненькою лапкой и, поставив его парусом кверху, закрылась от дружки. Голубь надул зоб, поклонился ей в землю и заговорил ей печально «умру». Эти поклоны заключаются поцелуями, и крылышки трепетно бьются в густой бахроме мелкой полыни. Жизнь началась. Невдалеке послышался топот: это Павлюкан. Он ехал верхом на одной лошади, а другую вёл в поводу.

— Ну, отец, живы вы! — весело кричал он, подъезжая и спешиваясь у кибитки. — А я было, знаете, шибко спешил, чтобы вас одних не застало, да как этот громище как треснул, я так, знаете, с лошади всею моею мордой оземь и чокнул… А это дуб-то срезало?

— Срезало, друг, срезало. Давай запряжём и поедем.

— Боже мой, знаете, силища!

— Да, друг, поедем.

— Теперь, знаете, лёгкое поветрие, ехать чудесно.

— Чудесно, запрягай скорей; чудесно.

И Туберозов нетерпеливо взялся помогать Павлюкану.

Выкупанные дождём кони в минуту были впряжены, и кибитка протопопа покатила, плеща колёсами по лужам колеистого просёлка.

Воздух был благорастворённейший; освещение тёплое; с полей нёсся лёгкий парок; в воздухе пахло орешиной. Туберозов, сидя в своей кибитке, чувствовал себя так хорошо, как не чувствовал давно, давно. Он все глубоко вздыхал и радовался, что может так глубоко вздыхать. Словно орлу обновились крылья!

У городской заставы его встретил малиновый звон колоколов; это был благовест ко всенощной.

ГЛАВА 20

Кибитка Туберозова въехала на самый двор.

— Господи, что я за тебя, отец Савелий, исстрадалася! — кричала Наталья Николаевна, кидаясь навстречу мужу. — Этакой гром, а ты, сердце моё, был один.

— О, голубка моя, да я был на шаг от смерти!

И протопоп рассказал жене все, что было с ним у Гремучего ключа, и добавил, что отныне он живёт словно вторую жизнь, не свою, а чью-то иную, и в сём видит себе и урок и укоризну, что словно никогда не думал о бренности и ничтожестве своего краткого века.

Наталья Николаевна только моргала глазками и, вздохнув, проговорила: «А ты теперь покушать не хочешь ли?» — но видя, что муж в ответ на это качнул отрицательно головой, она осведомилась о его жажде.

— Жажда? — повторил за женою Савелий, — да, я жажду.

— Чайку?

Протопоп улыбнулся и, поцеловав жену в темя, сказал:

— Нет, истины.

— Ну что же? и благословен бог твой, ты что ни учредишь, все хорошо.

— Да, ну, я буду умываться, а ты, мой друг, рассказывай мне, что тут делают с дьяконом. — И протопоп подошёл к блестящему медному рукомойнику и стал умываться, а Наталья Николаевна сообщила, что знала об Ахилле, и вывела, что все это делается не иначе, как назло её мужу.

Протопоп молчал и, сделав свой туалет, взял трость и шляпу и отправился в церковь, где на эту пору шла всенощная.

Минут через пять, стоя в сторонке у жертвенника в алтаре, он положил на покатой доске озарённого закатом окна листок бумаги и писал на нем. Что такое он писал? Мы это можем прочесть из-под его руки.

Вот этот манускрипт, адресованный Савелием исправнику Порохонцеву: «Имея завтрашнего числа совершить соборне литургию по случаю торжественного дня, долгом считаю известить об этом ваше высокородие, всепокорнейше прося вас ныне же заблаговременно оповестить о сём с надлежащею распиской всех чиновников города, дабы они пожаловали во храм. А наипаче сие прошу рекомендовать тем из служебных лиц, кои сею обязанностью наиболее склонны манкировать, так как я предопределил о подаваемом ими дурном примере донести неукоснительно по начальству. В принятии же сего ведения, ваше высокородие, всепокорно прошу расписаться».

Протоиерей потребовал рассыльную церковную книгу; выставил на бумаге нумер, собственноручно записал её и тотчас же послал её с пономарём по назначению.

ГЛАВА 21

Ночь, последовавшая за этим вечером в доме Савелия, напоминала ту, когда мы видели старика за его журналом: он так же был один в своём зальце, так же ходил, так же садился, писал и думал, но пред ним не было его книги. На столе, к которому он подходил, лежал маленький, пополам перегнутый листок, и на этом листке он как бисером часто и чётко нанизывал следующие отрывочные заметки:

«Боже, суд Твой Цареви даждь и правду Твою сыну Цареву[187]».

Обыденный приступ от вчерашнего моего положения под грозою. Ворон: как он спрятался от грозы в крепчайший дуб и нашёл гибель там, где ждал защиту.

Сколь поучителен мне этот ворон. Там ли спасенье, где его чаем, — там ли погибель, где оной боимся?

Безмерное наше умствование, порабощающее разум. Учёность, отвергающая возможность постижения доселе постижимого.

Недостаточность и неточность сведений о душе. Непонимание натуры человека, и проистекающее отсель бесстрастное равнодушие к добру и злу, и кривосудство о поступках: оправдание неоправдимого и порицание достойного. Моисей, убивший египтянина, который бил еврея[188], не подлежит ли осуждению с ложной точки зрения иных либералов, охуждающих горячность патриотического чувства? Иуда-предатель с точки зрения «слепо почивающих в законе» не заслуживает ли награды, ибо он «соблюл закон», предав учителя, преследуемого правителями? (Иннокентий Херсонский и его толкование[189].) Дние наши также лукавы: укоризны небеспристрастным против ухищрений тайных врагов государства. Великая утрата заботы о благе родины и, как последний

---

[187] Боже, суд Твой Цареви даждь и правду Твою сыну Цареву — псалом 71, 1.

[188] Моисей, убивший египтянина, который бил еврея... — Об этом рассказано в Библии (Книга Исход, II, 11-12). Моисей — законодатель и вождь еврейского народа.

[189] Иннокентий Херсонский и его толкование. — Иннокентий (Борисов), архиепископ Херсонский и Таврический (1800-1857) — видный русский церковный деятель, проповедник и богослов. Ему принадлежит почин реставрации и описания древних памятников Крыма, Кавказа и всех других областей, где ему довелось служить. Туберозов имеет в виду следующие строки из его сочинения «Последние дни земной жизни Господа нашего Иисуса Христа, изображённые по сказанию всех четырех евангелистов»: «В жару и ослеплении фанатизма предатель [т. е. Иуда] для некоторых из слепо почивающих в законе мог казаться человеком праведным по закону [иудейской религии]».

пример, небреженье о молитве в день народных торжеств, сведённой на единую формальность.

Толкование слов: «Боже, суд Твой Цареви даждь» в смысле: «да тихое и мирное житие[190] поживём» (ап. Павел). Сколь такое житие важно? Пример: Ровоам[191] после Соломона, окружённый друзьями и совоспитанными с ним и предстоявшими пред лицом его, лукаво представлявшими ему, что облегчение народу есть уничижение собственного его царёва достоинства, и как он по их совету приумножил бедствия Израиля. «Отец мой наложи на вас ярем тяжек; аз же приложу к ярему вашему» (кн. Царств 11, 12). Происшедшие от сего несчастия и разделение царства.

Ясно отсюда, что нам надлежит желать и молиться, дабы сердце Царёво не было ни в каких руках человеческих, а в руках Божиих.

Но мы преступно небрежем этою заботою, и мне если доводится видеть в такой день храм не пустым, то я даже недоумеваю, чем это объяснить? Перебираю все догадки и вижу, что нельзя этого ничем иным объяснить, как страхом угрозы моей, и отсель заключаю, что все эти молитвенники слуги лукавые и ленивые и молитва их не молитва, а наипаче есть торговля, торговля во храме, видя которую господь наш И. Х. не только возмутился божественным духом своим, но и вземь вервие и изгна их из храма[192].

Следуя его божественному примеру, я порицаю и осуждаю сию торговлю совестью, которую вижу пред собою во храме. Церкви противна сия наёмничья молитва. Может быть, довлело бы мне взять вервие и выгнать им вон торгующих ныне в храме сём, да не блазнится[193] о лукавстве их верное сердце. Да будет слово моё им вместо вервия. Пусть лучше будет празднен храм, я не смущуся сего: я изнесу на главе моей тело и кровь Господа моего в пустыню и там пред дикими камнями в затрапезной ризе запою: «Боже, суд Твой Цареви даждь и правду Твою сыну Царёву», да соблюдется до века Русь, ей же благодеял еси!

Воззвание заключительное: не положи её, Творче и Содетелю! в посмеяние народам чужим, ради лукавства слуг её злосовестливьгх и недоброслужащих».

---

[190] «Благоденственное и мирное житие...» — прошение, обычно возглашаемое дьяконом за торжественным молебном.

[191] Ровоам (X в. до н. э) — сын и наследник царя Соломона. При нем еврейское государство распалось на два царства: израильское и иудейское.

[192] ...но и вземь вервие и изгна их из храма. — Взял [Христос] верёвку и выгнал их [торгующих] из храма — неточная цитата из Евангелия от Иоанна (II, 15).

[193] Блазнится — смущается.

ГЛАВА 22

Это была программа поучения, которую хотел сказать и сказал на другой день Савелий пред всеми собранными им во храме чиновниками, закончив таким сказанием не только свою проповедь, но и все своё служение церкви.

Старогородская интеллигенция находила, что это не проповедь, а революция, и что если протопоп пойдёт говорить в таком духе, то чиновным людям скоро будет неловко даже выходить на улицу. Даже самые друзья и приятели Савелия строго обвиняли его в неосторожном возбуждении страстей черни. На этом возбуждении друзья его сошлись с его врагами, и в одно общим хором гласили: нет, этого терпеть нельзя! Исключение из общего хора составляли заезжие: Борноволоков и Термосесов. Они хотя слышали проповедь, но ничего не сказали и не надулись.

Напротив, Термосесов, возвратясь от обедни, подошёл со сложенными руками к Борноволокову и чрезвычайно счастливый прочёл: «Ныне отпущаеши раба твоего[194]».

— Что это значит? — осведомился начальник.

— Это значит, что я от вас отхожу. Живите и будьте счастливы, но на отпуске ещё последнюю дружбу черкните начальству, что, мол, поп, про которого писано мной, забыв сегодня все уважение, подобающее торжественному дню, сказал крайне возмутительное слово, о котором устно будет иметь честь изложить посылаемый мною господин Термосесов.

— Черт вас возьми! Напишите, я подпишу.

Друзья уже совсем были готовы расстаться, но разлука их на минуту замедлилась внезапным появлением бледного и перепуганного мещанина Данилки, который влетел, весь мокрый и растерзанный, пред очи Борноволокова и, повалясь ему в ноги, завопил:

— Батюшка, сошлите меня, куда милость ваша будет, а только мне теперь здесь жить невозможно! Сейчас народ на берегу собравшись, так все к моей морде и подсыкаются.

И Данилка объяснил, что ему чуть не смертью грозят за то, что он против протопопа просьбу подал, и в доказательство указал на своё мокрое

---

[194] «Ныне отпущаеши раба твоего» — слова, принадлежащие старцу Симеону, впоследствии названному Богоприимцем. Ему было предсказано, что он не умрёт, не увидев Спасителя мира — Христа. Увидев младенца Иисуса, он и произнёс эти слова. Смысл их: «Очи мои увидели Спасителя мира, и я могу с миром уйти из жизни» (Евангелие от Луки, II, 29).

и растерзанное рубище, доложив, что его сию минуту народ с моста в реку сбросил.

— Превосходно!.. Бунт! — радостно воскликнул Термосесов и, надев посреди комнаты фуражку, заметил своему начальнику: — Видите, как делают дела!

Термосесов уехал, а вслед за ним в другую сторону уехал и Борноволоков обнаруживать иные беспорядки.

ГЛАВА 23

В Старогороде проповедь Туберозова уже забывалась. Но к вечеру третьего дня в город на почтовой телеге приехала пара оригинальных гостей: длинный сухожильный квартальный и толстый, как мужичий блин, консисторский чиновник с пуговочным носом.

Это были послы по Савелиеву душу: протопопа под надзором их требовали в губернский город. Через полчаса это знал весь город, и к дому Туберозова собрались люди, а через час дверь этого дома отворилась, и из неё вышел готовый в дорогу Савелий. Наталья Николаевна провожала мужа, идучи возле него и склонясь своею голубиною головкой к его локтю.

Они оба умели успокоить друг друга и теперь не расслабляют себя ни единою слезой.

Ожидавший выхода протопопа народ шарахнулся вперёд и загудел.

Туберозов снял шляпу, поклонился ниже пояса на все стороны.

Гомон затих; у многих навернулись слезы, и все стали креститься.

Из-за угла тихо выехала спрятанная там, по деликатному распоряжению исправника, запряжённая тройкой почтовая телега.

Протопоп поднял ногу на ступицу и взялся рукою за грядку, в это время квартальный подхватил его под локоть снизу, а чиновник потянул за другую руку вверх.. Старик гадливо вздрогнул, и голова его заходила на шее, как у куклы на проволочной пружине.

Наталья Николаевна подскочила к мужу и, схватив его руку, прошептала:

— Одну только жизнь свою пощади! Туберозов отвечал ей:

— Не хлопочи: жизнь уже кончена; теперь начинается «житие».

ЧАСТЬ ЧЕТВЁРТАЯ

ГЛАВА 1

«Жизнь кончилась, и начинается житие», — сказал Туберозов в последнюю минуту пред отъездом своим к ответу. Непосредственно затем уносившая его борзая тройка взвилась на гору и исчезла из виду.

Народ, провожавший протопопа, постоял-постоял и начал расходиться. Наступила ночь: все ворота и калитки заперлись на засовы, и месяц, глядя с высокого неба, назирал на осиротелом протопоповском дворе одну осиротелую же Наталью Николаевну.

Она не спешила под кровлю и, плача, сидела на том же крылечке, с которого недавно сошёл её муж. Она, рыдая, бьётся своею маленькою головкой о перила, и нет с ней ни друга, ни утешителя! Нет; это было не так. Друг у неё есть, и друг крепкий…

Пред глазами плачущей старушки в широко распахнувшуюся калитку влез с непокрытою курчавою головою дьякон Ахилла. Он в коротком толстом казакине и широких шароварах, нагружен какими-то мешками и ведёт за собой пару лошадей, из которых на каждой громоздится большой и тяжёлый вьюк. Наталья Николаевна молча смотрела, как Ахилла ввёл на двор своих лошадей, сбросив на землю вьюки, и, возвратившись к калитке, запер её твёрдою хозяйскою рукой и положил ключ к себе в шаровары.

— Дьякон! Это ты сюда ко мне! — воскликнула, догадавшись о намерениях Ахиллы, Наталья Николаевна.

— Да, скорбная мати, я переехал, чтобы беречь вас. Они обнялись и поцеловались, и Наталья Николаевна пошла досиживать ночь в свою спаленку, а Ахилла, поставив под сарай своих коней, разостлал на крыльце войлок, лёг навзничь и уставился в звёздное небо.

Целую ночь он не спал, все думал думу: как бы теперь, однако, помочь своему министру юстиции? Это совсем не то, что Варнавку избить. Тут нужно бы умом подвигать. Как же это: одним умом, без силы? Если бы хоть при этом… как в сказках, ковёр-самолёт, или сапоги-скороходы, или… невидимку бы шапку! Вот тогда бы он знал, что сделать очень умное, а то… Дьякон решительно не знал, за что взяться, а взяться было необходимо.

Добравшись до самолёта-ковра и невидимки-шапки, непривычный ни к каким умственным ухищрениям Ахилла словно освободился от непосильной ноши, вздохнул и сам полетел на ковре; он прошёл, никем не видимый, в сапогах и в шапке к одному и к другому из важных лиц, к которым без этих сапог пройти не надеялся, и того и другого толкнул слегка сонного в ребра и начал им говорить: «Не обижайте попа Савелия, а то после сами станете тужить, да не воротите».

И вот, слыша невидимый голос, все важные лица завертелись на своих пышных постелях и все побежали, все закричали: «О, бога ради, заступитесь поскорее за попа Савелия!» Но все это в наш век только и можно лишь со скороходами-сапогами и с невидимкою-шапкой, и хорошо, что Ахилла вовремя о них вспомнил и запасся ими. Благодаря лишь только им дьякон мог проникнуть в своей жёлтой нанковой рясе в такой светозарный чертог, сияние которого так нестерпимо ослепляет его, что он даже и не рад уже, что сюда забрался. Может быть, и тех бы мест довольно, где он уже побывал, но скороходы-сапоги расскакались и затащили его туда, где он даже ничего не может разглядеть от несносного света и, забыв про Савелия и про цель своего посольства, мечется, заботясь только, как бы самому уйти назад, меж тем как проворные сапоги-скороходы несут его все выше и выше, а он забыл спросить слово, как остановить их…

— Загорюсь! ей-богу, загорюсь! — кричал дьякон, прячась за мелькнувшее пред ним маленькое теневое пятнышко, и удивился, услышав из этого пятнышка тихий голосок Николая Афанасьевича:

— Полно вам, отец дьякон, спать да кричать, что вы загоритесь! Со стыда разве надо всем нам сгореть! — говорил карлик, заслоняя от солнца лицо дьякона своим маленьким телом.

Ахилла вскочил и, бросясь к ушату, выпил один за другим два железные ковша студёной воды.

— Что ты, Никола, о каком здесь стыде говоришь? — вопросил он, смачивая водой свои кудри.

— А где наш протопоп? А?

— Протопоп, душка Николавра, тю-тю, его вчера увезли…

— Что ж, сударь, «тю-тю»? Ведь нам надо его выручать.

— Голубчик, я и сам всю ночь про то думал, да не умею ничего придумать.

— Вот то-то и есть, камень в воду всяк бросит, да не всяк-с его вытащит.

И Николай Афанасьевич, скрипя своими сапожками, заковылял в комнаты к протопопице, но, побыв здесь всего одну минуту, взял с собой дьякона и побрёл к исправнику; от исправника они прошли к судье, и карлик с обоими с ними совещался, и ни от того, ни от другого ничего не узнал радостного. Они жалели Туберозова, говорили, что хотя протопоп и нехорошо сделал, сказав такую возбуждающую проповедь, но что с ним все-таки поступлено уже через меру строго.

А что теперь делать? Что предпринять? И вообще предпринимать ли и делать ли что-нибудь в защиту Туберозова? Об этом ни слова.

Карлик, слушая пространные, но малосодержательные речи чиновников, только вздыхал и мялся, а Ахилла глядел, хлопая глазами, то на того, то на другого и в помышлениях своих все-таки сводил опять все к тому, что если бы ковёр-самолёт или хотя волшебная шапка, а то как и за что взяться? Не за что.

— Одно, что я могу, — спохватился судья, — это написать письмо губернскому прокурору: он мой товарищ и, верно, не откажет сам посодействовать и походатайствовать за протопопа.

Исправнику это чрезвычайно понравилось, а Николаю Афанасьевичу хотя оно и не понравилось, но он считал возражения неуместными.

Думали только о том, как послать письмо? Почта шла через два дня, а эстафета была бы, по мнению обоих чиновников, делом слишком эффектным, и притом почтмейстерша, друг Термосесова, которого, по указанию Ахиллы, все подозревали в доносе на Туберозова, могла бы писать этому деятелю известия с тою же эстафетой.

Услыша такое затруднение, дьякон тотчас же взялся все это уладить и объявил, что пусть только будет готово письмо, а уж он отвечает своею головой, что оно завтра будет доставлено по адресу; но способ, которым он располагал исполнить это, Ахилла удержал в секрете и просил ничего на этот счёт не выпытывать у него.

Ему в этом не отказали, и дело сделалось. Пред вечером чиновник секретно передал дьякону ничего не значащее письмо, а через час после сумерек к дому отца Захарии тихо подъехал верхом огромный чёрный всадник и, слегка постучав рукой в окошко, назвал «кроткого попа» по имени.

Захария отворил раму и, увидав всадника, спросил:

— Это ты такой страшный?

— Тс! Строго блюдите тишину и молчание, — отвечал таинственно всадник, смиряя в шенкелях своего нетерпеливого коня.

Захария оглянулся вправо и влево по пустой набережной и прошептал:

— Куда же это ты и по какой надобности?

— Не могу вам ничего объяснить, потому что слово дал, — отвечал таинственно всадник, — но только, прошу вас, не ищите меня завтра и не спрашивайте, зачем я еду... Ну, да хоть слово дал, а скажу вам аллегорией:

Казак на север держит путь,
Казак не хочет отдохнуть[195],
и в шапке у меня —
Донос на гетмана злодея
Царю Петру от Кочубея.

---

[195] Казак на север держит путь... — строки из пушкинской «Полтавы».

— Поняли?

— Нет, ничего не понял.

— Так оно и следует по аллегории.

И с этим всадник, ударив себя кулаком в грудь, добавил:

— Но только знайте, отче Захарие, что это не казак едет, а это дьякон Ахилла, и что сердце моё за его обиду стерпеть не может, а разума в голове, как помочь, нет.

Проговорив это, дьякон пустил коню повода, стиснул его в коленях и не поскакал, а точно полетел, махая по темно-синему фону ночного неба своими кудрями, своими необъятными полами и рукавами нанковой рясы, и хвостом, и разметистою гривой своего коня.

ГЛАВА 2

Николай Афанасьевич не напрасно ничего не ожидал от письма, с которым поскакал дьякон. Ахилла проездил целую неделю и, возвратясь домой с опущенною головой и на понуром коне, отвечал, что ничего из того письма не было, да и ничего быть не могло.

— Отчего это так? — пытали Ахиллу.

— Очень просто! Оттого, что отец Савелий сами сказали мне: «Брось эти хлопоты, друг; для нас, духовных, нет защитников. Проси всех, в одолжение мне, не вступаться за меня».

И дьякон более не хотел об этом и говорить.

— Что же, — решил он, — если уже нет промеж нас ни одного умного человека, который бы знал, как его защитить, так чего напрасно и суетиться? Надо исполнять его научение и не вмешиваться.

Ахилла гораздо охотнее рассказывал, в каком положении нашёл Туберозова и что с ним было в течение этой недели. Вот что он повествовал.

— Владыка к ним даже вовсе не особенно грозны и даже совсем не гневливы и предали их сему терзанию только для одной политики, чтобы не противоречить за чиновников светской власти. Для сего единственно и вызов отцу Савелию сделали, да-с! И отец Савелий могли бы и совсем эту вину с себя сложить и возвратиться, потому что владыка потаённо на их стороне… да-с! И им было от владыки даже на другой же день секретно преподано, чтоб они шли к господину губернатору, и повинились, и извинились, да-с! Но токмо отец Савелий, по крепкому нраву своему, отвечали строптиво… «Не знаю, говорит, за собой вины, а потому не имею в чем извиняться!» Этим и владыку ожесточили, да-с! Но и то ожесточение сие не особенное, потому владыка решение консисторское о назначении следствия насчёт проповеди синим хером перечеркнули и все тем негласно успокоили, что назначили отца Савелия к причетнической при архиерейском доме должности, — да-с!

— И он ныне причетничествует? — спросил Захария.

— Да-с; читает часы и паремии[196], но обычая своего не изменяют и на политичный вопрос владыки: «В чем ты провинился?» ещё политичнее, яко бы по непонятливости, ответил: «В этом подряснике, ваше преосвященство», и тем себе худшее заслужили, да-с!

— О-о-ох! — воскликнул Захария и отчаянно замотал головкой, закрыв ручками уши.

— Наняли у жандармского вахмистра в монастырской слободке жёлтенькую каморочку за два с половиной серебра в месяц и ходят себе с кувшином на реку по воду. Но в лице и в позиции они очень завострились, и наказали, чтобы вы, Наталья Николаевна, к ним всемерно спешили.

— Еду, завтра же еду, — отвечала плачущая протопопица.

— Да-с; только и всех новостей. А этот прокурор, к которому было письмо, говорит: «Скажи, не моё это дело, у вас своё начальство есть», и письма не дал, а велел кланяться, — вот и возьмите, если хотите, себе его поклон. И ещё велел всем вам поклониться господин Термосесов; он встретился со мной в городе: катит куда-то шибко и говорит: «Ах, постой, говорит, пожалуйста, дьякон, здесь у ворот: я тебе штучку сейчас вынесу: ваша почтмейстерша с дочерьми мне пред отъездом свой альбом навязала, чтоб им стихи написать, я его завёз, да и назад переслать не с кем. Сделай милость, просит, отдай им, когда назад поедешь». Я думаю себе: враг тебя побери. «Давай», говорю, чтоб отвязаться, и взял.

Дьякон вынул из кармана подрясника тощий альбомчик из разноцветной бумаги и прочитал:

На последнем сём листочке
Пишем вам четыре строчки
В знак почтения от нас.
Ах, не вырвало бы вас?

— Вот его всем вам почтение, и примите оное, яко дань вам благопотребную.

И Ахилла швырнул на стол пред публикой альбом с почтением Термосесова, а сам отправился с дороги спать на конюшню.

---

[196] …читает часы и паремии. — Часы — четыре ежедневных богослужения; паремии — определённые отрывки из Ветхого Завета, читаемые на вечернем богослужении, преимущественно в предпраздничные дни. Паремии связаны по смыслу с данным праздником.

Утром рано его разбудил карлик и, сев возле дьякона на вязанку сена, спросил:

— Ну-с, что же теперь, сударь, будем далее делать?

— Не знаю, Николавра, ей-право, не знаю!

— Или на этом будет и квита? — язвил Николай Афанасьич.

— Да ведь, голубчик Никола… куда же сунешься?

— Куда сунуться-с?

— Да; куда ты сунешься? ишь, всюду волки сидят.

— Ну, а я, сударь, старый заяц: что мне волков бояться? Пусть меня волки съедят.

Карлик встал и равнодушно протянул Ахилле на прощание руку, но когда тот хотел его удержать, он нетерпеливо вырвался и, покраснев, добавил:

— Да-с, сударь! Нехорошо! А ещё великан!.. Оставьте меня; старый заяц волков не боится, пускай его съедят! — и с этим Николай Афанасьич, кряхтя, влез в свою большую крытую бричку и уехал.

Ахилла вышел вслед за ним за ворота, но уже брички и видно не было.

В этот же день дьякон выпроводил Наталью Николаевну к мужу и остался один в опальном доме.

ГЛАВА 3

Из умов городской интеллигенции Савелий самым успешным образом был вытеснен стихотворением Термосесова. Последний пассаж сего последнего и скандальное положение, в котором благодаря ему очутилась бойкая почтмейстерша и её дочери, совсем убрали с местной сцены старого протопопа; все были довольны и все помирали со смеху. О Термосесове говорили как «об острой бестии»; о протопопе изредка вспоминали как о «скучном маньяке».

Дни шли за днями; прошёл месяц, и наступил другой. Город пробавлялся новостями, не идущими к нашему делу; то к исправнику поступала жалоба от некоей девицы на начальника инвалидной команды, капитана Повердовню, то Ахилла, сидя на крыльце у станции, узнавал от проезжающих, что чиновник князь Борноволоков будто бы умер «скорописною смертию», а Туберозов все пребывал в своей ссылке, и друзья его солидно остепенились на том, что тут «ничего не поделаешь». Враги протопопа оказались несколько лучше друзей; по крайней мере некоторые из них не забыли его. В его спасение вступилась, например, тонкая почтмейстерша, которая не могла позабыть Термосесову нанесённой ей тяжкой обиды и ещё более того не могла простить обществу его злорадства и вздумала показать этому обществу, что она одна всех их тоньше, всех их умнее и дальновиднее, даже честнее.

К этому ей ниспослан был случай, которым она и воспользовалась, опять не без тонкости и не без ядовитости. Она задумала ослепить общество нестерпимым блеском и поднять в его глазах авторитет свой на небывалую высоту.

Верстах в шести от города проводила лето в своей роскошной усадьбе петербургская дама, г-жа Мордоконаки. Старый муж этой молодой и весьма красивой особы в пору своего откупщичества был некогда восприемником одной из дочерей почтмейстерши. Это показалось последней достаточным поводом пригласить молодую жену старого Мордоконаки на именины крестницы её мужа и при всех неожиданно возвысить к ней, как к известной филантропке и покровительнице церквей, просьбу за угнетённого Туберозова.

Расчёт почтмейстерши был не совсем плох: молодая и чудовищно богатая петербургская покровительница пользовалась влиянием в столице и большим почётом от губернских властей. Во всяком случае она, если бы только захотела, могла бы сделать в пользу наказанного протопопа более, чем кто-либо другой. А захочет ли она? Но для того-то и будут её просить всем обществом.

Дама эта скучала уединением и не отказала сделать честь балу почтмейстерши. Ехидная почтмейстерша торжествовала: она более не сомневалась, что поразит уездную знать своею неожиданною инициативой в пользу старика Туберозова — инициативой, к которой все другие, спохватясь, поневоле примкнут только в качестве хора, в роли людей значения второстепенного.

Почтмейстерша таила эту сладкую мысль, но, наконец, настал и день её осуществления.

ГЛАВА 4

День именин в доме почтмейстерши начинался, по уездному обычаю, утреннею закуской. Встречая гостей, хозяйка ликовала, видя, что у них ни у одного нет на уме ничего серьёзного, что все заботы об изгнанном старике испарились и позабыты.

Гости нагрянули весёлые и радостные; первый пришёл «уездный комендант», инвалидный капитан Повердовня, глазастый рыжий офицер из провиантских писарей. Он принёс имениннице стихи своего произведения; за ним жаловали дамы, мужчины и, наконец, Ахилла-дьякон.

Ахилла тоже был весел. Он подал имениннице из-под полы рясы вынутую просфору и произнёс:

— Богородичная-с!

Затем на пороге появился кроткий отец Захария и, раскланиваясь, заговорил:

— Господи благослови! Со днём ангела-хранителя! — и тоже подал имениннице в двух перстах точно такую же просфору, какую несколько минут назад принёс Ахилла, проговорив: — Приимите богородичную просфору!

Поклонившись всем, тихий священник широко распахнул полы своей рясы, сел, отдулся и произнёс:

— А долгое-таки нынче служеньице было, и на дворе очень жарко.

— Очень долго.

— Да-с; помолились, слава создателю!

И Захария, загнув на локоть рукав новой рясы, принял чашку чаю.

В эту минуту пред ним, улыбаясь и потирая губы, появился лекарь и спросил, сколько бывает богородичных просфор за обедней?

— Одна, сударь, одна, — отвечал Захария. — Одна была пресвятая наша владычица богородица, одна и просфора в честь её вынимается; да-с, одна. А там другая в честь мучеников, в честь апостолов, пророков...

— Так богородичная одна?

— Одна; да-с, одна.

— А вот отец дьякон говорит, что две.

— Врёт он-с; да-с, врёт, — с ласковою улыбкой отвечал добродушный отец Захария.

Ахилла хотел отмолчаться, но видя, что лекарь схватил его за рукав, поспешил вырваться и пробасил:

— Никогда я этого не говорил.

— Не говорил? А какую же ты просфору принёс?

— Петую просфору, — отвечал дьякон и, нагнувшись под стол, заговорил: — Что это мне показалось, будто я трубку здесь давеча видел...

— С ним это бывает, — проговорил, слабо вторя весёлому смеху лекаря, отец Захария. — Он у нас, бывает, иногда нечто соплетет; но только он это все без всякой цели; да-с, он без цели.

Все утреннее угощение у именинницы на этот раз предположено было окончить одним чаем. Почтмейстерша с довольно изысканною простотой сказала, что у неё вся хлеб-соль готовится к вечеру, что она днём никого не просит, но зато постарается, чтобы вечером все были сыты и довольны и чтобы всем было весело.

И вот он и настал, этот достославный вечер.

ГЛАВА 5

Семейство почтмейстерши встретило важную петербургскую гостью.

Большая, белая, вальяжная Мордоконаки осчастливила собрание, и при ней все как бы померкло и омизерилось. Сама Данка Бизюкина смялась в её присутствии. Хозяйка не набирала льстивых слов и окружила гостью всеми интереснейшими лицами, наказав капитану Повердовне и Варнаве Препотенскому занимать гостью всемерно. Личности мало-мальски неудобные к беседованию были убраны. Эти личности были: голова, имевший привычку употреблять в разговоре поговорку: «в рот те наплевать»; старый кавказский майор, по поводу которого в городе ходила пословица: «глуп как кавказский майор», и с ним дьякон Ахилла. Эти три лица были искусно спрятаны в прохладном чулане, где стояли вина и приготовленная закуска. Эти изгнанники сидели здесь очень уютно при одной свечке и нимало не тяготились своим удалением за фронт. Напротив, им было здесь очень хорошо. Без чинов и в ближайшем соседстве с закуской, они вели самые оживлённые разговоры и даже философствовали. Майор добивался, «отчего бывает дерзость?», и объяснял происхождение её разбалованностью, и приводил тому разные доказательства; но Ахилла возражал против множественности причин и говорил, что дерзость бывает только от двух причин: «от гнева и ещё чаще от вина».

Майор подумал и согласился, что действительно бывает дерзость, которая происходит и от вина.

— Это верно, я вам говорю, — пояснил дьякон и, выпив большую рюмку настойки, начал развивать. — Я вам даже и о себе скажу. Я во хмелю очень прекрасный, потому что у меня ни озорства, ни мыслей скверных никогда нет; ну, я зато, братцы мои, смерть люблю пьяненький хвастать. Ей-право! И не то чтоб я это делал изнарочно, а так, верно, по природе. Начну такое на себя сочинять, что после сам не надивлюсь, откуда только у меня эта брехня в то время берётся.

Голова и майор засмеялись.

— Право! — продолжал дьякон — Вдруг начну, например, рассказывать, что прихожане ходили ко владыке просить, чтобы меня им в попы поставить, чего даже и сам не желаю; или в другой раз уверяю, будто губернское купечество меня в протодьяконы просят произвесть; а то... — Дьякон оглянулся по чулану и прошептал: — А то один раз брякнул, что будто я в юности был тайно обручён с консисторского секретаря дочерью! То есть, я вам говорю, после я себя за это мало не убил, как мне эту мою продерзость стали рассказывать!

— А ведь дойди это до секретаря, вот бы сейчас и беда, — заметил майор.

— Да как же-с, не беда! Ещё какая беда-то! — подтвердил дьякон и опять пропустил настойки.

— Да, я вам даже, если на то пошло, так ещё вот что расскажу, — продолжал он, ещё понизив голос. — Я уж через эту свою брехню-то раз под такое было дело попал, что чуть-чуть публичному истязанию себя не подверг. Вы этого не слыхали?

— Нет, не слыхали.

— Как же-с! Ужасное дело было; мог быть повешен по самому первому пункту в законе.

— Господи!

— Да-с; да этого ещё-с мало, что голова-то моя на площади бы скатилась, а ещё и семь тысяч триста лет дьякон в православия день анафемой поминал бы меня, вместе с Гришкой Отрепьевым и Мазепой!

— Не может быть! — воскликнул, повернувшись на своём месте, майор.

— Отчего же так не может? Очень просто бы было, если б один добрый человек не спас.

— Так вы, отец дьякон, это расскажите.

— А вот сейчас выпью водочки и расскажу.

Ахилла ещё пропустил рюмочку и приступил к продолжению рассказа о своём преступлении по первому пункту.

ГЛАВА 6

— Фортель этот, — начал дьякон, — от того зависел, что пред Пасхой я поехал в губернию, моя лошадь, да Серёги-дьячка, парой спрягли. Серёга ехал за ребятёнками, а я так: даже враг меня знает, зачем и поехал-то? Просто чтобы с знакомцами повидаться. Приехали-с мы таким манером под самый город; а там мост снесён, и паром через реку ходит. Народу ждёт видимо-невидимо; а в перевозчицкой избе тут солдатик водкой шинкует. Ну, пока до очереди ждать, мы и зашли, да с холоду и выпили по две косушечки. А тут народу всякого: и послушники, и извозчики, и солдаты, и приказь — это уж самый вредный народ, — и нашей тоже братии духовенства. Знакомцы хорошие из нашей округи тож нашлись, ну, для соблюдения знакомства и ещё по две косушечки раздавили. А тут приказный, что к парому отряжен, и этакий шельма речистый, все нас заводить начал. Я говорю: «Иди, брат, откуда пришёл, иди, ты нам не родня». А он: «Я, говорит, государю моему офицер!» Я говорю: «Я и сам, брат, все равно что штаб-офицер». — «Штаб-офицер, — он говорит, — поп, а ты ему подначальный». Я говорю, что у престола божия точно что я ниже попа стою по моему сану, а в политике, говорю мы оба равны. Спор пошёл. Я разгорячился от этих самых от косушечек-то да и говорю, что, говорю, ты знаешь, строка ты этакая! Ты, я говорю, божьего писания понимать не можешь; у тебя кишок в голове нет. Ты вот, говорю, скажи, был ли хоть один поп на престоле? «Нет, говорит, не был». А, мол, то-то и есть, что не был. А дьякон был, и короною венчался. «Кто такой? Когда это, говорит, было?» — «То-то, мол, и есть когда? Я не арихметчик и этих годов в точности не понимаю, а ты возьми да в книгах почитай, кто таков был Григорий Отрепьев до своего воцарения заместо Димитрия, вот ты тогда и увидишь, чего дьяконы-то стоют?» — «Ну, то, говорит, Отрепьев; а тебе далеко, говорит, до Отрепьева». А я это пьяненький-то и брехни ему: «А почём, говорю, ты знать можешь, что далеко? А может быть, даже и совсем очень близко? Тот, говорю, на Димитрия был похож, а я, може, на какого-нибудь там Франца-Венецыяна[197] или Махмуда сдамся в одно лицо, вот тебе воцарюсь!» Только что я это проговорил как, братцы вы мои, этот приказный сделал сейчас крик, шум, свидетелей, бумаги. Схватили меня, связали, посадили на повозку с сотским и повезли. Да дай господи вечно доброе здоровье, а по смерти царство небесное жандармскому полковнику Альберту Казимировичу, что в те поры у нас по тайной полиции был. Призвал он меня утром к себе, жену свою вызвал, да и говорит: «Посмотри, душечка, на самозванца!» Посмеялся надо мной, посмеялся, да и отпустил. «Ступай, говорит, отец Махмуд, а вперёд косушки-то счётом глотай». Дай бог ему много лет! — повторил ещё раз отец дьякон и, ещё раз подняв рюмочку с настойкой, добавил: — вот даже и сейчас выпью за его здоровье!

— Ну, это вы избавились от большой беды, — протянул майор.

— Да как же не от большой? Я потому и говорю: поляк — добрый человек. Поляк власти не любит, и если что против власти — он всегда снисходительный.

Около полуночи беседа этих трех отшельников была прервана; настало и их время присоединиться к обществу: их позвали к столу.

Когда немножко выпивший и приосанившийся дьякон вошёл в залу, где в это время стоял уже накрытый к ужину стол и тесно сдвинутые

---

[197] Франц-Венецыян — герой «Истории о храбром рыцаре Францыле Венециане» (1787). Лесков восхищался в числе других и этой героической сказкой, пленяющей «простонародного читателя пестротою фантазии, занимательностью столкновений описываемых лиц» (Н. С. Лесков. Дикие фантазии (Современные заметки). — «Православное обозрение», 1877, ноябрь, с. 515-516).

около него стулья, капитан Повердовня взял Ахиллу за локоть и, отведя его к столику, у которого пили водку, сказал:

— Ну-ка, дьякон, пусти на дам хорошего глазенапа.

— Это зачем? — спросил дьякон.

— А чтоб они на тебя внимание обратили.

— Ну да, поди ты! стану я о твоих дамах думать! Чем мне, вдовцу, на них смотреть, так я лучше без всякого греха две водки выпью.

И, дав такой ответ, Ахилла действительно выпил, да и все выпили пред ужином по комплектной чарке. Исключение составлял один отец Захария, потому что у него якобы от всякого вина голова кружилась. Как его ни упрашивали хоть что-нибудь выпить, он на все просьбы отвечал:

— Нет, нет, освободите! Я ровно, ровно вина никакого не пью.

— Нынче все пьют, — уговаривали его.

— Действительно, действительно так, ну а я не могу.

— Курица, и та пьёт, — поддерживал потчевавших дьякон Ахилла.

— Что ж, пускай и курица!.. Глупо это довольно, что ты, братец, мне курицу представляешь…

— Хуже курицы вы, отец, — укорял Ахилла.

— Не могу! Чего хуже курицы? Не могу!

— Ну, если уж вина никакого не можете, так хоть хересу для политики выпейте!

Захария, видя, что от него не отстают, вздохнул и, приняв из рук дьякона рюмку, ответил:

— Ну, ещё ксересу так и быть; позвольте мне ксересу.

ГЛАВА 7

Бал вступал в новую фазу развития.

Только что все сели за стол, капитан Повердовня тотчас же успел встать снова и, обратившись к петербургской филантропке, зачитал:

> Приветствую тебя, обитатель
> Нездешнего мира!
> Тебя, которую послал создатель,
> Поёт моя лира.
> Слети к нам с высот голубого эфира,
> Тебя ждёт здесь восторг добродушный;
> Прикоснись веществам сего пира,
> Оставь на время мир воздушный.

Аристократка откупщичьей породы выслушала это стихотворение, слегка покраснев, и взяла из рук Повердовни листок, на котором безграмотною писарскою рукой с тысячью росчерков были написаны прочитанные стихи.

Хозяйка была в восторге, но гости её имели каждый своё мнение как об уместности стихов Повердовни, так и об их относительных достоинствах или недостатках. Мнения были различны: исправник, ротмистр Порохонцев, находил, что сказать стихи со стороны капитана Повердовни во всяком случае прекрасно и любезно. Препотенский, напротив, полагал, что это глупо; а дьякон уразумел так, что это просто очень хитро, и, сидя рядом с Повердовней, сказал капитану на ухо:

— А ты, брат, я вижу, насчёт дам большой шельма!

Но как бы там ни было, после стихов Повердовни всем обществом за столом овладела самая неподдельная весёлость, которой почтмейстерша была уже и не рада. Говор не прекращался, и не было ни одной паузы, которою хозяйка могла бы воспользоваться, чтобы заговорить о сосланном протопопе. Между тем гостья, по-видимому, не скучала, и когда заботливая почтмейстерша в конце ужина отнеслась к ней с вопросом: не скучала ли она? та с искреннейшею весёлостью отвечала, что она не умеет её благодарить за удовольствие, доставленное ей её гостями, и добавила, что если она может о чем-нибудь сожалеть, то это только о том, что она так поздно познакомилась с дьяконом и капитаном Повердовней. И госпожа Мордоконаки не преувеличивала; непосредственность Ахиллы и капитана сильно заняли её. Повердовня, услыхав о себе такой отзыв, тотчас же в ответ на это раскланялся. Не остался равнодушен к такой похвале и дьякон: он толкнул в бок Препотенского и сказал ему:

— Видишь, дурак, как нас уважают, а о тебе ничего.

— Вы сами дурак, — отвечал ему шёпотом недовольный Варнава.

Повердовня же минуту подумал, крепко взял Ахиллу за руку, приподнялся с ним вместе и от лица обоих проговорил:

> Мы станем свято твою память чтить,
> Хранить её на многие и счасчивые лета,
> Позволь, о светлый дух, тебя молить:
> Да услышана будет молитва эта!

И затем они, покрытые рукоплесканиями, сели.

— Вот видишь, а ты опять никаких и стихов не знаешь, — укорил Варнаву дьякон Ахилла; а Повердовня в эти минуты опять вспрыгнул уже и произнёс, обращаясь к хозяйке дома:

Матрёной ты наречена
И всем жёнам предпочтена.
Ура!

— Что это за капитан! Это совсем душа общества, — похвалила Повердовню хозяйка.

— А ты все ничего! — надоедал Варнаве дьякон.

— Все! все! Пусть исправник начинает!

— Давайте все говорить стихи!

— Все! все! Пусть исправник начинает!

— А что ж такое: я начну! — отвечал исправник — Без церемонии: кто что может, тот и читай.

— Начинайте! Да что ж такое, ротмистр! ей-богу, начинайте!

Ротмистр Порохонцев встал, поднял вровень с лицом кубок и, посмотрев сквозь вино на огонь, начал:

Когда деспот от власти отрекался,
Желая Русь как жертву усыпить,
Чтобы потом верней её сгубить,
Свободы голос вдруг раздался,
И Русь на громкий братский зов
Могла б воспрянуть из оков.
Тогда, как тать ночной, боящийся рассвета,
Позорно ты бежал от друга и поэта,
Взывавшего грехи жидов,
Отступничество униатов,
Все прегрешения сарматов
Принять я на душу готов,
Лишь только б русскому народу
Мог возвратить его свободу!
Ура![198]

— Все читают, а ты ничего! — опять отнёсся к Препотенскому Ахилла.

— Это, брат, уж как ты хочешь, а если ты пьёшь, а ничего не умеешь сказать, ты не человек, а больше ничего как бурдюк с вином.

— Что вы ко мне пристаёте с своим бурдюком! Сами вы бурдюк, — отвечал учитель.

---

[198] Когда деспот от власти отрекался... — отрывок из стихотворения П. И. Вейнберга, напечатанного в «Колоколе». Последние шесть строк взяты из поэмы К. Ф. Рылеева «Наливайко».

— Что-о-о-о? — вскричал, обидясь, Ахилла. — Я бурдюк?.. И ты это мог мне так смело сказать, что я бурдюк?!

— Да, разумеется, бурдюк.

— Что-о-о-о?

— Вы сами не умеете ничего прочесть, вот что!

— Я не умею прочесть? Ах ты, глупый человек! Да я если только захочу, так я такое прочитаю, что ты должен будешь как лист перед травой вскочить да на ногах слушать!

— Ну-ну, попробуйте, прочитайте.

— Да и прочитаю, и ты теперь кстати сейчас можешь видеть, что у меня действительно верхняя челюсть ходит…

И с этим Ахилла встал, обвёл все общество широко раскрытыми глазами и, постановив их на стоявшей посреди стола солонке, начал низким бархатным басом отчетистое:

— «Бла-годенствен-н-н-ное и мир-р-рное житие, здр-р-ра-авие же и спас-с-сение… и во всем благ-г-гое поспеш-шение на вр-р-раги же поб-б-беду и одол-ление…» — и т д. и т.д.

Ахилла все забирался голосом выше и выше, лоб, скулы, и виски, и вся верхняя челюсть его широкого лица все более и более покрывались густым багрецом и потом; глаза его выступали, на щеках, возле углов губ, обозначались белые пятна, и рот отверст был как медная труба, и оттуда со звоном, треском и громом вылетало многолетие, заставившее все неодушевлённые предметы в целом доме задрожать, а одушевлённые подняться с мест и, не сводя в изумлении глаз с открытого рта Ахиллы, тотчас, по произнесении им последнего звука, хватить общим хором «Многая, многая, мно-о-о-огая лета, многая ле-е-ета!»

Один Варнава хотел остаться в это время при своём занятии и продолжать упитываться, но Ахилла поднял его насильно и, держа его за руку, пел: «Многая, многая, мно-о-о-гая лета, многая лета!»

Городской голова послал Ахилле чрез соседа синюю бумажку.

— Это что же такое? — спросил Ахилла.

— Всей палате. Хвати «всей палате и воинству», — просил голова.

Дьякон положил ассигнацию в карман и ударил:

— «И вс-сей пал-лате и в-воинству их мно-о-огая лет-тта!»

Это Ахилла сделал уже превзойдя самого себя, и зато, когда он окончил многолетие, то петь рискнул только один привычный к его голосу отец Захария, да городской голова: все остальные гости пали на свои места и полулежали на стульях, держась руками за стол или друг за друга.

Дьякон был утешен.

— У вас редкий бас, — сказала ему первая, оправясь от испуга, петербургская дама.

217

— Помилуйте, это ведь я не для того, а только чтобы доказать, что я не трус и знаю, что прочитать.

— Ишь, ишь!.. А кто же тут трус? — вмешался Захария.

— Да, во-первых, отец Захария, вы-с! Вы ведь со старшими даже хорошо говорить не можете: заикаетесь.

— Это правда, — подтвердил отец Захария, — я пред старшими в таковых случаях, точно, заикаюсь. Ну а ты, а ты? Разве старших не боишься?

— Я?.. мне все равно: мне что сам владыка, что кто простой, все равно. Мне владыка говорит: так и так, братец, а я ему тоже: так и так, ваше преосвященство; только и всего

— Правда это, отец Захария? — пожелал осведомиться преследующий дьякона лекарь.

— Врёт, — спокойно отвечал, не сводя своих добрых глаз с дьякона, Бенефактов.

— И он также архиерею в землю кувыркается?

— Кувыркается-с.

— Никогда! У меня этого и положения нет, — вырубал дьякон, выдвигаясь всею грудью. — Да мне и невозможно.

Мне если б обращать на всех внимание, то я и жизни бы своей был не рад. У меня вот и теперь не то что владыка, хоть он и преосвященный, а на меня теперь всякий день такое лицо смотрит, что сто раз его важнее.

— Это ты про меня, что ли, говоришь? — спросил лекарь.

— С какой стати про тебя? Нет, не про тебя.

— Так про кого же?

— Ты давно ли читал новые газеты?

— А что ж там такого писали? — спросила, как дитя развеселившаяся, гостья.

— Да по распоряжению самого обер-протопресвитера[199] Бажанова послан придворный регент по всей России для царской певческой басов выбирать. В генеральском чине он и ордена имеет, и даром что гражданский, а ему архиерей все равно что ничего, потому что ведь у государя и кучер, который на козлах ездит, и тот полковник. Ну-с, а приказано ему, этому регенту, идти потаённо, вроде как простолюдину, чтобы баса при нем не надюжались, а по воле бы он мог их выслушать.

Дьякон затруднялся продолжать, но лекарь его подогнал.

— Ну что ж далее?

— А далее, этот царский регент теперь пятую неделю в нашем городе

---

[199] …обер-протопресвитера Бажанова… — Василий Борисович Бажанов (1800-1883), главный священник Двора и гвардии, духовник царской семьи, имел высшее священническое звание протопресвитера.

находится, вот что! Я и вижу, как он в воскресенье войдёт в синей сибирке и меж мещанами и стоит, а сам все меня слушает. Теперь другой на моём месте что бы должен делать? Должен бы он сейчас пред царским послом мелким бесом рассыпаться, зазвать его к себе, угостить его водочкой, чаем попотчевать; ведь так? А у меня этого нет. Хоть ты и царский регент, а я, брат, нет… шалишь… поступай у меня по закону, а не хочешь по закону, так адью, моё почтенье.

— Это он все врёт? — отнёсся к отцу Захарии лекарь.

— Врёт-с, — отвечал, по обыкновению спокойно, отец Захария. — Он немножко выпил, так от него уж теперь правды до завтра не услышишь, все будет в мечтании хвастать.

— Нет, это я верно говорю.

— Ну, полно, — перебил отец Захария. — Да тебе, братец, тут нечем и обижаться, когда у тебя такое заведение мечтовать по разрешении на вино.

Ахилла обиделся. Ему показалось, что после этого ему не верят и в том, что он не трус, а этого он ни за что не мог снесть, и он клялся за свою храбрость и требовал турнира, немедленного и самого страшного.

— Я всем хочу доказать, что я всех здесь храбрее, и докажу.

— Этим, отец дьякон, не хвалитесь, — сказал майор. — Особенно же вы сами сказали, что имеете слабость… прихвастнуть.

— Ничего, слабость имею, а хвалюсь: я всех здесь храбрее.

— Не хвалитесь. Иной раз и на храбреца трус находит, а другой раз трус чего и не ждёшь наделает, да-с, да-с, это были такие примеры.

— Ничего, подавай.

— Да кого ж подавать-с? Позвольте, я лучше пример представлю.

— Ничего, представляйте.

ГЛАВА 8

— У нас, как я с Кавказа перевёлся, — начал майор, — был полковник, превесёлый начальник и службист. Саблю золотую имел за храбрость. Делали мы Венгерскую кампанию в сорок восьмом году[200]. Ночью нужно было охотников послать, а тут попойка шла. Полковник и говорит: «Сколько охотников?» Адъютант отвечает: «Сто десять охотников». — «Ого! — говорит полковник, а сам в преферанс играет. — Это, говорит, много. Нет ли между ними трусов?» Адъютант говорит: «Нету». — «А если есть?» — «Не надеюсь, говорит, господин полковник». — «А нуте-ка,

---

[200] Делали мы Венгерскую кампанию в сорок восьмом году — Речь идёт об участии русской армии в подавлении Венгерской революции 1848 года.

говорит, соберите их». Собрали. «Ну-ка, — говорит полковник, — попробуем. Кто самый храбрый? Кто за старшего?» Такой-то, Сергеев там что ли, или Иванов. «Позвать, говорит, его сюда. Ты за старшего идёшь?» — «Я, говорит, ваше высокоблагородие». — «Ты не трус?» — «Никак нет, говорит, ваше высокоблагородие». —»Не трус?» — «Нет». — «Ну, если не трус, потяни меня за ус». Солдатик стал, да и ни с места, и оробел. Кликнули другого, и другой тоже, третьего, и третий, и пятый, и десятый. Все трусами в этот раз оказались.

— Ах, лукавый его возьми! Вот выдумщик! — воскликнул весело Ахилла. — «Трус, потяни меня за ус!» Ха-ха-ха!.. Это отлично! Капитан, пусть, друг, тебя учитель Варнава за ус тронет.

— Охотно, — отвечал капитан.

Препотенский отказывался, но его раздражили злыми насмешками над его трусостью, и он согласился.

Ахилла выставил на средину комнаты стул, и капитан Повердовня сел на этот стул и подпёрся в бока по-кавалерийски.

Вокруг него стали исправник, Захария, голова и майор.

Ахилла поместился у самого плеча Варнавы и наблюдал каждое его движение.

Учитель пыхтел, мялся, ёжился и то робко потуплял глаза, то вдруг расширял их и, не шевелясь, двигался всем своим существом, точно по нем кверху полозьями ездили.

Ахилла, по доброте своей, ободрял его как умел, говоря:

— Да чего же ты, дурачок, испугался? Ты не бось: он не укусит, не робей.

И с этим дьякон послюнил себе концы пальцев, сердобольно поправил ими набегавшую на глаза Варнавы косицу и добавил:

— Ну, хватай его сразу за ус!

Варнава тронулся, но дрогнул в коленах и отступил.

— Ну так ты трус, — сказал Ахилла. — А ты бы, дурачок, посудил: чего ты боишься-то?.. Смех!

Варнава посудил и расслабел ещё хуже. А Повердовня сидит как божок и чувствует, что он «душа общества», и готовит обществу ещё новый сюрприз.

— Ты трус, братец, трус. Презренный трус, понимаешь ли, самый презренный трус, — внушал на ухо учителю Ахилла.

— Что ж это, нехорошо: гости ждут, — замечал майор. Препотенский подумал и, указав пальцем на исправника, сказал:

— Позвольте, я лучше Воина Васильича потяну.

— Нет, ты не его, а меня, — настаивал Повердовня и опять засерьезничал.

— Трус, трус! — опять шепчут со всех сторон. Варнава это слышит, и по его лицу выступает холодный пот, по телу его бегут мурашки; он разнемогается нестерпимою, раздражающею немочью робости и в этой робости даже страшен становится.

Прежде всех это заметил близко за ним наблюдавший Ахилла. Видя острое сверкание глаз учителя, он кивал исправнику отойти подальше, а Захарию просто взял за рукав и, оттянув назад, сказал:

— Не стойте около него, отец: видите, он мечтает.

Варнава начал выступать. Вот он делает шаг, вот трепещущая рука труса шевельнулась, отделилась и стала подниматься тихо и медленно, но не к усам капитана, а неукоснительно прямо к лицу исправника.

Это постоянное стремление Варнавиной руки к исправничьей физиономии заставило всех улыбнуться.

— Черт его, братцы мои, знает, что в нем такое действует! — воскликнул Ахилла и, обратясь к исправнику, ещё раз ему погрозил: отойди, мол, а то, видишь, человек смущается.

Но в это же краткое мгновенье Препотенский, зажмуря глаза, издалеча коснулся усов Повердовни: капитан на него страшно зарычал и неожиданно гавкнул по-собачьи. Варнава, не снеся этого, неистово вскрикнул и, кинувшись пантерою на исправника, начал в беспамятстве колотить кого попало.

Это был сюрприз, какого никто не ожидал, и эффект его был полнейший. Опрокинутая лампа, пылающий керосин, бегущие гости, ужас исправника и вопли Варнавы, отбивавшегося в углу от преследующего его привидения, — все это сделало продолжение пира невозможным.

Петербургская гостья уезжала, а Препотенский, хорошо знавший все ходы и переходы почтмейстерского помещения, пользуясь минутой проводов, бросился коридором в контору и спрятался там за шкафом.

ГЛАВА 9

Почтмейстерша, нетерпеливо расхаживая в кофте по своей комнате, мысленно отыскивала, кто мог быть первым виновником совершившегося ужасного события. Кто затеял эту шутку?

— Нет, ещё шутка ничего, — рассуждала она, — а кто пригласил Препотенского? Да и это не то, а кто меня с ним познакомил? Кто же, как не муженёк мой.. Приходит, вот-де, рекомендую тебе Варнаву Васильича! Ну, погоди же ты: задам я тебе Варнаву Васильича! Но только где же это мой муж? — вопросила она, оглядываясь. — Неужто он спит? Неужто он может спать после того, что случилось? Ну, я этого не могу, — решила почтмейстерша и нетерпеливо выскочила в зал, где, по обыкновению, ночёвывал почтмейстер, изгоняемый при домашних счетах из супружеской опочивальни. Но, к удивлению хозяйки, мужа её здесь не было.

— А! это он от меня прячется; он теперь храпит на диване в конторе.. Ну, да не будете же вы храпеть! — И почтмейстерша пустилась к конторе.

Почтмейстерша почти не ошиблась: муж её действительно спал в конторе; но маленькая ошибка с её стороны была лишь в том, что почтмейстер спал не на диване, как полагала она, а на столе. На диване же спал Препотенский, который после всего, что с ним здесь произошло, боялся идти домой, опасаясь, не подкарауливает ли его где-нибудь за углом Ахилла, и уговорил почтмейстера дозволить ему переночевать для безопасности. Почтмейстер на это согласился тем охотнее, что, видя жену свою в состоянии крайнего раздражения, он и сам находил выгоды иметь в эту пору около себя в доме чужого человека, и потому он не только не отказал Варнаве в ночлеге, но даже, как любезный хозяин, предоставил в его пользование стоявший в конторе диван, а сам лёг на большом сортировальном столе и закрылся с головой снятым с этого же стола канцелярским сукном.

Дверь из комнаты в контору, где спали почтмейстер и Препотенский, была заперта. Это ещё более взбесило энергическую даму, ибо, по уставу дома, ни одна из его внутренних дверей никогда не должна была запираться от её, хозяйкина, контроля, а в конторе почтмейстерша считала себя такою же хозяйкой, как и в своей спальне. И вдруг неслыханная дерзость!..

Почтмейстерша вскипела. Она ещё раз потрогала дверь, Но дверь не отпирается: крючок постукивает, но сидит в петле, а между тем сквозь дверь слышно два дыхания. Два! Можно представить себе весь ужас, объявший сердце жены при таком внезапном открытии!

Оскорблённая в своих правах супруга кинулась назад по коридору и, вбежав в кухню, бросилась к столу. Долго она шарила впотьмах руками по большому ящику, в котором кишел рой прусаков, и, наконец, нашла именно то, что ей здесь было нужно.

Это был нож.

Огромный интерес, возбуждаемый этою строкой, заставляет на ней приостановиться, чтобы дать читателю приготовиться быть свидетелем ужасного события.

ГЛАВА 10

Животрепещущая дама, вооружённая большим кухонным ножом, засучив правый рукав своей кофты, прямо направилась к двери конторы и ещё раз приложила ухо к створу. И сомнения никакого не было, что злосчастная пара наслаждается сном безмятежным: так и слышно, как один, более сильный, субъект гудёт гусаком, а другой, нежнейший, выпускает придыханием протяжные «пхэ».

Почтмейстерша завела нож в дверной створ, приподняла крючок, и лёгкая тесовая дверка без всяких затруднений тихо скрипнула и отворилась.

Рассвет ещё был далеко, и в комнате только чуть видны были едва сереющие окна, но привычный глаз различил здесь и стол с почтовыми весками, и другой длинный стол в углу, и диван.

Держась левою рукой около стены, негодующая почтмейстерша направилась прямо к дивану и, щупая впотьмах руками, без больших затруднений отыскала храпуна, который лежал на самом краю и, немножко свесив голову, играл во всю носовую завёртку. Спящий ничего не слыхал и, при приближении почтмейстерши, храпнул даже с некоторым особенным удовольствием, как будто чувствовал, что всему этому скоро конец, что этим удовольствием ему уже более сегодня не наслаждаться.

Это так и случилось.

Не успел спящий сделать последней фиоритуры, как левая рука почтмейстерши сильно приподняла его за волосы, а правая, выбросив нож, дала ему нестерпимую оплеуху.

— Ммм... зачем же! зачем! — заговорил пробуждённый храпун, но вместо ответа получил другую пощёчину, потом третью, пятую, десятую, и все одна другой громче, одна другой сильнее и оглушительней.

— Ай, ай, ай, ай! — восклицал он, уклоняясь от сыпавшихся на него из непроглядной тьмы затрещин, которые вдруг сменились беззвучною, отчаянною трёпкой и поволочкой.

— Мамчик! Что ты это, мамчик! ведь это не я, а Варнава Васильевич, — воззвал вдруг в это время со стола разбуженный и испуганный почтмейстер.

Почтмейстерша оторопела, выпустила из рук гривку Варнавы и, вскрикнув: «Да что же это вы, разбойник, со мною делаете!», кинулась к мужу.

— Да; вот это я... это я! — услышал Варнава голос почтмейстера и, ничего не соображая в эту минуту, кроме необходимости бежать, быстро сорвался с дивана и, отыскав выходную дверь, выскочил в одном белье на улицу.

Он был избит очень серьёзно и, обтерши себе рукавом лицо, заметил, что у него идёт из носу кровь.

В это же время дверь тихо приотворилась, и почтмейстер тихо назвал Препотенского по имени.

— Здесь, — отвечал глухо Препотенский.

— Ваше платье, и извините.

Дверь снова захлопнулась, и на землю упало платье. Учитель стал подбирать его. Минуту спустя к его ногам через забор шлёпнулись сапоги.

Варнава сел на землю и надел сапоги; потом вздел кое-как своё одеяние и побрёл к дому.

На дворе начинало немножко светать, а когда Препотенский постучал в кольцо у калитки своего дома, стало даже и совсем видно.

— Боже, кто это тебя, Варначок, так изувечил? — вскрикнула, встретив запоздалого сына, просвирня.

— Никто-с, никто меня не изувечил. Ложитесь спать. Это на меня впотьмах что-то накинулось.

— Накинулось!

— Ну да, да, да, впотьмах что-то накинулось, и только.

Старушка-просвирня зарыдала.

— Чего вы визжите! Не до вас мне.

— Это они, они тебя мучат!.. — заговорила, всхлипывая, старушка. — Да; теперь тебе уж не жить здесь больше, Варнаша.

— Кто они? — вскрикнул недовольный Препотенский.

Старушка указала рукой по направлению к пустым подставкам, на которых до недавнего времени висел скелет, и, прошептав: «Мертвецы!», она убежала, крестясь, в свою каморку.

Через день учитель Препотенский с отпуском и бедными грошами в кармане бежал из города, оставив причину своего внезапного бегства для всех вечною загадкой.

ГЛАВА 11

Госпожа Мордоконаки возвратилась к себе тоже около того самого времени, когда доплёлся домой изувеченный Варнава Препотенский.

Быстрая езда по ровной, крепкой дороге имела на петербургскую даму то приятное освежающее действие, в котором человек нуждается, проведя долгое время в шуме и говоре, при необходимости принимать во всем этом свою долю участия. Мордоконаки не смеялась над тем, что она видела. Она просто отбыла свой визит в низменные сферы и уходила от них с тем самым чувством, с каким она уходила с крестин своей экономки, упросившей её когда-то быть восприемницей своего ребёнка.

В этом удобном состоянии духа она приехала домой, прошла ряд пустых богатых покоев, разделась, легла в постель и, почувствовав, что ей будто холодно, протянула руку к пледу, который лежал свёрнутый на табурете у её кровати.

К удивлению своему, раскидывая этот плед, она заметила посредине его приколотую булавкой бумажку. Это был вчетверо сложенный тонкий почтовый листок.

Сонная красавица взглянула внимательнее на этот supplement[201] к её пледу и посреди странных бордюрок, сделанных по краям листка, увидала крупно написанное русскими буквами слово «Парольдонер».

«Что бы это могло значить!» — подумала она и, выдернув булавку, развернула листок и прочитала:

«Милостивая государыня! Извините меня, что я пред вами откровенный, потому что военный всегда откровенный. Душевно радуюсь и Бога благодарю, что вы отъезжаете устроить к ночи ваших любезных детей. Дай Боже им достигнуть такой цели, как матушка ихняя. Прошу вас покорнейше написать ответ. Если же вы находите, что Повердовня не заслужил расположения, то удостойте своим неземным подчерком, который будет оценён в душе моей.

Неземной я вас называю,

Вы души моей кумир,

Вам всю душу открываю, —

В вас сокрыт волшебный мир.

Капитан Повердовня».

Мордоконаки расхохоталась, ещё раз прочитала послание влюблённого капитана и, закрыв серебряным колпачком парафиновую свечку, сладко уснула, подумав «Bon Dieu, voila la veritable Russie![202]».

ГЛАВА 12

В тот же самый день, когда в Старом Городе таким образом веселились, далеко, в жёлтой каморке ссыльного протопопа, шла сцена другого рода. Там умирала Наталья Николаевна.

По своей аккуратности и бережливости, протопопица все время своего

---

[201] дополнение (франц.)

[202] Боже мой, вот она, настоящая Россия! (франц.)

пребывания при муже в его ссылке обходилась без прислуги и брала на себя труды, вовсе ей непривычные и непосильные. Добравшись до последней двадцатипятирублевой ассигнации в своей коробке, она испугалась, что у них скоро не будет ни гроша, и решила просить своего хозяина, жандарма, подождать на них за квартиру, пока выйдет им прощение. Жандарм на это согласился, и Наталья Николаевна, тщательно скрывая все это от мужа, искала всеми мерами отслужить чем-нибудь своему хозяину: она копала с его работницей картофель, рубила капусту и ходила сама со своим бельём на реку.

Её годы и её плохое здоровье этого не вынесли, и она заболела и слегла.

Протопоп осуждал её хлопотливость и заботливость.

— Ты думаешь, что ты помогаешь мне, — говорил он, — а я когда узнал, что ты делала, так… ты усугубила муки мои.

— Прости, — прошептала Наталья Николаевна.

— Что прости? Ты меня прости, — отвечал протопоп и с жаром взял и поцеловал женину руку. — Я истерзал тебя моею непокорною нравностью, но хочешь… скажи одно слово, и я сейчас пойду покорюсь для тебя…

— Что ты, что ты! Никогда я не скажу этого слова! Тебя ли мне учить, ты все знаешь, что к чему устрояешь!

— К чести моей, друг, все сие переношу.

— И боже тебе помогай, а обо мне не думай. Протопоп опять поцеловал женины руки и пошёл дьячить, а Наталья Николаевна свернулась калачиком и заснула, и ей привиделся сон, что вошёл будто к ней Дьякон Ахилла и говорит: «Что же вы не помолитесь, чтоб отцу Савелию легче было страждовать?» — «А как же, — спрашивает Наталья Николаевна, — поучи, как это произнести?» — «А вот, — говорит Ахилла, — что произносите: господи, ими же веси путями спаси!» — «Господи, ими же веси путями спаси!» — благоговейно проговорила Наталья Николаевна и вдруг почувствовала, как будто дьякон её взял и внёс в алтарь, и алтарь тот огромный-преогромный: столбы — и конца им не видно, а престол до самого неба и весь сияет яркими огнями, а назади, откуда они уходили, — все будто крошечное, столь крошечное, что даже смешно бы, если бы не та тревога, что она женщина, а дьякон её в алтарь внёс. «В уме ли ты, дьякон! — говорит она Ахилле, — тебя сана лишат, что ты женщину в алтарь внёс». А он отвечает: «Вы не женщина, а вы сила!» и с этим не стало ни Ахиллы, ни престола, ни сияния, и Наталья Николаевна не спит, а удивляется, отчего же это все вокруг неё остаётся такое маленькое: вон самовар не как самовар, а как будто игрушка, а на нем на конфорочке яичная скорлупочка вместо чайника…

В это время вернулся из монастыря Туберозов и что-то ласково заговорил, но Наталья Николаевна так и замахала ему руками.

— Тише, — говорит, — тише: ведь я скоро умру. Протопоп удивился.

— Что ты, Наташа, бог с тобой!

— Нет, умру, дружок, умру: я уже вполовину умерла.

— Кто же тебе это сказал?

— Как кто сказал? Я уж все вполовину вижу. Пришёл лекарь, пощупал пульс, посмотрел язык и говорит: «Ничего, простуда и усталость».

Туберозов хотел сказать, что больная все вполовину видит, да посовестился.

— Что ж, отлично, что ты ему не сказал, — отвечала на его слова об этом Наталья Николаевна.

— А ты все видишь вполовину?

— Да, вполовину; вон ведь это на небе, должно быть, месяц?

— Месяц в окно на нас с тобой, на старых, смотрит.

— А я вижу точно рыбий глазок.

— Тебе это все кажется, Наташа.

— Нет; это, отец Савелий, верно так.

Туберозов, желая разубедить жену, показал ей вынутую из коробки заветную двадцатипятирублевую ассигнацию и спросил:

— Ну, скажи: а это что такое?

— Двенадцать с полтиной, — кротко отвечала Наталья Николаевна.

Туберозов испугался: что это за притча непонятная, а Наталья Николаевна улыбнулась, взяла его за руку и, закрыв глаза, прошептала:

— Ты шутишь, и я шучу: я видела, это наша бумажка; все маленькое… а вот зажмурюсь, и сейчас все станет большое, пребольшое большое. Все возрастают: и ты, и Николай Афанасьич, дружок, и дьяконочек Ахилла… и отец Захария… Славно мне, славно, не будите меня! И Наталья Николаевна заснула навеки.

ЧАСТЬ ПЯТАЯ

ГЛАВА 1

Карлик Николай Афанасьевич не один был поражён страшным спокойствием лица и дрогающею головой Туберозова, который медленно ступал по глубокой слякоти немощёных улиц за гробом своей усопшей жены Натальи Николаевны. В больших и молчаливых скорбях человека с глубокою натурой есть несомненно всеми чувствуемая неотразимая сила, внушающая страх и наводящая ужас на натуры маленькие, обыкшие изливать свои скорби в воплях и стенаниях. То чувствовали теперь и люди, которым было какое-нибудь дело до осиротелого старика, лишённого своей верной подруги. Когда могильная земля застучала по крышке гроба Натальи Николаевны и запрещённый протопоп обернулся, чтобы сойти с высокого отвала, все окружавшие его попятились и, расступясь, дали ему дорогу, которою он и прошёл один-одинёшенек с обнажённою головой через все кладбище.

У ворот он остановился, помолился на образ в часовне и, надев свою шляпу, ещё раз оглянулся назад и изумился: перед ним стоял карлик Николай Афанасьевич, следовавший за ним от самой могилы в двух шагах расстояния.

На серьёзном лице протопопа выразилось удовольствие: он, очевидно, был рад встрече со «старою сказкой» в такую тяжёлую минуту своей жизни и, отворотясь в сторону, к чёрным полям, покрытым замёрзшею и свернувшеюся озимою зеленью, уронил из глаз тяжёлую слезу — слезу одинокую и быструю как капля ртути, которая, как сиротка в лесу, спряталась в его седой бороде.

Карлик видел эту слезу и, поняв её во всём её значении, тихонько перекрестился. Эта слеза облегчила грудь Савелия, которая становилась тесною для сжатого в ней горя. Он мощно дунул пред собою и, в ответ на приглашение карлика сесть в его бричку, отвечал:

— Да, Николаша, хорошо, я сяду.

Они ехали молча, и когда бричка остановилась у жандармской хибары в монастырской слободке, Туберозов молча пожал руку карла и молча пошёл к себе.

Николай Афанасьевич не следовал за ним, потому что он видел и понимал желание Туберозова быть с самим собою. Он навестил вдовца только вечером и, посидев немного, попросил чайку, под тем предлогом, что он будто озяб, хотя главною его целью тут была попытка отвлечь Савелия от его горя и завести с ним беседу о том, для чего он, Николай Афанасьевич, приехал. План этот удался Николаю Афанасьевичу как нельзя лучше, и когда Туберозов, внося к себе в комнату кипящий самовар, начал собирать из поставца чашки и готовить чай, карлик завёл издалека тихую речь о том, что до них в городе происходило, и вёл этот рассказ шаг за шаг, день за день, как раз до самого того часа, в который он сидит теперь здесь, в этой лачужке. В рассказе этом, разумеется, главным образом получили большое место сетования города о несчастьях протопопа, печаль о его отсутствии и боязнь, как бы не пришлось его вовсе лишиться.

Протопоп, слушавший начало этих речей Николая Афанасьича в серьёзном, почти близком к безучастию покое, при последней части рассказа, касающейся отношений к нему прихода, вдруг усилил внимание, и когда карлик, оглянувшись по сторонам и понизив голос, стал рассказывать, как они написали и подписали мирскую просьбу и как он, Николай Афанасьевич, взял её из рук Ахиллы и «скрыл на своей груди», старик вдруг задёргал судорожно нижнею губой и произнёс:

— Добрый народ, спасибо.

— Он, наш народ, добрый, батушка, и даже очень добрый, но только он пока ещё не знает, как ему за что взяться, — отвечал карлик.

— Тьма, тьма над бездною... но дух божий поверх всего[203], — проговорил протопоп и, вздохнув из глубины груди, попросил себе бумагу, о которой шла речь.

— А зачем она вам, государь отец протопоп, эта бумага? — вопрошал с лукавою улыбкой карлик. — Она кому надписана, тому и будет завтра подана.

— Дай мне... я хочу на неё посмотреть.

Карлик стал расстёгивать свои одежды, чтобы докопаться до лежащей на его груди сумы, но вдруг что-то вспомнил и остановился.

— Дай же, дай! — попросил Савелий.

— А вы, батушка... её не того... не изорвёте?

— Нет, — твёрдо сказал Туберозов, и когда карла достал и подал ему листы, усеянные бисерными и вершковыми, чёткими и нечёткими подписями, Савелий благоговейно зашептал:

— Изорвать... изорвать сию драгоценность! Нет! нет! с нею в темницу; с нею на крест; с нею во гроб меня положите!

И он, к немалому трепету карлика, начал проворно свёртывать эту бумагу и положил её на грудь себе под подрясник.

— Позвольте же, батушка, это ведь надо подать!

— Нет, не надо!

Туберозов покачал головой и, помахав отрицательно пальцем, подтвердил:

— Нет, Никола, не надо, не надо.

---

[203] Тьма, тьма над бездною... но дух божий поверх всего — Ср.: «Земля же была пуста и безвидна, и Дух Божий носился над водою» (Бытие, I, 2).

И с этим он ещё решительнее запрятал на грудь просьбу и, затянув пояс подрясника, застегнул на крючки воротник.

Отнять у него эту просьбу не было теперь никакой возможности: смело можно было ручаться, что он скорее расстанется с жизнию, чем с листом этих драгоценных каракуль «мира».

Карлик видел это и не спеша заиграл на собственных нотах Савелия. Николай Афанасьич заговорил, как велико и отрадно значение этого мирского заступничества, и затем перешёл к тому, как свята и ненарушима должна быть для каждого воля мирская.

— Они, батушка, отец протопоп, в горести плачут, что вас не увидят.

— Все равно сего не минет, — вздохнул протопоп, — немного мне жить; дни мои все сочтены уже вмале.

— Но я-то, батушка, я-то, отец протопоп: мир что мне доверил, и с чем я миру явлюсь?

Туберозов тронулся с места и, обойдя несколько раз вокруг своей маленькой каморки, остановился в угле пред иконой, достал с груди бумагу и, поцеловав её ещё раз, возвратил карлику со словами:

— Ты прав, мой милый друг, делай, что велел тебе мир.

ГЛАВА 2

Николай Афанасьевич имел много хлопот, исполняя возложенное на него поручение, но действовал рачительно и неотступно. Этот маленький посланец большого мира не охладевал и не горячился, но как клещ впивался в кого ему было нужно для получения успеха, и не отставал. Савелия он навещал каждый вечер, но не говорил ему ничего о своих дневных хлопотах; тот, разумеется, ни о чем не спрашивал. А между тем дело настолько подвинулось, что в девятый день по смерти Натальи Николаевны, когда протопоп вернулся с кладбища, карлик сказал ему:

— Ну-с, батушка, отец протопоп, едемте, сударь, домой: вас отпускают.

— Буди воля господня о мне, — отвечал равнодушно Туберозов.

— Только они требуют от вас одного, — продолжал карлик, — чтобы вы подали обязательную записку, что впредь сего не совершите.

— Хорошо; не совершу… именно не совершу, поелику… слаб я и ни на что больше не годен.

— Дадите таковую подписку?

— Дам, согласен… дам.

— И ещё прежде того просят… чтобы вы принесли покаяние и попросили прощения.

— В чём?

— В дерзости… То есть это они так говорят, что «в дерзости».

— В дерзости? Я никогда не был дерзок и других, по мере сил моих, от того воздерживал, а потому каяться в том, чего не сделал, не могу.

— Они так говорят и называют.

— Скажи же им, что я предерзостным себя не признаю.

Туберозов остановился и, подняв вверх указательный палец правой руки, воскликнул:

— Не наречён был дерзостным пророк за то, что он, ревнуя, поревновал о вседержителе. Скажи же им: так вам велел сказать ваш подначальный поп, что он ревнив и так умрёт таким, каким рождён ревнивцем. А более со мной не говори ни слова о прощении.

Ходатай отошёл с таким решительным ответом и снова ездил и ходил, просил, молил и даже угрожал судом людским и божиим судом, но всуе дребезжал его слабеющий язык.

Карлик заболел и слёг; неодолимость дела, за которое взялся этот оригинальный адвокат, сломила и его силу и его терпение.

Роли стариков переменились, и как до сих пор Николаи Афанасьевич ежедневно навещал Туберозова, так теперь Савелий, напилив урочные дрова и отстояв в монастыре вечерню, ходил в большой плодомасовский дом, где лежал в одном укромном покойчике разболевшийся карлик.

Савелию было безмерно жаль Николая Афанасьевича, и он скорбел за него и и, вздыхая, говорил:

— Сего лишь единственно ко всему бывшему недоставало, чтобы ты за меня перемучился.

— Батушка, отец протопоп, что тут обо мне, старом зайце, разговаривать? На что уж я годен? Нет, вы о себе-то и о них-то, о своём первосвященнике, извольте попечалиться: ведь они просят вас покориться! Утешьте их: попросите прощения!

— Не могу, Николай, не могу!

— Усиленно, отец протопоп, просят! Ведь они только по начальственному высокомерию об этом говорить не могут, а им очень вас жаль и неприятно, что весь город за вас поднялся… Нехорошо им тоже всем отказывать, не откажите ж и вы им в снисхождении, утешьте просьбой.

— Не могу, Николай, не могу! Прощение не потеха.

— Смиритесь!

— Я пред властью смирен, а что есть превыше земной власти, то надо мною властнее… Я человек подзаконный. Сирах вменил в обязанности

231

нам пещись о чести имени[204], а первоверховный Павел протестовал против попранья прав его гражданства[205]; не вправе я себя унизить ради просьбы.

Карлик был в отчаянии. Подзаконный протопоп не подавал ни малейшей надежды ни на какую уступку. Он как стал на своём, так и не двигался ни вперёд, ни назад, ни направо, ни налево.

Николай Афанасьевич не одобрял уже за это отца Савелия и хотя не относил его поведения к гордости или к задору, но видел в нем непохвальное упрямство и, осуждая протопопа, решился ещё раз сказать ему:

— Ведь нельзя же, батушка, отец Савелий, ведь нельзя же-с и начальства не пожалеть, ведь надо же... надо же им хоть какой-нибудь реваншик предоставить. Как из этого выйти?

— А уж это их дело.

— Ну, значит, вы к ним человек без сожаления.

— О, друже, нет; я его, сие скорбное начальство наше, очень сожалею! — отвечал, вздохнув, протопоп.

— Ну, так и поступитесь маленечко своим обычаем: повинитесь.

— Не могу, закон не позволяет.

Карлик мысленно положил отречься от всякой надежды чего-нибудь достичь и стал собираться назад в свой город. Савелий ему ничего не возражал, а напротив, даже советовал уехать и ничего не наказывал, что там сказать или ответить. До последней минуты, даже провожая карлика из города за заставу, он все-таки не поступился ни на йоту и, поворотив с знакомой дороги назад в город, побрёл пилить дрова на монастырский двор.

Горе Николая Афанасьевича не знало меры и пределов. Совсем не так он думал возвращаться, как довелось, и зато он теперь ехал, все вертясь в своих соображениях на одном и том же предмете, и вдруг его посетила мысль, — простая, ясная, спасительная и блестящая мысль, какие редко ниспосылаются и обыкновенно приходят вдруг, — именно как бы откуда-то свыше, а не из нас самих.

---

[204] Сирах вменил в обязанности нам пещись о чести имени... — Иисус, сын Сирахов (II в. до н. э.), — автор вошедшего в Библию сборника изречений «Книга премудрости Иисуса, сына Сирахова»; имеются в виду слова: «... не клади пятна на честь твою» (XXXIII, 23).

[205] ...первоверховный Павел протестовал против попранья прав его гражданства... — Апостол Павел и его спутники были брошены в тюрьку в г. Филиппы (Македония) за проповедь христианства Апостол отказался тайно выйти из тюрьмы: «... нас, римских граждан, без суда всенародно били и бросили в темницу, а теперь тайно выпускают? Нет, пусть придут и сами выведут нас» (Деяния апостолов. XVI, 37).

Карлик с десятой версты повернул в город и, явясь к начальству Савелия, умолял приказать протопопу повиниться.

Начальство в самом деле давно не радо было, что зацепило упрямого старика, и карлик, получив то, чего желал, внезапно предстал снова Туберозову и сказал:

— Ну-с, государь мой, гордый отец протопоп, не желали вы сдаваться на просьбу, так теперь довели себя до того, что должны оказать повиновение строгости: мне приказано вам сказать, что вам властию повелевают извиниться.

— Где же они повелевают мне стать пред ними на колени: здесь, или на площади, или во храме? — сухо спросил Туберозов. — Мне все равно: по повелению я все исполню.

Карлик отвечал ему, что никто от него никакого унижения не требует и что ему достаточно написать требуемое прошение на бумаге.

Туберозов тотчас же взял и написал кому и что следовало, обозначив эту бумагу «Требованное всепокорнейшее прошение». Карлик заметил, что слово «требованное» здесь совершенно неуместно, но Савелий это решительно отверг и сказал:

— Ну, уж надеюсь, что тебе меня логике не повелено учить; я ей в семинарии научен: ты сказал, что от меня требуют, я и пишу «требованное».

Кончилось это для отца Савелия тем, что, наскучив с ним возиться, его отпустили, но за то, что всепокорнейшее прошение его было в то же время прошение «требованное», на нем последовала надпись, в силу которой упорный старик за эту «требованность» оставляем ещё на полгода под запрещением.

Савелий этим нисколько не смутился и, поблагодарив всех, кого считал нужным благодарить, выехал с карликом домой после долгой и тягостной ссылки своей.

ГЛАВА 3

Во время дороги они мало разговаривали, и то заводил речи только Николай Афанасьевич. Стараясь развлечь и рассеять протопопа, сидевшего в молчании со сложенными на коленях руками в старых замшевых перчатках, он заговаривал и про то и про другое, но Туберозов молчал или отзывался самыми краткими словами. Карлик рассказывал, как скучал и плакал по Туберозове его приход, как почтмейстерша, желая избить своего мужа, избила Препотенского, как учитель бежал из города, гонимый Бизюкиной, — старик все отмалчивался.

Николай Афанасьевич заговорил о домике Туберозова, что он опускается и требует поправки.

Протопоп вздохнул и сказал:

— Уже все это отныне для меня прах, и я гнушаюсь, что был к тому привязан.

Карлик повернул на то, что вот Ахилла все находит себе утешение и, скучая безмерно, взял к себе в дом из-под кручи слепого щеночка и им забавляется.

— Добро ему, пусть тешится, — прошептал протопоп. Николай Афанасьевич оживился.

— Да-с, — начал он, — и скажу вам, батушка, сколько же с ними чрез эту собачку, по их характеру, произошло самых дивных историй. Выучили они эту собачку, как и прежних, смеяться; скажут: «Засмейся, собачка», — она и скалит зубенки; но впала им в голову мысль, как её назвать?

— Ну не все ли будто равно псу, как его называют? — отозвался нехотя протопоп.

Карлик заметил, что рассказы об Ахилле спутник его слушал не так равнодушно, и пошёл далее.

— Да-с; ну вот подите же! А по отца дьякона характеру, видите, не все равно, что село им в голову, то уж им вынь да положь. «Я, говорят, этого пёсика по особенному случаю растревоженный домой принёс, и хочу, чтоб он в означение сего случая таким особенным именем назывался, каких и нет».

Протопоп улыбнулся.

— Ну-с, вот и приезжает он, отец Ахилла, таким манером ко мне в Плодомасово верхом, и становится на коне супротив наших с сестрицей окошек, и зычно кричит «Николаша! а Николаша!» Я думаю: господи, что такое? Высунулся в форточку, да и говорю: «Уж не с отцом ли Савелием ещё что худшее, отец дьякон, приключилось?» —. «Нет, говорят, не то, а я нужное дело к тебе, Николаша, имею. Я к тебе за советом приехал».

«Так пожалуйте же, мол, в комнаты, — не казаки же мы с вами сторожевые, чтобы нам перекликаться одному с коня, а другому с вышки». Так ведь куда тебе! — не хочет: «Мне, говорит, некогда, да я и не один».

«В чем же, кричу, дело-то? Говорите скорее, сударь, а то мне в форточке холодно, я человек зябкий». — «А ты, говорит, сызмальства по господским домам живёшь, так должен ты все собачьи имена знать». — «Ну как, мол, можно все их имена знать; мало ли где как собак называют». — «Ну, кричит, скорей пересчитывай!» Я им и называю, что ведь названия, мол, даются все больше по породам, что какой прилично: борзые почаще все «Милорды», а то из наших простых, которые красивей, «Барбосы» есть, из аглицких «Фани», из курляндских «Шарлотки», французских называют и «Жужу» и «Бижу»; испанские «Карло», или «Катанья», или ещё как-

234

нибудь; немецкие «Шпиц»... Но отец дьякон меня на этом перебивают: «Нет, ты, говорит, скажи мне такое имя, чтобы ни у кого такого не было. Ты, изволят настаивать, должен это знать!» Как, думаю, их успокоить?

— Ну и как же ты его успокоил? — полюбопытствовал Туберозов.

— Да я, батушка, что же, я в ту пору стал очень в форточке-то зябнуть и, чтобы поскорее отделаться, говорю «Знаю я, сударь, ещё одну кличку, да только сказать вам её опасаюсь». — «Нет, ничего, кричит, ничего, говори» — «Звали, мол, у одного барина собаку Каквас». А отец Ахилла-то вдруг и засмутились. «Что ты это за вздор, говорят, мелешь: или ты с ума сошёл?» — «Нет, мол, я с ума не сходил, а я точно знаю, что в Москве у одного князя собаку звали Каквас». Ахилла Андреич вдруг как вскипят, разгневались и начали лошадь шпорить и к стене подскакивают, а сами кричат: «Разве тебе, бесстыдник ты этакий старый, можно это на меня сказать? Разве ты не знаешь, что моё имя крещёное и я священнослужитель?» Насилу их, батушка, успокоил и растолковал им, что это такое Каквас.

Ну, тут уж зато они взыграли на коне и, вынув из-за пазухи из полушубка того щеночка, закричали: «Здравствуй, Каквасинька!» и понеслись радостные назад.

— Дитя великовозрастное, — проговорил, улыбнувшись, Савелий.

— Да-с, все бы им шутки.

— Не осуждай его: чем бы дитя ни тешилось, лишь бы не плакало; тяжело ему ношу, сонную дрёму, весть, когда в нем в одном тысяча жизней горит.

— Именно-с. Я и не знаю, как ему умирать?

— Я и сам этого не знаю, — пошутил протопоп, — он есть само отрицание смерти. Ну а что же с этим Каквасом?

— А что вы изволите полагать, с ним идёт беда по сю пору, да и нельзя без неё. Отец дьякон какие же привычки себе изволили выдумать? Как только им делается по вас очень скучно, они в ту пору возьмут своего Какваску на руки и идут к почтовой станции, сядут на крылечко и ждут. Чуть какой-нибудь важный проезжий или дама какая останавливаются, а они сейчас: «Засмейся, собачка», та и смеётся, каналья, а проезжим любопытство; спрашивают: «Батушка, как эту собачку звать?» А они: «Я, говорит, не батушка, а дьякон, — моего батушку собаки съели». А спросят: «Ну а как же вашу собачку звать?» — «А собачку, отвечают, зовут Каквас». И ссоры он из-за этого затевает постоянные и все говорит: «Я их теперь, говорит, всех этак постоянно в глаза буду собаками звать, и сам мировой судья мне ни лысого беса не сделает». И все это за вас, отец Савелий, мстит, а в каком соображении мстит — того не рассуждает. А вот отцу Захарии за него вышла неприятность: у них эту собачку благочинный

235

увидали да спросили, как звать; а отец Захария говорит: «Зовут Каквас, ваше преподобие», и получили выговор.

Савелий рассмеялся до слёз и, обтершись платком, проговорил:

— Бесценный сей прямодушный Захария. Сосуд господень и молитвенник, какого другого я не видывал. Жажду обнять его.

Пред путешественниками вдруг с горы открылся родной город — город древний, характерный и полный для Туберозова воспоминаний, под мгновенным напором которых старик откинулся назад и зажмурился, как от сверкания яркого солнца.

Они велели ехать ещё тише, чтобы не въезжать засветло, и в сумерки постучали в железное кольцо знакомых ворот. Послышался оклик: «кто там?», это был голос Ахиллы. Туберозов обтёр пальцем слезу и перекрестился.

— Кто там? — переспросил ещё Ахилла.

— Да кто же, как не я и отец Савелий, — отозвался карлик.

Дьякон взвизгнул, слетел со всех ступеней крыльца, размахнул настежь ворота, а сам вкатил клубом в бричку и, обхватив шею протопопа, замер.

Оба они, обняв друг друга в бричке, долго и жалостно всхлипывали, меж тем как карлик, стоя на земле, тихо, но благодатно плакал в свой прозябший кулачок.

Наконец дьякон, нарыдавшись, захотел говорить. Он чуть было уже не спросил о Наталье Николаевне; но, спохватясь, ловко переменил слово и, показывая протопопу на вертевшуюся возле его ног собачку, сказал:

— А вот это, батя, мой новый пёсик Каkваска! Самая чудесная собачка. И как мы захотим, он нам сейчас засмеётся. Чего о пустом скучать!

«О пустом», — с нестерпимою болью в сердце было повторил отец Савелий, но удержался и только крепко, во всю мочь, сжал Ахиллину руку.

ГЛАВА 4

Войдя в свой дом, где в течение довольно долгого времени оставался хозяином и единственным жильцом дьякон Ахилла, протопоп поцеловал стихийного исполина в сухой пробор его курчавой головы и, обойдя вместе с ним все комнатки, перекрестил пустую осиротелую кроватку Натальи Николаевны и сказал:

— Что же, друг: теперь нам с тобой уже не стоит и расходиться, — станем жить вместе!

— И очень извольте: рад, и готов, и даже сам так располагал — отвечал Ахилла и опять обеими руками обнял протопопа.

Так они и остались жить вдвоём: Ахилла служил в церкви и домовничал, а Туберозов сидел дома, читал Джона Буниана[206], думал и молился.

Он показывался из дома редко, или, лучше сказать, совсем не показывался, и на вопросы навещавших его людей, почему он не выходит, коротко отвечал:

— Да вот... все... собираюсь.

Он действительно все собирался и жил усиленной и сосредоточенною жизнью самоповеряющего себя духа.

Ахилла отстранял его от всяких забот и попечений, и это давало старцу большое удобство собираться.

Но недолго суждено было длиться и этому блаженству. Ахиллу ждала честь: его брал с собою в Петербург архиерей, вызванный на череду для присутствования в синоде. Губернский протодьякон был нездоров.

Расставание дьякона с Туберозовым было трогательное, и Ахилла, никогда не писавший никаких писем и не знавший, как их пишут и как отправляют, не только вызвался писать отцу Туберозову, но и исполнял это.

Письма его были оригинальны и странны, не менее чем весь склад его мышления и жизни. Прежде всего он прислал Туберозову письмо из губернского города и в этом письме, вложенном в конверт, на котором было надписано: «Отцу протоиерею Туберозову, секретно и в собственные руки», извещал, что, живучи в монастыре, он отомстил за него цензору Троадию, привязав его коту на спину колбасу с надписанием: «Сию колбасу я хозяину несу» и пустив кота бегать с этою ношею по монастырю.

Через месяц Ахилла писал из Москвы, сколь она ему понравилась, но что народ здесь прелукавый, и особенно певчие, которые два раза звали его пить вместе лампопо, но что он, «зная из практики, что такое обозначает сие лампопо, такой их певческой наглости только довольно подивился».

Ещё немного спустя он писал уже из Петербурга: «Прелюбезный друг мой и ваше высокопреподобие отец Савелий. Радоватися. Живу чудесно на подворье, которое будет вроде монастырька, но соблазну ужас как много, потому что все равно что среди шумного города. Но по вас все-таки, несмотря на сию шумность, скучаю, ибо вместе бы если бы тут были, то отрадней бы гораздо всему вдвоём удивлялись. Советы ваши

---

[206] Буниан (Беньян), Джон (1628-1688) — английский писатель, 12 лет проведший в тюрьме за религиозные убеждения; написал аллегорический роман «Путь паломника», в котором проповедовал возможность достижения евангельского идеала в современном ему обществе.

благие помню и содержу себя в постоянном у всех почтении, на что и имеете примету в том московском лампопе, которого пить не захотел. Пью самую малость, да и то главнее всего для того, что через непитье опасаюсь, как бы хорошее знакомство не растерять. Хорошего здесь много, но дьяконов настоящих, как по-нашему требуется, нет; все тенористые, пристойные по-нашему разве только к кладбищам, и хотя иные держат себя и очень даже форсисто, но и собою все против нас жидки и в служении все действуют говорком, а нередко даже и не в ноту, почему певчим с ними потрафлять хорошо невозможно. Я же, как в этом сведущий, их моде не подражаю, а служу по-своему, и зато хоть и приезжий, но купечество приглашало меня в Гостиный ряд под воротами в шатре молебен служить и, окромя денежного подарения, за ту службу дали мне три фуляровые платка, какие вы любите, и я их вам привезу в гостинец. На здоровье! Скучаю я тоже немало, конечно по своей необразованности, да и потому, что отовсюду далеко. Из угощений здесь все больше кофий. Да я по дальности мало у кого и бываю, потому что надо все в сторону; я же езжу на пол-империале[207], а на нем никуда в сторону невозможно, но вы этого, по своей провинциальности, не поймёте: сидишь точно на доме, на крышке очень высоко, и если сходить оттуда, то надо иметь большую ловкость, чтобы сигнуть долой на всем скаку, а для женского пола, по причине их одежды, этого даже не позволяют. Извозчики же здесь, по замечанию, очень насмешливы, и буде наш брат духовный станет их нанимать, но жертвует очень дёшево, то они сейчас один о другом выкрикают: «Напрасно, батюшка, с ним сели: он вчера священника в лужу вывалил», а потому и не ряжу их вовсе. Варнавку нашего однажды встретил, но не тронул, потому что и он и я оба ехали на встречных пол-империалах, и я ему только успел погрозить, да, впрочем, он здесь стал очень какой-то дохлый. Насчёт же вашего несчастия, что вы ещё в запрещении и не можете о себе на литургии молиться, то, пожалуйста, вы об этом нимало не убивайтесь, потому что я все это преестественно обдумал и дополнил, и Вседержитель это видит. Полагайтесь так, что хотя не можете вы молиться сами за себя из уездного храма, но есть у вас такой человек в столице, что через него идёт за вас молитва и из Казанского собора, где спаситель отечества, светлейший князь Кутузов погребён, и из Исакиевского, который весь снаружи мраморный, от самого низа даже до верха, и столичный этот за вас богомолец я, ибо я, четши ектению[208] велегласно за кого положено

---

[207] ...езжу на пол-империале... — Ахилла путает слово «полуимпериал» (золотая монета) со словом «империал» — местами на крыше вагона конки.

[208] Ектения — ряд прошений, возглашаемых священником или дьяконом за каждым богослужением; каждое прошение сопровождается припевом хора.

возглашаю, а про самого себя шёпотом твоё имя, друже мой, отец Савелий, потаённо произношу, и молитву за тебя самую усердную отсюда посылаю Превечному, и жалуюсь, как ты напрасно пред всеми от начальства обижен. А ты особливо того слова, пожалуйста, себе и не думайте и не говорите, что «дни мои изочтены», потому что это нам с отцом Захарией будет со временем очень прискорбно и я тебя, честное слово, разве малым чем тогда переживу».

Засим следовала подпись: «временно столичный за протодьякона своей епархии Старогородского уездного собора дьякон Ахилла Десницын».

Было и ещё получено письмо от Ахиллы, где он писал, что «счастливым случаем таки свиделся с Препотенским и думал с ним за прошедшее биться, но вышел всему тому совсем другой оборот, так что он даже и был у него в редакции, потому что Варнава теперь уже был редактором, и Ахилла видел у него разных „литератов" и искренно там с Варнавой примирился. Примирению же этому выставлялась та причина, что Варнава стал (по словам Ахиллы) человек жестоко несчастливый, потому что невдавнях женился на здешней барышне, которая гораздо всякой дамы строже и судит все против брака, а Варнаву, говорят, нередко бьёт, и он теперь уже совсем не такой: сам мне открылся, что если бы не опасался жены, то готов бы даже за бога в газете заступиться, и ругательски ругает госпожу Бизюкину, а особливо Термосесова, который чудесно было себя устроил и получал большое жалованье на негласной службе для надзора за честными людьми, но враг его смутил жадностью: стал фальшивые бумажки перепущать и теперь в острог сел». Наипаче же всего Ахилла хвалился тем, что он видел, как в театре представляли. «Раз (объяснял он), было это с певчими, ходил я в штатском уборе на самый верх на оперу «Жизнь за царя[209]», и от прекрасного пения голосов после целую ночь в восторге плакал; а другой раз, опять тоже переряженный по-цивильному, ходил глядеть, как самого царя Ахиллу представляли[210]. Но только на меня даже ни крошки не похоже: выскочил актёр, весь как есть в латах, и на пятку жалится, а дай мне этакую сбрую, я бы гораздо громче разыграл. Остальная же игра вся по-языческому с открытостью до самых пор, и вдовому или одинокому человеку это видеть неспокойно».

И ещё, наконец, пришло третье и последнее письмо, которым Ахилла извещал, что скоро вернётся домой, и вслед за тем в один сумрачный серый вечер он предстал пред Туберозова внезапно, как радостный вестник.

---

[209] «Жизнь за царя» — название оперы М. И. Глинки «Иван Сусанин» до 1917 года.
[210] ...как самого царя Ахиллу представляли. — Имеется в виду оперетта Жака Оффенбаха (1819-1880) «Прекрасная Елена», в которой пародируются герои Троянской войны, в том числе и Ахилл.

Поздоровавшись с дьяконом, отец Савелий тотчас же сам бросился на улицу запереть ставни, чтобы скрыть от любопытных радостное возвращение Ахиллы.

Беседа их была долгая. Ахилла выпил за этою беседой целый самовар, а отец Туберозов все продолжал беспрестанно наливать ему новые чашки и приговаривал:

— Пей, голубушка, кушай ещё, — и когда Ахилла выпивал, то он говорил ему: — Ну, теперь, братец, рассказывай дальше: что ты там ещё видел и что узнал?

И Ахилла рассказывал. Бог знает что он рассказывал: это все выходило пёстро, громадно и нескладно, но всего более в его рассказах удивляло отца Савелия то, что Ахилла кстати и некстати немилосердно уснащал свою речь самыми странными словами, каких он до поездки в Петербург не только не употреблял, но, вероятно, и не знал!

Так, например, он ни к селу ни к городу начинал с того:

— Представь себе, голубчик, отец Савелий, какая комбынация (причём он беспощадно напирал на ы).

Или:

— Как он мне это сказал, я ему говорю: ну нет, же ву пердю, это, брат, сахар дюдю.

Отец Туберозов хотя с умилением внимал рассказам Ахиллы, но, слыша частое повторение подобных слов, поморщился и, не вытерпев, сказал ему:

— Что ты это… Зачем ты такие пустые слова научился вставлять?

Но бесконечно увлекающийся Ахилла так нетерпеливо разворачивал пред отцом Савелием всю сокровищницу своих столичных заимствований, что не берёгся никаких слов.

— Да вы, душечка, отец Савелий, пожалуйста, не опасайтесь, теперь за слова ничего — не запрещается.

— Как, братец, ничего? слышать скверно.

— О-о! это с непривычки. А мне так теперь что хочешь говори, все ерунда.

— Ну вот опять.

— Что такое?

— Да что ты ещё за пакостное слово сейчас сказал?

— Ерунда-с!

— Тьфу, мерзость!

— Чем-с?.. все литераты употребляют.

— Ну, им и книги в руки: пусть их и сидят с своею «герундой», а нам с тобой на что эту герунду заимствовать, когда с нас и своей русской чепухи довольно?

— Совершенно справедливо, — согласился Ахилла и, подумав, добавил, что чепуха ему даже гораздо более нравится, чем ерунда.

— Помилуйте, — добавил он, опровергая самого себя, — чепуху это отмочишь, и сейчас смех, а они там съерундят, например, что бога нет, или ещё какие пустяки, что даже попервоначалу страшно, а не то спор.

— Надо, чтоб это всегда страшно было, — кротко шепнул Туберозов.

— Ну да ведь, отец Савелий, нельзя же все так строго. Ведь если докажут, так деться некуда.

— Что докажут? что ты это? что ты говоришь? Что тебе доказали? Не то ли, что бога нет?

— Это-то, батя, доказали…

— Что ты врёшь, Ахилла! Ты добрый мужик и христианин: перекрестись! что ты это сказал?

— Что же делать? Я ведь, голубчик, и сам этому не рад, но против хвакта не попрёшь.

— Что за «хвакт» ещё? что за факт ты открыл?

— Да это, отец Савелий… зачем вас смущать? Вы себе читайте свою Буниану и веруйте в своей простоте, как и прежде сего веровали.

— Оставь ты моего Буниана и не заботься о моей простоте, а посуди, что ты на себя говоришь?

— Что же делать? хвакт! — отвечал, вздохнув, Ахилла.

Туберозов, смутясь, встал и потребовал, чтоб Ахилла непременно и сейчас же открыл ему факт, из коего могут проистекать сомнения в существовании бога.

— Хвакт этот по каждому человеку прыгает, — отвечал дьякон и объяснил, что это блоха, а блоху всякий может сделать из опилок, и значит все-де могло сотвориться само собою.

Получив такое искреннее и наивное признание, Туберозов даже не сразу решился, что ему ответить; но Ахилла, высказавшись раз в этом направлении, продолжал и далее выражать свою петербургскую просвещённость.

— И взаправду теперь, — говорил он, — если мы от этой самой ничтожной блохи пойдём дальше, то и тут нам ничего этого не видно, потому что тут у нас ни книг этаких настоящих, ни глобусов, ни труб ничего нет. Мрак невежества до того, что даже, я тебе скажу, здесь и смелости-то такой, как там, нет, чтоб очень рассуждать! А там я с литератами, знаешь, сел, полчаса посидел, ну и вижу, что религия, как она есть, так её и нет, а блоха это положительный хвакт. Так по науке выходит…

Туберозов только посмотрел на него и, похлопав глазами, спросил:

— А чему же ты до сих пор служил?

Дьякон нимало не сконфузился и, указав рукой на своё чрево, ответил:

— Да чему и все служат: маммону. По науке и это выведено, для чего человек трудится, — для еды; хочет, чтоб ему быть сытому и голоду не чувствовать. А если бы мы есть бы не хотели, так ничего бы и не делали. Это называется борба (дьякон произнёс это слово без ь) за сушшествование. Без этого ничего бы не было.

— Да вот видишь ты, — отвечал Туберозов, — а бог-то ведь, ни в чем этом не нуждаясь, сотворил свет.

— Это правда, — отвечал дьякон, — бог это сотворил.

— Так как же ты его отрицаешь?

— То есть я не отрицаю, — отвечал Ахилла, — а я только говорю, что, восходя от хвакта в рассуждении, как блоха из опилок, так и вселенная могла сама собой явиться. У них бог, говорят, «кислород»... А я, прах его знает, что он есть кислород! И вот видите: как вы опять заговорили в разные стороны, то я уже опять ничего не понимаю.

— Откуда же взялся твой кислород?

— Не знаю, ей-богу... да лучше оставьте про это, отец Савелий.

— Нет, нельзя этого, милый, в тебе оставить! Скажи откуда начало ему, твоему кислороду?

— Ей-богу, не знаю, отец Савелий! Да нет, оставьте, душечка!

— Может быть сей кислород безначален?

— А идол его знает! Да ну его к лешему!

— И конца ему нет?

— Отец Савелий!.. да ну его совсем к свиньям, этот кислород. Пусть он себе будет хоть и без начала и без конца: что нам до него?

— А ты можешь ли понять, как это без начала и без конца?

Ахилла отвечал, что это он может.

И затем громко продолжал:

«Един бог во святой троице спокланяемый, он есть вечен, то есть не имеет ни начала, ни конца своего бытия, но всегда был, есть и будет».

— Аминь! — произнёс с улыбкой Туберозов и, так же с улыбкой приподнявшись с своего места, взял Ахиллу дружески за руку и сказал:

— Пойдём-ка, я тебе что-то покажу.

— Извольте, — отвечал дьякон.

И оба они, взявшись под руки, вышли из комнаты, прошли весь двор и вступили на средину покрытого блестящим снегом огорода. Здесь старик стал и, указав дьякону на крест собора, где они оба столь долго предстояли алтарю, молча же перевёл свой перст вниз к самой земле и строго вымолвил.

— Стань поскорей и помолись!

Ахилла опустился на колени.

— Читай: «Боже, очисти мя грешного и помилуй мя», — произнёс Савелий и, проговорив это, сам положил первый поклон.

Ахилла вздохнул и вслед за ним сделал то же. В торжественной тишине полуночи, на белом, освещённом луною пустом огороде, начались один за другим его мерно повторяющиеся поклоны горячим челом до холодного снега, и полились широкие вздохи с сладостным воплем молитвы. «Боже! очисти мя грешного и помилуй мя», которой вторил голос протопопа другим прошением. «Боже, не вниди в суд с рабом твоим». Проповедник и кающийся молились вместе.

Над Старым Городом долго неслись воздыхания Ахиллы: он, утешник и забавник, чьи кантаты и весёлые окрики внимал здесь всякий с улыбкой, он сам, согрешив, теперь стал молитвенником, и за себя и за весь мир умолял удержать праведный гнев, на нас движимый!

О, какая разница была уж теперь между этим Ахиллой и тем, давним Ахиллой, который, свистя, выплыл к нам раннею зарёй по реке на своём красном жеребце!

Тот Ахилла являлся свежим утром после ночного дождя, а этот мерцает вечерним закатом после дневной бури.

Старый Туберозов с качающеюся головой во все время молитвы Ахиллы сидел, в своём сером подрясничке, на крыльце бани и считал его поклоны. Отсчитав их, сколько разумел нужным, он встал, взял дьякона за руку, и они мирно возвратились в дом, но дьякон, прежде чем лечь в постель, подошёл к Савелию и сказал:

— Знаете, отче: когда я молился…

— Ну?

— Казалося мне, что земля была трепетна.

— Благословен господь, что дал тебе подобную молитву! Ляг теперь с миром и спи, — отвечал протопоп, и они мирно заснули.

Но Ахилла, проснувшись на другой день, ощутил, что он как бы куда-то ушёл из себя: как будто бы он невзначай что-то кинул и что-то другое нашёл. Нашёл что-то такое, что нести тяжело, но с чем и нельзя и неохота расставаться.

Это был прибой благодатных волн веры в смятенную и трепетную душу.

Ей надо было болеть и умереть, чтобы воскреснуть, и эта святая работа совершалась.

Немудрый Ахилла стал мудр: он искал безмолвия и, окрепнув, через несколько дней спросил у Савелия:

— Научи же меня, старец великий, как мне себя исправлять, если на то будет божия воля, что я хоть на малое время останусь один? Силой своею я был горд, но на сём вразумлён, и на неё больше я не надеюсь..

— Да, был могуч ты и силён, а и к тебе приблизится час, когда не сам препояшешься, а другой тебя препояшет[211], — ответил Савелий.

— А разум мой ещё силы моей ненадёжней, потому что я, знаете, всегда в рассуждении сбивчив.

— На сердце своё надейся, оно у тебя бьётся верно.

— А что ж я взговорю, если где надобно слово? Ведь сердце моё бессловесно.

— Слушай его, и что в нем простонет, про то говори, а с сорной земли сигающих на тебя блох отрясай!

Ахилла взялся рукой за сердце и отошёл, помышляя «Не знаю, как все сие будет?» А безотчётное предчувствие внятно ему говорило, что он скоро, скоро будет один, и оставит его вся сила его, «и иной его препояшет».

ГЛАВА 5

Жуткие и тёмные предчувствия Ахиллы не обманули его: хилый и разбитый событиями старик Туберозов был уже не от мира сего. Он простудился, считая ночью поклоны, которые клал по его приказанию дьякон, и заболел, заболел не тяжко, но так основательно, что сразу стал на край домовины[212].

Чувствуя, что смерть принимает его в свои объятия, протопоп сетовал об одном, что срок запрещения его еше не минул. Ахилла понимал это и разумел, в чем здесь главная скорбь.

Туберозову не хотелось умереть в штрафных, — ему хотелось предстать пред небесною властию разрешённым властию земною. Он продиктовал Ахилле письмо, в котором извещал своё начальство о своём болезненном состоянии и умилительно просил снизойти к нему и сократить срок положенного на него запрещения. Письмо это было послано, но ответа на него не получалось.

Отец Туберозов молчал, но Ахилла прислушался к голосу своего

---

[211] ...когда не сам препояшешься, а другой тебя препояшет... — «Когда ты был молод, то опоясывался сам и шёл, куда хотел, а когда состаришься, то поднимешь вверх руки твои, и иной человек тебя опояшет и поведёт, куда ты не хочешь» (Евангелие от Иоанна, XXI, 18). Таким образом, согласно евангельскому преданию, Христос предсказал апостолу Петру насильственную смерть; Пётр был распят в Риме при Нероне.

[212] Домовина — гроб.

сердца и, оставив при больном старике дьячка Павлюкана, взял почтовую пару и катнул без всякого разрешения в губернский город.

Он не многословил в объяснениях, а отдал кому следовало все, чем мог располагать, и жалостно просил исхлопотать отцу Туберозову немедленно разрешение. Но хлопоты не увенчались успехом начальство на сей раз показало, что оно вполне обладает тем, в чем ему у нас так часто любят отказывать. Оно показало, что обладает характером, и решило, что все определённое Туберозову должно с ним совершиться, как должно совершиться все определённое высшими судьбами

Ахилла было опять почувствовал припадок гнева, но обуздал этот порыв, и как быстро собрался в губернский город, так же быстро возвратился домой и не сказал Туберозову ни слова, но старик понял и причину его отъезда и прочёл в его глазах привезённый им ответ.

Пожав своею хладеющею рукой дьяконову, Савелий проговорил.

— Не огорчайся, друг.

— Да и, конечно, не огорчаюсь, — ответил Ахилла. — Мало будто вы в свою жизнь наслужились пред господом!

— Благодарю его… открыл мой ум и смысл, дал зреть его дела, — проговорил старик и, вздохнув, закрыл глаза.

Ахилла наклонился к самому лицу умирающего и заметил на его тёмных веках старческую слезу.

— А вот это нехорошо, баточка, — дружески сказал он Туберозову.

— Чт.. т.. о? — тупо вымолвил старик.

— Зачем людьми недоволен?

— Ты не понял, мой друг, — прошептал слабо в ответ больной и пожал руку Ахиллы.

Вместо Ахиллы в губернский город снова поскакал карлик Николай Афанасьевич, и поскакал с решительным словом.

— Как только доступлю, — говорил он, — так уж прочь и не отойду без удовлетворения. Да-с; мне семьдесят годов и меня никуда заключить нельзя; я калечка и уродец!

Дьякон проводил его, а сам остался при больном.

Всю силу и мощь и все, что только Ахилла мог счесть для себя драгоценным и милым, он все охотно отдал бы за то, чтоб облегчить эту скорбь Туберозова, но это все было вне его власти, да и все это было уже поздно: ангел смерти стал у изголовья, готовый принять отходящую душу.

Через несколько дней Ахилла, рыдая в углу спальни больного, смотрел, как отец Захария, склонясь к изголовью Туберозова, принимал на ухо его последнее предсмертное покаяние. Но что это значит?.. Какой это такой грех был на совести старца Савелия, что отец Бенефактов вдруг весь так взволновался? Он как будто бы даже забыл, что совершает таинство, не допускающее никаких свидетелей, и громко требовал, чтоб отец Савелий кому-то и что-то простил! Пред чем это так непреклонен у гроба Савелий?

— Будь мирен! будь мирен! прости! — настаивал кротко, но твёрдо Захария. — Коль не простишь, я не разрешу тебя…

Бедный Ахилла дрожал и с замиранием сердца ловил каждое слово.

— Богом живым тебя, пока жив ты, молю… — голосно вскрикнул Захария и остановился, не докончив речи.

Умирающий судорожно привстал и снова упал, потом выправил руку, чтобы положить на себя ею крест и, благословясь, с большим усилием и расстановкой произнёс:

— Как христианин, я… прощаю им моё пред всеми поругание, но то, что, букву мёртвую блюдя… они здесь божие живое дело губят…

Торжественность минуты все становилась строже: у Савелия щёлкнуло в горле, и он продолжал как будто в бреду:

— Ту скорбь я к престолу… Владыки царей… положу и сам в том свидетелем стану…

— Будь мирен: прости! все им прости! — ломая руки, воскликнул Захария.

Савелий нахмурился, вздохнул и прошептал: «Благо мне, яко смирил мя еси» и вслед за тем неожиданно твёрдым голосом договорил:

— По суду любящих имя твоё просвети невежд и прости слепому и развращённому роду его жестокосердие.

Захария с улыбкой духовного блаженства взглянул на небо и осенил лицо Савелия крестом.

Лицо это уже не двигалось, глаза глядели вверх и гасли: Туберозов кончался.

Ахилла, дрожа, ринулся к нему с воплем и, рыдая, упал на его грудь.

Отходящий последним усилием перенёс свою руку на голову Ахиллы и с этим уже громкий колоколец заиграл в его горле, мешаясь с журчаньем слов тихой отходной, которую читал сквозь слезы Захария.

Протопоп Туберозов кончил своё житие.

ГЛАВА 6

Смерть Савелия произвела ужасающее впечатление на Ахиллу. Он рыдал и плакал не как мужчина, а как нервная женщина оплакивает потерю, перенесение которой казалось ей невозможным. Впрочем, смерть протоиерея Туберозова была большим событием и для всего города: не было дома, где бы ни молились за усопшего.

В доме покойника одна толпа народа сменяла другую: одни шли, чтоб отдать последний поклон честному гробу, другие, чтобы посмотреть, как лежит в гробе священник. В ночь после смерти отца Савелия карлик Николай Афанасьевич привёз разрешение покойного от запрещения, и Савелий был положен в гробу во всем облачении: огромный, длинный, в камилавке. Панихиды в доме его совершались беспрестанно, и какой бы священник, приходя из усердия, ни надевал лежавшую на аналое ризу и епитрахиль, чтоб отпеть панихиду, дьякон Ахилла тотчас же просил благословения на орарь[213] и, сослужа, усердно молился.

На второй день было готово домовище и, по старому местному обычаю, доселе сохраняющемуся у нас в некоторых местах при положении священников в гроб, началась церемония торжественная и страшная. Собравшееся духовенство со свечами, в траурном облачении, обносило на руках мёртвого Савелия три раза вокруг огромного гроба, а Ахилла держал в его мёртвой руке дымящееся кадило, и мертвец как бы сам окаждал им своё холодное домовище. Потом усопшего протопопа положили в гроб, и все разошлись, кроме Ахиллы; он оставался здесь один всю ночь с мёртвым своим другом, и тут произошло нечто, чего Ахилла не заметил, но что заметили за него другие.

ГЛАВА 7

Дьякон не ложился спать с самой смерти Савелия, и три бессонные ночи вместе с напряжённым вниманием, с которым он беспрестанно обращался к покойнику, довели стальные нервы Ахиллы до крайнего возбуждения.

В дьяконе замолчали инстинкты и страсти, которыми он наиболее был наклонён работать, и вместо них выступили и резкими чертами обозначились душевные состояния, ему до сих пор не свойственные.

Его вечная лёгкость и разметанность сменились тяжеловесностью неотвязчивой мысли и глубокою погруженностью в себя. Ахилла не побледнел в лице и не потух во взоре, а напротив, смуглая кожа его озарилась розовым, матовым подцветом. Он видел все с режущею глаз ясностью; слышал каждый звук так, как будто этот звук раздавался в нем самом, и понимал многое такое, о чем доселе никогда не думал.

Он теперь понимал все, чего хотел и о чем заботился покойный Савелий, и назвал усопшего мучеником.

Оставаясь все три ночи один при покойном, дьякон не находил также

---

[213] Орарь — род длинной ленты, которую во время богослужения дьякон носит на левом плече.

никакого затруднения беседовать с мертвецом и ожидать ответа из-под парчового воздуха, покрывавшего лицо усопшего.

— Баточка! — взывал полегоньку дьякон, прерывая чтение Евангелия и подходя в ночной тишине к лежавшему пред ним покойнику: — Встань! А?.. При мне при одном встань! Не можешь, лежишь яко трава.

И Ахилла несколько минут сидел или стоял в молчании и опять начинал монотонное чтение.

На третью и последнюю ночь Ахилла вздремнул на одно короткое мгновение, проснулся за час до полуночи, сменил чтеца и запер за ним дверь.

Надев стихарь, он стал у аналоя и, прикоснувшись к плечу мертвеца, сказал.

— Слушай, баточка мой, это я теперь тебе в последнее зачитаю, — и этим дьякон начал Евангелие от Иоанна. Он прошёл четыре главы и, дочитав до главы пятой, стал на одном стихе и, вздохнув, повторил дважды великое обещание: «Яко грядёт час и ныне есть, егда мертвии услышат глас Сына Божия и, услышавши, оживут».

Повторив дважды голосом, Ахилла начал ещё мысленно несколько раз кряду повторять это место и не двигался далее.

Чтение над усопшим дело не мудрое; люди, маломальски привычные к этому делу, исполняют его без малейшего смущения; но при всем том и здесь, как во всяком деле, чтоб оно шло хорошо, нужно соблюдать некоторые практические приёмы. Один из таких приёмов заключается в том, чтобы чтец, читая, не засматривал в лицо мертвеца. Поверье утверждает, что это нарушает его покой; опыт пренебрегавших этим приёмом чтецов убеждает, что в глазах начинается какое-то неприятное мреянье: покой, столь нужный в ночном одиночестве, изменяет чтецу, и глаза начинают замечать тихое, едва заметное мелькание, сначала невдалеке вокруг самой книги, потом и дальше и больше, и тогда уж нужно или возобладать над собою и разрушить начало галлюцинации, или она разовьётся и породит неотразимые страхи.

Ахилла теперь нимало не соблюдал этого правила, напротив, он даже сожалел, что лик усопшего закутан парчовым воздухом; но, несмотря на все это, ничто похожее на страх не смущало дьякона. Он, как выше сказано, все стоял на одном стихе и размышлял:

«Ведь он уже теперь услышал глас сына божия и ожил... Я его только не вижу, а он здесь».

И в этих размышлениях дьякон не заметил, как прошла ночь и на небе блеснула бледною янтарною чертой заря, последняя заря, осеняющая на земле разрушающийся остаток того, что было слышащим землю свою и разумеющим её попом Савелием.

Увидя эту зарю, дьякон вздохнул и отошёл от аналоя к гробу, облокотился на обе стенки домовища, так что высокая грудь Савелия пришлась под его грудью, и, осторожно приподняв двумя перстами парчовый воздух, покрывающий лицо покойника, заговорил:

— Батя, батя, где же ныне дух твой? Где твоё огнеустое слово? Покинь мне, малоумному, духа твоего!

И Ахилла припал на грудь мертвеца и вдруг вздрогнул и отскочил: ему показалось, что его насквозь что-то перебежало. Он оглянулся по сторонам: все тихо, только отяжелевшие веки его глаз липнут, и голову куда-то тянет дремота.

Дьякон отряхнулся, ударил земной поклон и испугался этого звука: ему послышалось, как бы над ним что-то стукнуло, и почудилось, что будто Савелий сидит с закрытым парчою лицом и с Евангелием, которое ему положили в его мёртвые руки.

Ахилла не оробел, но смутился и, тихо отодвигаясь от гроба, приподнялся на колени. И что же? по мере того как повергнутый Ахилла восставал, мертвец по той же мере в его глазах медленно ложился в гроб, не поддерживая себя руками, занятыми крестом и Евангелием.

Ахилла вскочил и, махая рукой, прошептал:

— Мир ти! мир! я тебя тревожу!

И с этим словом он было снова взялся за Евангелие и хотел продолжать чтение, но, к удивлению его, книга была закрыта, и он не помнил, где остановился.

Ахилла развернул книгу наудачу и прочёл: «В мире бе, и мир его не позна[214]...»

«Чего это я ищу?» — подумал он отуманенною головой и развернул безотчётно книгу в другом месте. Здесь стояло: «И возрят нань его же прободоша[215]».

Но в то время, как Ахилла хотел перевернуть ещё страницу, он замечает, что ему непомерно тягостно и что его держит кто-то за руки.

«А что же мне нужно? и что это такое я отыскиваю?.. Какое зачало? Какой ныне день?» — соображает Ахилла и никак не добьётся этого, потому что он восхищён отсюда... В ярко освещённом храме, за престолом, в светлой праздничной ризе и в высокой фиолетовой камилавке стоит Савелий и круглым полным голосом, выпуская как шар каждое слово, читает: «В начале бе Слово и Слово бе к Богу и Бог бе

---

[214] «В мире бе, и мир его не позна...» — «Был в мире, но мир его не узнал» — сокращённая цитата из Евангелия от Иоанна (I, 10).

[215] «И возрят нань, его же прободоша». — «И будут смотреть на Того, Которого они пронзили» (Евангелие от Иоанна, XIX, 37).

Слово[216]». — «Что это, господи! А мне казалось, что умер отец Савелий. Я проспал пир веры!.. я пропустил святую заутреню».

Ахилла задрожал и, раскрыв глаза, увидал, что он действительно спал, что на дворе уже утро; красный огонь погребальных свеч исчезает в лучах восходящего солнца, в комнате душно от нагару, в воздухе несётся заунывный благовест, а в двери комнаты громко стучат.

Ахилла торопливо провёл сухой рукой по лицу и отпер двери.

— Заснул? — тихо спросил его входящий Бенефактов.

— Воздремал, — ответил дьякон, давая дорогу входившему за отцом Захарией духовенству.

— А я... знаешь... того; я не спал: я сочинял всю ночь надгробное слово, — шепнул дьякону Бенефактов.

— Что же, сочинили?

— Нет; не выходит.

— Ну; это уж так по обыкновению.

— А знаешь ли, может быть ты бы нечто сказал?

— Полноте, отец Захария, разве я учёный!

— Что же... ведь ты в стихаре[217]... ты право имеешь.

— Да что же в том праве, отец Захария, когда дара и понимания не имею?

— А вы, сударь, возьмите-ка да поусерднее о даре помолитесь, он и придёт, — вмешался шёпотом карлик.

— Помолиться! Нет, друг Николаша, разве ты за меня помолись, а я от печали моей обезумел; мне даже наяву видения снятся.

— Что же, извольте, я помолюсь, — отвечал карлик.

ГЛАВА 8

Вот весь Старогород сопровождает тело Туберозова в церковь. Обедня и отпевание благодаря Ахилле производили ужасное впечатление; дьякон, что ни начнёт говорить, захлёбывается, останавливается и заливается слезами. Рыдания его, разносясь в толпе, сообщают всем глубочайшую горесть.

Только во время надгробного слова, сказанного одним из священников, Ахилла смирил скорбь свою и, слушая, тихо плакал в платок; но зато, когда он вышел из церкви и увидел те места, где так много лет ходил вместе с Туберозовым, которого теперь несут заключённым в гробе,

---

[216] «В начале бе Слово, и Слово бе к Богу, и Бог бе Слово». — «В начале было Слово, и Слово было с Богом и Слово было Бог» (Евангелие от Иоанна, I, 1).

[217] Стихарь — длинная одежда с широкими рукавами, носимая духовенством.

Ахилла почувствовал необходимость не только рыдать, но вопить и кричать. Дабы дать исход этим рвавшимся из души его воплям, он пел «Святый Бессмертный, помилуй нас», но пел с такой силой, что слепая столетняя старуха, которую при приближении печального шествия внуки вывели за ворота поклониться гробу, вдруг всплеснула руками и, упав на колени, воскликнула:

— Ох, слышит это, слышит господь, как Ахилла под самое небо кричит!

Но вот и обведённое рвом и обсаженное ветлами место упокоения — кладбище, по которому часто любил гулять вечерами Туберозов и о порядке которого он немало заботился. Гроб пронесли под перемёт тёмных тесовых ворот; пропета последняя лития[218], и белые холсты, перекатившись через насыпь отвала, протянулись над тёмною пропастью могилы. Через секунду раздастся последний «аминь», и гроб опустится в могилу.

Но пред этим ещё надлежало произойти чему-то, чего никто не ожидал. Много раз в жизнь свою всех удивлявший Ахилла почувствовал необходимость ещё раз удивить старогородцев, и притом удивить совсем в новом роде. Бледный и помертвевший, он протянул руку к одному из державших холст могильщиков и, обратясь умилёнными глазами к духовенству, воскликнул:

— Отцы! молю вас… велите повременить немного… я только некое самое малое слово скажу.

Всхлипывающий Захария торопливо остановил могильщиков и, протянув обе руки к дьякону, благословил его.

Весь облитый слезами, Ахилла обтёр бумажным платком покрытый красными пятнами лоб и судорожно пролепетал дрожащими устами: «В мире бе и мир его не позна»… и вдруг, не находя более соответствующих слов, дьякон побагровел и, как бы ловя высохшими глазами звуки, начертанные для него в воздухе, грозно воскликнул: «Но возрят нань его же прободоша», — и с этим он бросил горсть земли на гроб, снял торопливо стихарь и пошёл с кладбища.

— Превосходно говорили государь отец дьякон! прошептал сквозь слезы карлик.

— Се дух Савелиев бе на нем, — ответил ему разоблачавшийся Захария.

---

218 Лития — здесь: краткая молитва об упокоении душ умерших.

ГЛАВА 9

После похорон Туберозова Ахилле оставалось совершить два дела: во-первых, подвергнуться тому, чтоб «иной его препоясал», а во-вторых, умереть, будучи, по словам Савелия, «живым отрицанием смерти». Он непосредственно и торопливо принялся приближать к себе и то и другое. Освободившись от хлопот за погребальным обедом, Ахилла лёг на своём войлоке в сеничном чулане и не подымался.

Прошёл день, два и три, Ахилла все лежал и не показывался. Дом отца Туберозова совсем глядел мёртвым домом: взойдёт яркое солнце и осветит его пустынный двор — мертво; набежат грядой облачка и отразятся в стёклах его окон, словно замогильные тени, и опять ничего.

Наблюдая эту тишь, соседи стали жаловаться, что им даже жутко; а дьякон все не показывался. Стало сомнительно, что с ним такое?

Захария пошёл его навещать. Долго кроткий старичок ходил из комнаты в комнату и звал:

— Дьякон, где ты? Послушай, дьякон!

Но дьякон не откликался. Наконец, отец Захария приотворил дверь в тёмный чуланчик.

— Чего вы, отец Захария, так гласно стужаетесь[219]? — отозвался откуда-то из темноты Ахилла.

— Да как, братец мой, чего? Где ты о сю пору находишься?

— Приотворите пошире дверь: я вот тут, в уголушке.

Бенефактов исполнил, что ему говорил Ахилла, и увидел его лежащим на примощенной к стене дощатой кроватке. На дьяконе была ровная холщовая сорочка с прямым отложным воротником, завязанным по-малороссийски длинною пёстрою тесьмой, и широкие тиковые полосатые шаровары.

— Что же ты так это, дьякон? — вопросил его, ища себе места, отец Бенефактов.

— Позвольте, я подвинусь, — отвечал Ахилла, перевалясь на ближайшую к стене доску.

— Что же ты, дьякон?

— Да, вот вам и дьякон...

— Да что ж ты такое?

— Уязвлён, — ответил Ахилла.

— Да чем же ты это уязвлён?

— Смешно вы, отец Захария, спрашиваете: чем? Тем и уязвлён. Кончиной отца протопопа уязвлён.

---

[219] ...гласно стужаетесь... — здесь: громко кричите.

— Да, ну что ж делать? Ведь это смерть... конечно... она враждебна... всему естеству и помыслам преграда... но неизбежно... неизбежно...

— Вот я этою преградой и уязвлён.

— Но ты... ты того... мужайся... грех... потому воля... определение...

— Ну, когда ж я и определением уязвлён!

— Но что же ты это зарядил: уязвлён, уязвлён! Это, братец, того... это нехорошо.

— Да что же осталось хорошего! — ничего.

— Ну, а если и сам понимаешь, что мало хорошего, так и надо иметь рассудок: закона природы, брат, не обойдёшь!

— Да про какой вы тут, отец Захария, про «закон природы»! Ну, а если я и законом природы уязвлён?

— Да что же ты теперь будешь с этим делать?

— Тс! ах, царь мой небесный! Да не докучайте вы мне, пожалуйста, отец Захария, с своими законами! Ничего я не буду делать!

— Однако же, неужто так и будешь теперь все время лежать?

Дьякон промолчал, но потом, вздохнув, начал тихо:

— Я ещё очень скорблю, а вы сразу со мной заговорили. О каком вы тут деле хотите со мной разговаривать?

— Да поправляйся скорей, вот что, потому что ведь хоть и в скорбех, а по слабости и есть и пить будем.

— Да это-то что, что про это и говорить? Есть-то и пить мы будем, а вот в этом-то и причина!

— Что, что такое? Какая причина?

— А вот та причина, что мы теперь, значит, станем об этом, что было, мало-помалу позабывать, и вдруг совсем, что ли, про него позабудем?

— А что же делать?

— А то делать, что я с моим характером никак на это не согласен, чтоб его позабыть.

— Все, братец, так; а придёт время, позабудешь.

— Отец Захария! Пожалуйста, вы мне этого не говорите, потому что вы знаете, какой я в огорчении дикий.

— Ну вот ещё! Нет, уж ты, брат, от грубостей воздерживайся.

— Да, воздерживайся! А кто меня от чего-нибудь теперь будет воздерживать?

— Да если хочешь, я тебя удержу!

— Полноте, отец Захария!

— Да что ты такое? Разумеется, удержу!

— Полноте, пожалуйста!

— Да отчего же полноте?

— Да так; потому что зачем неправду говорить: ни от чего вы меня не можете удержать.

— Ну, это ты, дьякон, даже просто нахал, — отвечал, обидясь, Захария.

— Да ничуть не нахал, потому что я и вас тоже люблю, но как вы можете меня воздержать, когда вы характера столь слабого, что вам даже дьячок Сергей грубит.

— Грубит! Мне все грубят! А ты больше ничего как глупо рассуждаешь!

— А вот удержите же меня теперь от этого, чтоб я так не рассуждал.

— Не хочу я тебя удерживать, да… не хочу, не хочу за то, что я пришёл тебя навестить, а ты вышел грубиян… Прощай!

— Да позвольте, отец Захария! Я совсем не в том смысле…

— Нет, нет; пошёл прочь: ты меня огорчил.

— Ну, бог с вами…

— Да, ты грубиян, и очень большой грубиян.

И Захарий ушёл, оставив дьякона, в надежде, что авось тому надоест лежать и он сам выйдет на свет; но прошла ещё целая неделя, а Ахилла не показывался.

— Позабудут, — твердил он, — непременно все они его позабудут! — И эта мысль занимала его неотвязно, и он сильнейшим образом задумывался, как бы этому горю помочь.

Чтобы вызвать Ахиллу из его мурьи, нужно было особое событие.

Проснувшись однажды около шести часов утра, Ахилла смотрел, как сквозь узенькое окошечко над дверями в чуланчик пронизывались лучи восходящего солнца, как вдруг к нему вбежал впопыхах отец Захария и объявил, что к ним на место отца Туберозова назначен новый протопоп.

Ахилла побледнел от досады.

— Что же ты не рад, что ли, этому? — вопросил Захария.

— А мне какое до этого дело?

— Как какое до этого дело? А ты спроси, кто назначен-то?

— Да разве мне не все равно?

— Академик![220]

— Ну вот, академик! Вишь чему вы обрадовались! Нет, ей-богу, вы ещё суетны, отец Захария.

— Чего ты «суетный»? Академик — значит умный.

— Ну вот опять: умный! Да пусть себе умный: нешто мы с вами от этого поумнеем?

— Что же это, — стало быть, учёного духовенства не уважаешь?

— А разве ему не все равно, уважаю я его или не уважаю? Ему от этого ничего, а я, может быть, совсем о чем важнее думаю.

— О чем; позволь спросить, о чем?

---

[220] Академик — здесь: священник, окончивший духовную академию — высшее духовное учебное заведение.

— О вчерашнем.

— Вот ты опять грубишь!

— Да ничего я вам не грублю: вы думаете, как бы нового встретить, а я — как бы старого не забыть. Что вы тут за грубость находите?

— Ну, с тобой после этого говорить не стоит, — решил Захария и с неудовольствием вышел, а Ахилла тотчас же встал, умылся и потёк к исправнику с просьбой помочь ему продать как можно скорее его дом и пару его аргамаков.

— На что это тебе? — спрашивал Порохонцев.

— Не любопытствуй, — отвечал Ахилла, — только после, когда сделаю, тогда все и увидишь.

— Хоть скажи, в каком роде?

— В таком роде, чтобы про отца Савелия не скоро позабыли, вот в каком роде.

— Пусть отец Захария о нем чаще в слове церковном напоминает.

— Что отец Захария может напоминать? Нет, он нынче уже науки любит, а я... я по-старому человека люблю.

На этом кончились переговоры, и имущество Ахиллы, согласно его желанию, было продано.

Оставалось смотреть, что он теперь станет делать.

Дьякон получил за все ему принадлежавшее двести рублей; сунул оба билетика в карман нанкового подрясника и объявил, что идёт в губернию. Он уже отрубил себе от тонкой жердины дорожную дубинку, связал маленький узелок, купил на базаре две большие лепёшки с луком и, засунув их в тот же карман, где лежали у него деньги, совсем готов был выступить в поход, как вдруг приехал новый протопоп Иродион Грацианский. Это был благообразный человек неопределённого возраста. По его наружному виду ему с одинаковым удобством можно было дать двадцать шесть лет, как и сорок.

Ахилла подошёл к этому своему новому настоятелю и, приняв от него благословение, хотел поцеловать ему руку, но когда тот отдёрнул эту руку и предложил дружески поцеловаться, то Ахилла и поцеловался.

— Видишь, какой добрый! — говорил дьякону, провожая его через час, Захария.

— В чем же вы так скоро это, отец Захария, заключаете его добрость? — отвечал небрежно Ахилла.

— Как же? даже не позволил тебе руки поцеловать, а устный поцелуй... это добрость.

— А по-моему, это больше ничего как самая пустая поважность, — отвечал Ахилла

Теперь он уже ожесточённо ревновал нового протопопа к месту Савелия и придирался к нему, стараясь находить в нем все нехорошее,

255

чтоб он никак не мог сравниться с покойным Туберозовым. Чем более новый протопоп всем старогородцам нравился, тем Ахилла ожесточённее хотел его ненавидеть.

ГЛАВА 10

На другой день новый протопоп служил обедню и произнёс слово, в котором расточал похвалы своему предшественнику и говорил о необходимости и обязанности поминать и чтить его заслуги.

Ахилла и Захария слушали эту проповедь из алтаря, прислоня уши свои к завесе врат. Ахиллу возмущало, что новый протопоп так же говорит и что его слушают с неменьшим вниманием, чем Туберозова... и что он, наконец, заступается за Туберозова и поучает ценить и помнить его заслуги.

— К чему это? к чему это ему? — негодовал, идучи с Захарией из церкви, дьякон.

Он уже жестоко ненавидел нового протопопа за его успех в проповеди и лютовал на него, как ревнивая женщина. Он сам чувствовал свою несправедливость, но не мог с собой совладать, и когда Захария, взявшись устыжать его, сказал, что Грацианский во всех своих поступках благороден, Ахилла нетерпеливо переломил бывшую в его руках палочку и проговорил:

— Вот это-то самое мне и противно-с!

— Да что же, разве лучше, если б он был хуже?

— Лучше, лучше... разумеется, лучше! — перебил нетерпеливо Ахилла. — Что вы, разве не знаете, что не согрешивый не покается!

Захария только махнул рукой.

Поход Ахиллы в губернский город все день ото дня откладывался: дьякон присутствовал при поверке ризницы, книг и церковных сумм, и все это молча и негодуя бог весть на что. На его горе, ему не к чему даже было придраться. Но вот Грацианский заговорил о необходимости поставить над могилой Туберозова маленький памятник.

Ахилла так и привскочил.

— Это за что же ему «маленький» памятник, а не большой? Он у нас большое время здесь жил и свои заслуги почище другого кого оставил.

Грацианский посмотрел на Ахиллу с неудовольствием и, не отвечая ему, предложил подписку на сооружение Савелию памятника.

Подписка принесла тридцать два рубля.

Дьякон не захотел ничего подписать и резко отказался от складчины.

— Отчего же? Отчего ты не хочешь? — спрашивал его Бенефактов.

— Оттого, что суетно это, — отвечал Ахилла.

— А в чём вы видите эту суетность? — сухо вставил Грацианский.

— Да как же можно такому человеку от всего мира в тридцать два рубля памятник ставить? Этакий памятник всё равно что за грош пистолет. Нет-с; меня от этой обиды ему увольте; я не подпишусь.

Вечером отец Захария, совершая обычную прогулку, зашёл к Ахилле и сказал ему:

— А ты, дьякон, смотри… ты несколько вооружаешь против себя отца протопопа.

— Что?.. тсс! ах, говорите вы, пожалуйста, явственно. Что такое; чем я его вооружаю?

— Непочтением, непочтением, непокорством, вот чем: на памятник не согласился, ушёл — руки не поцеловал.

— Да ведь он не желает, чтоб я у него руку целовал?

— Не желает дома, а то на службе… Это, братец, совсем другое на службе…

— Ах! вы этак меня с своим новым протопопом совсем с толку собьёте! Там так, а тут этак: да мне всех этих ваших артикулов всю жизнь не припомнить, и я лучше буду один порядок держать.

Дьякон пошёл к новому протопопу проситься на две недели в губернский город и насильно поцеловал у него руку, сказав:

— Вы меня извините; а то я иначе путаюсь.

И вот Ахилла на воле, на пути, в который так нетерпеливо снаряжался с целями самого грандиозного свойства: он, ещё лёжа в своём чулане, прежде всех задумал поставить отцу Туберозову памятник, но не в тридцать рублей, а на все свои деньги, на все двести рублей, которые выручил за всё своё имущество, приобретённое трудами целой жизни. Ахилла считал эти деньги вполне достаточными для того, чтобы возвести монумент на диво временам и народам, монумент столь огромный, что идеальный план его не умещался даже в его голове.

ГЛАВА 11

Октябрьская ночь была холодна и сумрачна; по небу быстро неслись облака, и ветер шумел голыми ветвями придорожных ракит. Ахилла всё не останавливаясь шёл, и когда засерел осенний рассвет, он был уже на половине дороги и смело мог дать себе роздых.

Он свернул с дороги к большому омёту соломы, прилёг за ним от ветра, закрыл полой голову и заснул.

День был такой же, как ночь: холодное солнце то выглянет и заблещет, то снова занавесится тучами; ветер то свирепеет и рвёт, то шипит змеёй по земле. Пола, которою дьякон укутал свою голову, давно была сорвана с его головы и билась по ветру, а солнце, выскакивая из-за облак, прямо освещало его богатырское лицо. Дьякон все спал. День уже совсем обогрелся, и в вытоптанном жнивьё, в котором лежал Ахилла, уткнувшись головой в солому омета, показались последние запоздалые жильцы умершей нивы: на сапог Ахиллы всползла жёсткая чернокожая двухвостка, а по его бороде, едва плетясь и вздрагивая, поднялся полуокоченевший шмель. Бедное насекомое, обретя тепло и приют в густой бороде дьякона, начало копошиться и разбудило его: Ахилла громко фыркнул, потянулся, вскочил, забросил за плечи свой узел и, выпив на постоялом дворе за грош квасу, пошёл к городу.

К сумеркам он отшагал и остальные тридцать пять вёрст и, увидев кресты городских церквей, сел на отвале придорожной канавы и впервые с выхода своего задумал попитаться: он достал перенедельничавшие у него в кармане лепёшки и, сложив их одна с другою исподними корками, начал уплетать с сугубым аппетитом, но все-таки не доел их и, сунув опять в тот же карман, пошёл в город. Ночевал он у знакомых семинаристов, а на другой день рано утром пришёл к Туганову, велел о себе доложить и сел на коник в передней.

Прошёл час и другой, Ахиллу не звали. Он уже не раз спрашивал часто пробегавшего мимо казачка:

— Дворецкий! что ж: когда меня позовут?

Но дворецкий даже и не считал нужным отвечать мужиковатому дьякону в пыльной нанковой рясе.

Не отдохнув ещё как должно от вчерашнего перехода, Ахилла начал дремать, но как дрёма была теперь для него не у места, то он задумал рассеяться едою, к чему недоеденные вчера куски лепёшки представляли полную возможность. Но только что он достал из подрясника остаток этих лепёшек и хотел обдуть налипший к ним сор, как вдруг остолбенел и потом вскочил как ужаленный и бросился без всякого доклада по незнакомым ему роскошным покоям дома. По случаю он попал прямо в кабинет предводителя и, столкнувшись с ним самим лицом к лицу, воскликнул:

— Отцы! кто в бога верует, пособите мне! Посмотрите, какое со мною несчастие!

— Что, что такое с тобою? — вопросил удивлённый Туганов.

— Пармен Семеныч! что я, злодей, сделал! — вопиял потерявшийся от ужаса Ахилла.

— Что ты, убил кого, что ли?

— Нет; я бежал к вам пешком, чтобы вы мне хорошо посоветовали, потому что я хочу протопопу памятник ставить за двести рублей.

— Ну так что ж? Или у тебя отняли деньги?

— Нет, не отняли, а хуже.

— Ты их потерял?

— Нет, я их съел!

И Ахилла в отчаянии поднёс к глазам Туганова исподнюю корку недоеденной лепёшки, к которой словно припечён был один уцелевший уголок сторублевой бумажки.

Туганов тронул своими тонкими ногтями этот уголок и, отделив его от корки, увидал, что под ним ниже ещё плотнее влип и присох такой же кусок другого билета.

Предводитель не выдержал и рассмеялся.

— Да; вот, как видите, все съел, — утверждал дьякон, кусая в растерянности ноготь на своём среднем пальце, и вдруг, повернувшись, сказал: — Ну-с, затем прошу прощения, что обеспокоил, прощайте!

Туганов вступился в его спасение.

— Полно, братец, приходить в отчаяние, — сказал он. — все это ничего не значит; мне в банке обменяют твои бумажки, а ты бери у меня другие и строи памятник попу Савелию, я его любил.

И с этим он подал Ахилле два новые сторублевые билета, а его объедки прибрал для приобщения к фамильным антикам.

Эта беда была поправлена, но начиналась другая: надо было сочинить такой памятник, какого хотел, но не мог никак сообразить Ахилла.

Он и эту беду поверг на воззрение Туганова.

— Я хочу, Пармен Семеныч, — говорил он, — чтобы памятник за мои деньги был как можно крепкий и обширный.

— Пирамиду закажи из гранита.

Туганов велел подать себе из шкафа одну папку и, достав оттуда рисунок египетской пирамиды, сказал:

— Вот такую пирамиду!

Мысль эта Ахилле страшно понравилась, но он усумнился, хватит ли у него денег на исполнение? Он получил в ответ, что если двухсот рублей не хватит, то Туганов, уважая старика Туберозова, желает сам приплатить все, что недостанет.

— А ты, — молвил он, — будешь строитель, и строй по своему усмотрению, что хочешь!

— Вот уж это... — заговорил было, растерявшись, Ахилла, но вместо дальнейших слов ударил поклон в землю и, неожиданно схватив руку Туганова, поцеловал её.

Туганов был тронут: назвал Ахиллу «добрым мужиком» и предложил ему поместиться у него на мезонине.

Дьякон немедленно перешёл от семинаристов на двор к предводителю и начал хлопотать о заказе камня. Он прежде всего старался быть крайне осторожным.

— Что такое? — говорил он себе, — ведь и вправду точно, куда я стремлюсь, туда следом за мной и все беспорядки.

И он молил бога, хоть теперь, хоть раз в жизни, избавить его от всех увлечений и сподобить его исполнить предпринимаемое дело вполне серьёзно.

ГЛАВА 12

Дьякон обошёл всех известных в городе монументщиков и остановился на самом худшем, на русском жерновщике, каком-то Попыгине. Два монументщика из немцев рассердили дьякона тем, что все желали знать, «позволит ли масштаб» построить столь большую пирамиду, какую он им заказывал, отмеряя расстояние попросту шагами, а вышину подъёмом руки.

Жерновщик Попыгин понял его короче: они все размерили шагами и косыми саженями, и уговорились они тоже на слове, ударили по рукам, и пирамида была заказана и исполнялась. Ахилла смотрел, как двигали, ворочали и тесали огромные камни, и был в восторге от их больших размеров.

— Вот этак-то лучше без мачтаба, — говорил он, — как хотим, так и строим.

Русский мастер Попыгин его в этом поддерживал.

Туганов выслушивал рапорты Ахиллы о движении работ и ни о чем с ним не спорил, ни в чем не противоречил. Он тешил этого богатыря памятником, как огорчённого ребёнка тешат игрушкой.

Через неделю и пирамида и надписание были совсем готовы, и дьякон пришёл просить Туганова взглянуть на чудесное произведение его творческой фантазии. Это была широчайшая расплюснутая пирамида, с крестом наверху и с большими вызолоченными деревянными херувимами по углам.

Туганов осмотрел монумент и сказал: «живёт»; а дьякон был просто восхищён. Пирамиду разобрали и разобранную повезли на девяти санях в Старгород. На десятых санях сзади обоза ехал сам Ахилла, сидя на корточках, в засаленном тулупе, между четырех деревянных вызолоченных и обёрнутых рогожей херувимов. Он был в восторге от великолепия памятника, но к его восторгу примешивалось некоторое беспокойное чувство: он боялся, как бы кто не стал критиковать его пирамиды, которая была для него заветным произведением его ума, вкуса, преданности и любви к усопшему Савелию. Чтоб избежать критиканов, Ахилла решил довершить пышное сооружение как можно секретнее и, прибыв в Старгород ночью, появился только одному Захарии и ему рассказал все трудности, преодолённые им при исполнении пирамиды.

Но Ахилле не удалось собрать монумент в секрете. Разложенные на подводах части пирамиды Савелия на следующее же утро сделались предметом всеобщего внимания. Собравшиеся кучи горожан были особенно заинтересованы сверкавшими из рогож руками и крыльями золочёных херувимов; эти простые люди горячо спорили и не могли решить, какого свойства эти херувимы: серебряные они или позолоченные?

— Серебряные и позолоченные, а в серёдке бриллиантами наколоченные, — разъяснил им Ахилла, в это же самое время расталкивая сограждан, толпившихся вокруг собирателей пирамиды.

Докучали Ахилле и граждане высших сфер. Эти, как ему показалось, даже прямо нарочно пришли с злобною целию критиковать.

— Это просто я не знаю как и назвать, что это такое! Все, все, все как есть нехорошо. Ах ты боже мой! Можно ли так человека огорчать? Ну, если не нравится тебе, нехорошо, — ну, потерпи, помолчи, уважь... ведь я же старался... Тьфу! Что за поганый народ — люди!

И не самолюбивый и не честолюбивый Ахилла, постоянно раздражаясь, дошёл до того, что стал нестерпим: он не мог выносить ни одного слова о Туберозове. Самые похвалы покойнику приводили его в азарт: он находил, что без них лучше.

— Что хвалить! — говорил он Бенефактову. — Вы, отец Захария, воля ваша, легкомысленник; вы вспоминаете про него словно про молоко в коровий след.

— Да я разве что худое про него говорю?

— Да не надо ничего про него говорить, теперь не такое время, чтобы про сильно верующих спорить.

— Ишь ты цензор какой! Значит, его и похвалить нельзя?

— Да что его хвалить? Он не цыганская лошадь, чтоб его нахваливать.

— Ты совершенно, совершенно несуразный человек, — говорил Захария, — прежде ты был гораздо лучше.

С другими Ахилла был ещё резче, чем с Бенефактовым, и, как все, признав раздражительность Ахиллы, стали избегать его, он вдруг насел на одну мысль: о тщете всего земного и о смерти.

— Как вы хотите-с, — рассуждал он, — а это тоже не пустое дело-с вдруг взять и умереть и совсем бог знает где, совсем в другом месте очутиться.

— Да тебе рано об этом думать, ты ещё не скоро умрёшь, — утешал его Захария.

— Почему вы это, отец Захария, предусматриваете?

— По сложению твоему… и уши у тебя какие… крепкие.

— Да по сложению-то и по ушам мне и самому, разумеется, пожалуй, ввек не умереть, а долбнёй бы добивать меня надо; но это… знаете, тоже зависит и от фантазии, и потому человек должен об этом думать.

И, наконец, дьякон впал взаправду в тягостнейшую ипохондрию, которую в нем стали и замечать, и заговорили, что он на себя смерть зовёт.

С этих пор каморочка завещанного на школу протопопского дома, где до времени ютился философствующий Ахилла, сделалась для одних предметом участливого или любопытного внимания, а для других местом таинственного страха.

Протоиерей Грацианский, навестив дьякона, упрекал его за добровольное изгнание и убеждал, что такое удаление от людей неблагоразумно, но Ахилла спокойно отвечал:

— Благоразумного уже поздно искать: он похоронен. Лекарю Пуговкину, которого дьякон некогда окунал и который все-таки оставался его приятелем и по дружбе пришёл его утешить и уверять, что он болен и что его надо лечить, Ахилла вымолвил:

— Это ты, друг, правду говоришь: я всеми моими мнениями вокруг рассеян… Размышляю — не знаю о чем, и все… меня… знаешь, мучит (Ахилла поморщился и докончил шёпотом) тоска!

— Ну да, у тебя очень возвышенная чувствительность.

— Как ты назвал?

— У тебя возвышенная чувствительность.

— Вот именно чувствительность! Все меня, знаешь, давит, и в груди как кол, и я ночью сажусь и долговременно не знаю о чем сокрушаюсь и плачу.

Приехала навестить его духовная дочь Туберозова, помещица Серболова. Ахилла ей обрадовался. Гостья спросила его:

— Чем же это вы, отец дьякон, разболелись? Что с вами такое сделалось?

— А у меня, сударыня, сделалась возвышенная чувствительность: после отца протопопа все тоска и слезы.

— У вас возвышенные чувства, отец дьякон, — отвечала дама.

— Да… грудь спирает, и все так кажется, что жить больше незачем.

— Откуда вы это взяли, что вам жить не надо?

— А пришли ко мне три сестрицы: уныние, скука и печаль, и все это мне открыли. Прощайте, милостивая государыня, много ценю, что меня посетили.

И дьякон выпроводил её, как выпроваживал всех других, и остался опять со своими «тремя сестрицами» и возвышенною чувствительностью.

Но вдруг произошло событие, по случаю которого Ахилла

встрепенулся: событие это была смерть карлика Николая Афанасьевича, завещавшего, чтоб его хоронили отец Захария и Ахилла, которым он оставил за то по пяти рублей денег да по две пары чулок и по ночному бумажному колпачку своего вязанья.

Возвратясь с похорон карлика, дьякон не только как бы повеселел, а даже расшутился.

— Видите, братцы мои, как она по ряду всю нашу дюжину обирать зачала, — говорил он, — вот уже и Николай Афанасьевич помер: теперь скоро и наша с отцом Захарией придёт очередь.

И Ахилла не ошибался. Когда он ждал её встречи, она, милостивая и неотразимая, стояла уже за его плечами и приосеняла его прохладным крылом своим.

Хроника должна тщательно сберечь последние дела богатыря Ахиллы — дела, вполне его достойные и пособившие ему переправиться на ту сторону моря житейского в его особенном вкусе.

ГЛАВА 13

Старгород оживал в виду приближения весны: река собиралась вскрыться, синела и пучилась; по обоим берегам её росли буяны кулеи с хлебом и ладились широкие барки.

Из голодавших зимой деревень ежедневно прибывали в город толпы оборванных мужиков в лаптях и белых войлочных колпачках. Они набивались в бурлаки из одних податей и из хлеба и были очень счастливы, если их брали сплавлять в далёкие страны тот самый хлеб, которого недоставало у них дома. Но и этого счастья, разумеется, удостоивались не все. Предложение труда далеко превышало запрос на него. Об этих излишних людях никто не считал себя обязанным заботиться, нанятые были другое дело о них заботились. Их подпускали к пище при приставниках, которые отгоняли наголодавшихся от котла, когда они наедались в меру. До отвала наголодавшимся нельзя давать есть, эти, как их называют, «жадники» объедаются, «не просиживают зобов» и мрут от обжорства. Недавно два такие голодные «жадника» — родные братья, рослые ребята с Оки, сидя друг против друга за котлом каши, оба вдруг покатились и умерли. Лекарь вскрыл трупы и, ища в желудке отравы, нашёл одну кашу, кашей набит растянутый донельзя желудок, кашей набит был пищевод, и во рту и в гортани везде лежала все та же самая съеденная братьями каша. Грех этой кончины падал на приставника, который не успел вовремя отогнать от пищи наголодавшихся братьев «жадников». Недосмотр был так велик, что в

263

другой артели в тот же день за обедом посинели и упали два другие человека, эти не

умерли только благодаря тому, что случился опытный человек, видавший уже такие виды. Объевшихся раздели донага и держали животами пред жарким костром. Товарищи наблюдали, как из вытапливаемых бурлаков валил пар, и они уцелели и пошли на выкормку.

Все это сцены, известные меж теми, что попадали с мякины на хлеб, но рядом с этим шли и другие, тоже, впрочем, довольно известные сцены, разыгрываемые оставшимися без хлеба ночами, по глухим и уединённым улицам города, вдруг ни с того ни с сего начали показываться черти. Один такой внезапный черт, в полной адской форме, с рогами и когтями, дочиста обобрал двух баб, пьяного кузнеца и совершенно трезвого приказного, ходившего на ночное свидание с купеческою дочерью. Ограбленные уверяли, что у черта, которому они попались в лапы, были бычьи рога и когти, совершенно как железные крючья, какими бурлаки, нагружая барки, шпорят кули. По городу никто не стал ходить, чуть догорала вечерняя зорька но черт все-таки таскался, его видели часовые, стоявшие у соляных магазинов и у острога. Он даже был так дерзок, что подходил к солдатам ближе, чем на выстрел, и жалостно просил у них корочки хлеба. Посланы были ночные патрули, и один из них, под командой самого исправника, давно известного нам Воина Порохонцева, действительно встретил черта, даже окликнул его, но, получив от него в ответ «свой», оробел и бросился бежать. Ротмистр, не полагаясь более на средства полиции, отнёсся к капитану Повердовне и просил содействия его инвалидной команды к безотлагательной поимке тревожащего город черта; но капитан затруднялся вступить в дело с нечистым духом, не испросив на то особого разрешения у своего начальства, а черт между тем все расхаживал и, наконец, нагнал на город совершенный ужас. В дело вмешался протоиерей Грацианский: он обратился к народу с речью о суеверии, в которой уверял, что таких чертей, которые снимают платки и шинели, вовсе нет и что бродящий ночами по городу черт есть, всеконечно, не черт, а какой-нибудь ленивый бездельник, находящий, что таким образом, пугая людей в костюме черта, ему удобнее грабить. На протопопа возгорелось сильное негодование. Уставщик раскольничьего молитвенного дома изъяснил, что в этом заключается ересь новой церкви, и без всякого труда приобщил к своей секте несколько овец из соборного стада. Черт отмстил Грацианскому за его отрицание ещё и иным способом: на другой же день после этой проповеди, на потолке, в сенях протопопского дома, заметили следы грязных сапогов. Разумеется, это всех удивило и перепугало: кто бы это мог ходить по потолку кверху ногами? Решено было, что этого никто иной не мог сделать, как черт, и протопоп был бессилен разубедить в этом даже собственную жену.

Вопреки его увещаниям, отважный демон пользовался полным почётом: его никто не решался гневать, но и никто зато после сумерек не выходил на улицу.

Однако чёрт пересолил, и ему зато пришлось очень плохо; на улицах ему не стало попадаться ровно никакой поживы. И вот вслед за сим началось похищение медных крестов, складней и лампад на кладбище, где был погребён под пирамидой отец Савелий.

Город, давно напуганный разными проделками чёрта, без всяких рассуждений отнёс и это святотатство к его же вражеским проказам.

Осматривавшие кражу набрели, между прочим, и на повреждения, произведённые на памятнике Савелия: крест и вызолоченная главка, венчавшие пирамиду, были сильно помяты ломом и расшатаны, но все ещё держались на крепко заклёпанном стержне. Зато один из золочёных херувимов был сорван, безжалостно расколот топором и с пренебрежением брошен, как вещь, не имеющая никакой ходячей ценности.

Извещённый об этом Ахилла осмотрел растревоженный памятник и сказал:

— Ну, будь ты сам Вельзевул[221], а уж тебе это даром не пройдёт.

ГЛАВА 14

В следующую за сим ночь, в одиннадцатом часу, дьякон, не говоря никому ни слова, тихо вышел из дому и побрёл на кладбище. Он имел в руке длинный шест и крепкую пеньковую петлю.

Никого не встретив и никем не замеченный, Ахилла дошёл до погоста в начале двенадцатого часа. Он посмотрел на ворота; они заперты и слегка постукивают, колеблемые свежим весенним ветром. Чёрт, очевидно, ходит не в эти ворота, а у него должна быть другая большая дорога.

Ахилла взял в сторону и попробовал шестом рыхлый снег, наполнявший ров, которым окопано кладбище. Палка, проткнув лёгкий ледяной налёт, сразу юркнула и ушла до половины. Канава была глубиной аршина два с половиной, а с другой стороны этой канавы шёл обмёрзший и осклизший глинистый отвал.

Ахилла воткнул шест покрепче, опёрся на него и, взвившись змеем, перелетел на другую сторону окопа. Эта воздушная переправа совершена была Ахиллой благополучно, но самый шест, на котором он сделал свой гигантский скачок, не выдержал тяжести его массивного тела и

переломился в ту самую минуту, когда ноги дьякона только что стали на перевале. Ахилла над этим не задумался; он надеялся найти на кладбище что-нибудь другое, что с таким же точно удобством сослужило бы ему службу при обратной переправе; да и притом его вдруг охватило то чувство, которое так легко овладевает человеком ночью на кладбище. Страшно не страшно, а на душе как-то строго, и все пять чувств настораживаются остро и проницательно. Ахилла широко вдохнул в себя большую струю воздуха, снял с головы чёрный суконный колпачок и, тряхнув седыми кудрями, с удовольствием посмотрел, как луна своим серебряным светом заливает «Божию ниву». На душе его стало грустно и в то же время бодро; он вспомнил старые годы своей минувшей удали и, взглянув на луну, послал ей шутливый привет:

— Здравствуй, казацкое солнышко!

Тишь, беспробудность, настоящее место упокоения! Но вот что-то ухнуло, словно вздох… Нет, это ничего особенного, это снег оседает. И Ахилла стал смотреть, как почерневший снег точно весь гнётся и волнуется. Это обман зрения; это по лунному небу плывут, теснясь, мелкие тучки, и от них на землю падает беглая тень. Дьякон прошёл прямо к могиле Савелия и сел на неё, прислонясь за одного из херувимов. Тишь, ничем ненарушимая, только тени все беззвучно бегут и бегут, и нет им конца.

На дьякона стал налегать сон; он поплотней прислонился к пирамиде и задремал, но ненадолго; ему вдруг почудилось, как будто кто-то громко топнул; Ахилла открыл глаза: все было тихо, только небо изменилось; луна побледнела, и по серой пирамиде Савелия ползла одна длинная и широкая тень. Тучилось и пахло утром. Ахилла встал на ноги, и в эту минуту ему опять показалось, что по кладбищу кто-то ходит.

Дьякон обошёл пирамиду: никого нет.

Есть как будто что-то похожее на недавние следы, но кто теперь отличит свежий след от вчерашнего, когда снег весь взялся жидким киселём и нога делает в нем почти бесформенную яму. В городе прокричали утренние петухи. Нет, верно черта сегодня не будет…

Ахилла побрёл назад к тому месту, где он перепрыгнул на кладбище. Без всякого затруднения нашёл он этот лаз и без задумчивости взялся рукой за торчащий из канавы длинный шест, но вспомнил, что он свой шест переломил… откуда же опять взялся целый шест?

«Диковина!» — подумал дьякон, и, удостоверясь, что шест ему не мерещится, а действительно стремит из канавы, он уже готов был на нем прыгнуть, как вдруг сзади через плечи на грудь его пали две огромные лапы, покрытые лохматою чёрною шерстью, с огромными железными когтями.

Черт!

ГЛАВА 15

Ахилла быстро принагнулся в коленах и, подобравшись таким приёмом под наседавшего на него черта, схватил его за лапы и дёрнул за них так сильно, что подбородок черта звонко ляскнул о маковку дьякона и так и прилип к ней. Не ожидавший такого исхода черт отчаянно закопошился, но скоро, поняв тщету своих усилий, стих и, глухо застонав, повис за спиной у дьякона. Он не только не мог вырваться, но не мог даже произнести ни одного слова, потому что челюсти его были точно прессом прижаты к макушке Ахиллы. Все движения, какие черт мог делать, заключались в дрыганье ногами, но зато ими демон воспользовался с адским коварством.

Ахилла, держа на себе черта с такою же лёгкостью, с какою здоровый мужик несёт сноп гороху, сделал несколько шагов назад на кладбище и, разбежавшись, прыгнул через канаву, но лукавый черт воспользовался этим мгновением и ловко обвил своими ногами размётанные по воздуху ноги дьякона в тот самый момент, когда оба они были над канавой. Неожиданно опутанный Ахилла потерял баланс и рухнул вместе с своею ношей в холодную студень канавы.

От страшного холода он чуть было не разжал рук и не выпустил черта, но одолел себя и стал искать других средств к спасению. Но, увы! средств таких не было; гладкие края канавы были покрыты ледянистою корой, и выкарабкаться по ним без помощи рук было невозможно, а освободить руки значило упустить черта. Ахилла этого не хотел. Он попробовал кричать, но его или никто не слыхал, или кто и слышал, тот только плотнее запирался, дескать: «кого-то опять черт дерёт».

Дьякон понял, что он не может надеяться ни на какую помощь от запуганного населения, но не выпускал черта и дрог с ним в канаве. Оба они окоченели и, может быть, оба здесь умерли бы, если б их не выручил случай.

Ранним утром к городской пристани тянулся обоз со спиртом. Проходя дорогой мимо кладбища, мужики заметили в канаве какую-то необыкновенную группу и остановились, но, разглядев в ней синее лицо человека, над которым сзади возвышалась рогатая морда черта, бросились прочь. Застывший Ахилла, собрав все силы и позвав мужиков, велел им смотреть за чёртом, а сам вытащил из канавы руку и перекрестился.

— Это, ребята, крещёный! — крикнули мужики и, вытащив дьякона с чёртом из канавы, всунули в утор одной бочки соломинку и присадили к ней окоченелого Ахиллу, а черта бросили на передок и поехали в город.

Потянув немножко спирту, дьякон вздрогнул и повалился в сани. Состояние его было ужасное: он весь был мокр, синь, как котёл, и от дрожи едва переводил дыхание. Черт совсем лежал мёрзлою кочерыжкой; так его, окоченелого, и привезли в город, где дьякон дал знак остановиться пред присутственными местами.

Здесь Ахилла снял черта с саней и, велев его внести в канцелярию, послал за исправником, а сам, спросив у сторожа сухую рубашку и солдатскую шинель, переоделся и лёг на диване.

Город, несмотря на ранний час утра, был уже взволнован новостию, и густая толпа народа, как море вокруг скалы, билась около присутственных мест, где жил в казённой квартире сам ротмистр Порохонцев. Народ, шумя, напирал и ломился на крыльцо, желая видеть и черта, который расколол херувима, да и дьякона, совершившего поимкой этого черта до сих пор никому не удавшийся подвиг. Сквозь эту толпу, несмотря на свой сан и значение, с трудом могли пробираться самые влиятельные лица города, как-то: протоиерей Грацианский, отец Захария и капитан Повердовня, да и то они пробились лишь потому, что толпа считала присутствие священников при расправе с чёртом религиозною необходимостью, а капитан Повердовня протеснился с помощью сабельного эфеса, которым он храбро давал зуботычины направо и налево.

Этот офицер теперь тоже здесь был чрезвычайно необходим, и притом со всею своею храбростию, потому что городу угрожал бунт.

ГЛАВА 16

Пока внизу люди кипели и волновались вокруг дома, скрывшего необычайное явление, не менее суеты происходило и в самом доме. Исправник, ротмистр Порохонцев, выскочил в канцелярию в спальных бумазейных панталонах и фланелевой куртке и увидал, что там, скорчась в комочек на полу, действительно сидит черт с рогами и когтями, а против него на просительском диване лежит и дрожит огромная масса, покрытая поверх солдатской шинели ещё двумя бараньими шубами: это был дьякон.

Над чёртом в различных позах стояла вся старогородская аристократия, но лица не выражали ни малейшего страха от близости демона. Бояться было и нечего: всякий мог видеть, что этот черт был что-то жалкое, дрожащее от холода и обороченное кое-как в ветхие лохмотья старой войлочной бурки, подаренной когда-то, по совершенной её негодности, дьяконом Ахиллой комиссару Данилке. На голове черта, покрытой тою же буркой, торчали скверно и небрежно привязанные грязною бечёвкой коровьи рога, а у рук, обмотанных обрывками вывернутой овчины, мотались два обыкновенные железные крюка, которыми поднимают кули.

А что всего страннее, так это то, что один из солдатиков, запустив черту за пазуху свою руку, вытащил оттуда на шнурке старый медный крест с давленною надписью: «Да воскреснет Бог и расточатся врази Его».

— Я вам говорил, что это обман, — заметил протоиерей Грацианский.

— Да, да; по костюму совершенно черт, а по образку совершенно не черт, — поддержал его Захария и, тотчас же подскочив к этому сфинксу, запытал: — Послушай, братец: кто ты такой? А? Слышишь, что я говорю?.. Любезный!.. А? Слышишь?.. Говори… А то сечь будем!.. Говори!.. — добивался Захария.

Но тут вступился исправник и принялся сам допрашивать черта, но также безуспешно.

Черт, начав отогреваться и приходя в себя, только тихо заворочался и, как черепаха, ещё глубже ушёл в свою бурку.

Из различных уст подавались различные мнения: как же теперь быть с этим чёртом? Исправник полагал отослать его прямо в таком виде, как он есть, к губернатору, и опирался в этом на закон о чудовищах и уродцах; но всеобщее любопытство страшно восставало против этого решения и изобретало всякие доводы для убеждения исправника в необходимости немедленно же разоблачить демона и тем удовлетворить всеобщее нетерпеливое и жгучее любопытство.

Не спорили только два лица: это голова и отец Захария, но и то они не спорили потому, что были заняты особыми расследованиями: голова, низенький толстый купец, все потихоньку подкрадывался к черту то с той, то с другой стороны и из изнавести крестил и затем сам тотчас же быстро отскакивал в сторону, чтобы с ним вместе не провалиться, а Захария тормошил его за рожки и шептал под бурку:

— Послушай, братец, послушай: ты мне одно скажи, это ты у отца протопопа вверх ногами по потолку ходил? Признайся, и сечь не будем.

— Я, — глухо простонал черт.

Это первое произнесённое демоном слово произвело в присутствующих неожиданную панику, которая ещё увеличилась дошедшими до них в эту минуту дикими воплями народа снаружи. Потерявшая терпение толпа ломилась наверх, требуя, чтобы черт немедленно же был ей предъявлен, причём громогласно выражалось самое ярое подозрение, что полиция возьмёт с черта взятку и отпустит его обратно в ад. В толпе нашлись люди, которые прямо предлагали высадить двери правления и насильно взять черта из рук законной власти. За угрозой почти непосредственно последовало и исполнение: раздались удары в двери; но ротмистр нашёлся, что сделать: он мигнул квартальному, который тотчас же выкатил пожарную трубу, взлез со шприцем на забор и пустил в толпу сильную холодную струю. Сигнал был дан, и пошла потеха. Народ на минуту отхлынул, раздались весёлые крики, свистки и хохот, но через минуту все эти развеселившиеся люди вдруг принасупились, закусили губы и двинулись вперёд. Холодная душ более никого не пугала: дверь затрещала, в окна полетели камни, а квартального стащили за ноги с забора и, овладев шприцем, окачивали его в глазах начальства. Исправник, а за ним и все бывшие с ним аристократы шарахнулись во внутренние покои и заперлись на замок, а не успевший за ними туда капитан Повердовня бегал по канцелярии и кричал:

— Господа! ничего!.. не робеть!.. С нами бог!.. У кого есть оружие… спасайтесь!

И с этим, увидя растворённый канцелярский шкаф, он быстро вскочил в него и захлопнул дверцы; а между тем в комнату через разбитые окна ещё ожесточённее падали камни. У самого черта вырвался крик ужаса и отчаяния.

ГЛАВА 17

Минута была самая решительная: она ждала своего героя, и он явился. Шубы, которыми был закрыт всеми позабытый Ахилла, зашевелясь, слетели на пол, а сам он, босой, в узком и куцем солдатском белье, потрошил того кто так недавно казался чёртом и за кого поднялась вся эта история, принявшая вид настоящего открытого бунта

— Раздевайся! — командовал дьякон, — раздевайся и покажи, кто ты такой, а то я все равно все это с тебя вместе с родной кожей сниму.

И говоря это, он в то же время щипал черта, как ретивая баба щиплет ошпаренного цыплёнка.

Одно мгновение — и черта как не бывало, а пред удивлённым дьяконом валялся окоченевший мещанин Данилка.

Ахилла поднёс его к окну и, высунув голову сквозь разбитую раму, крикнул:

— Цыть, дураки! Это Данилка чёртом наряжался! Глядите, вот он.

И дьякон, подняв пред собою синего Данилку, сам в то же время выбрасывал на улицу одну за другою все части его убранства и возглашал:

— А вот его коготки! а вот его рожки! а вот вам и вся его амуниция! А теперь слушайте: я его допрошу.

И оборотя к себе Данилку, дьякон с глубоким и неподдельным добродушием спросил его:

— Зачем ты, дурачок, так скверно наряжался?

— С голоду, — прошептал мещанин.

Ахилла сейчас же передал это народу и непосредственно вслед за тем вострубил своим непомерным голосом:

270

— Ну, а теперь, православные, расходитесь, а то, спаси бог, ежели начальство осмелеет, оно сейчас стрелять велит.

Народ, весело смеясь, стал расходиться.

ГЛАВА 18

Начальство действительно «осмелело», выползло и приступило к распорядкам.

Мокрого и едва дышащего Данилку переодели в сухую арестантскую свиту и стали серьёзно допрашивать. Он винился, что с голоду и холоду, всеми брошенный и от всех за своё беспутство гонимый, он ходил и скитался, и надумался, наконец, одеться чёртом, и так пугал ночами народ и таскал, что откуда попало, продавал жиду и тем питался. Ахилла все это внимательно слушал. Кончился допрос, он все смотрел на Данилку и ни с того ни с сего стал замечать, что Данилка в его глазах то поднимется, то опустится. Ахилла усиленно моргнул глазами, и опять новая притча. Данилка теперь становится то жарко-золотым, то белым серебряным, то огненным, таким, что на него смотреть больно, то совсем стухнет, и нет его, а меж тем он тут. Следить за всеми этими калейдоскопическими превращениями больно до нестерпимости, а закроешь глаза, все ещё пестрее и ещё хуже режет.

«Фу ты, что это такое!» — подумал себе дьякон и, проведя рукой по лицу, заметил, что ладонь его, двигаясь по коже лица, шуршит и цепляется, будто сукно по фланели. Вот минута забвения, в крови быстро прожгла огневая струя и, стукнув в темя, отуманила память. Дьякон позабыл, зачем он здесь и зачем тут этот Данилка стоит общипанным цыплёнком и беззаботно рассказывает, как он пугал людей, как он щечился[222] от них всякою всячиной и как, наконец, нежданно-негаданно попался отцу дьякону.

— Ну, а расскажи же, — спрашивает его опять Захария, — расскажи, братец, как ты это у отца протоиерея вверх ногами по потолку ходил?

— Просто, батюшка, — отвечал Данилка, — я снял сапоги, вздел их голенищами на палочку, да и клал по потолку следочки.

— Ну, отпустите же его теперь, довольно вам его мучить, — неожиданно отозвался, моргая глазами, Ахилла.

На него оглянулись с изумлением.

— Что вы это говорите? как можно отпустить святотатца? — остановил его Грацианский.

---

[222] ...щечился... — отнимал.

— Ну, какой там ещё святотатец? Это он с голоду. Ей-богу отпустите! Пусть он домой идёт.

Грацианский, не оборачиваясь к Ахилле, заметил, что его заступничество неуместно.

— Отчего же... за бедного человека, который с голоду... апостолы класы восторгали...

— Да что вы это? — строго повернулся протопоп. — Вы социалист, что ли?

— Ну, какой там «социалист»! Святые апостолы, говорю вам, проходя полем, класы исторгали[223] и ели. Вы, разумеется, городские иерейские дети, этого не знаете, а мы, дети дьячковские, в училище, бывало, сами съестное часто воровали. Нет, отпустите его, Христа ради, а то я его все равно вам не дам.

— Что вы, с ума, что ли, сошли? Разве вы смеете!

Но дьякону эти последние слова показались столь нестерпимо обидными, что он весь побагровел и, схватив на себя свой мокрый подрясник, вскричал:

— А вот я его не дам, да и только! Он мой пленник, и я на него всякое право имею.

С этим дьякон, шатаясь, подошёл к Данилке, толкнул его за двери и, взявшись руками за обе притолки, чтобы никого не выпустить вслед за Данилкой, хотел ещё что-то сказать, но тотчас же почувствовал, что он растёт, ширится, пышет зноем и исчезает. Он на одну минуту закрыл глаза и в ту же минуту повалился без чувств на землю.

Состояние Ахиллы было сладостное состояние забвенья, которым дарит человека горячка. Дьякон слышал слова: «буйство», «акт», «удар», чувствовал, что его трогают, ворочают и поднимают; слышал суету и слёзные просьбы вновь изловленного на улице Данилки, но он слышал все это как сквозь сон, и опять рос, опять простирался куда-то в бесконечность, и сладостно пышет и перегорает в огневом недуге. Вот это она, кончина жизни, смерть.

О поступке Ахиллы был составлен надлежащий акт, с которым старый сотоварищ, «старый гевальдигер[224]», Воин Порохонцев, долго мудрил и хитрил, стараясь представить выходку дьякона как можно невиннее и мягче, но тем не менее дело все-таки озаглавилось: «О дерзостном

---

[223] ...апостолы... класы исторгали... — неточная цитата из Евангелия от Луки (VI, I). Апостолы, проголодавшись, срывали колосья в субботу, что, как и любое другое занятие в этот день, запрещалось иудейской религией. Христос, отвечая фарисеям, упрекавшим его за то, что он творит добро и в субботу, сказал: «Суббота для человека, а не человек для субботы» (Евангелие от Марка, II, 27).

[224] Гевальдигер (нем. Gewaltiger) — сильный, могущественный.

буйстве, произведённом в присутствии старогородского полицейского правления, соборным дьяконом Ахиллою Десницыным».

Ротмистр Порохонцев мог только вычеркнуть слово «дерзостном», а «буйство» Ахиллы сделалось предметом дела, по которому рано или поздно должно было пасть строгое решение.

ГЛАВА 19

Ахилла ничего этого не знал: он спокойно и безмятежно горел в огне своего недуга на больничной койке. Лекарь, принявший дьякона в больницу, объявил, что у него жестокий тиф, прямо начинающийся беспамятством и жаром, что такие тифы обязывают медика к предсказаниям самым печальным.

Ротмистр Порохонцев ухватился за эти слова и требовал у врача заключения: не следует ли поступок Ахиллы приписать началу его болезненного состояния? Лекарь взялся это подтвердить. Ахилла лежал в беспамятстве пятый день при тех же туманных, но приятных представлениях и в том же беспрестанном ощущении сладостного зноя. Пред ним на утлом стульчике сидел отец Захария и держал на голове больного полотенце, смоченное холодною водой. Ввечеру сюда пришли несколько знакомых и лекарь.

Дьякон лежал с закрытыми глазами, но слышал, как лекарь сказал, что кто хочет иметь дело с душой больного, тот должен дорожить первою минутой его просветления, потому что близится кризис, за которым ничего хорошего предвидеть невозможно.

— Не упустите такой минуты, — говорил он, — у него уже пульс совсем ненадёжный, — и затем лекарь начал беседовать с Порохонцевым и другими, которые, придя навестить Ахиллу, никак не могли себе представить, что он при смерти, и вдобавок при смерти от простуды! Он, богатырь, умрёт, когда Данилка, разделявший с ним холодную ванну, сидит в остроге здоров-здоровешенек. Лекарь объяснял это тем, что Ахилла давно был сильно потрясён и расстроен.

— Да, да, да, вы говорили... — у него возвышенная чувствительность, — пролепетал Захария.

— Странная болезнь, — заметил Порохонцев, — и тут все новое! Я сколько лет живу и не слыхал такой болезни.

— Да, да, да... — поддержал его Захария, — утончаются обычаи жизни и усложняются болезни.

Дьякон тихо открыл глаза и прошептал:

— Дайте мне питки!

Ему подали металлическую кружку, к которой он припал пламенными губами и, жадно глотая клюковное питьё, смотрел на всех воспалёнными глазами.

— Что, наш орган дорогой, как тебе теперь? — участливо спросил его голова.

— Огустел весь, — тяжело ответил дьякон и через минуту совсем неожиданно заговорил в повествовательном тоне: — Я после своей собачонки Каквáски... — когда её мальпост колесом переехал... хотел было себе ещё одного пёсика купить... Вижу в Петербурге на Невском собачея... и говорю: «Достань, говорю, мне... хорошенькую собачку...» А он говорит: «Нынче, говорит, собак нет, а теперь, говорит, пошли все понтёра и сетера»... — «А что, мол, это за звери?..» — «А это те же самые, говорит, собаки, только им другое название».

Дьякон остановился.

— Вы это к чему же говорите? — спросил больного смелым, одушевляющим голосом лекарь, которому казалось, что Ахилла бредит.

— А к тому, что вы про новые болезни рассуждали: все они... как их ни называй, клонят к одной предместности — к смерти...

И с этим дьякон опять забылся и не просыпался до полуночи, когда вдруг забредил:

— Аркебузир, аркебузир... пошёл прочь, аркебузир!

И с этим последним словом он вскочил и, совершенно проснувшись, сел на постели.

— Дьякон, исповедайся, — сказал ему тихо Захария.

— Да, надо, — сказал Ахилла, — принимайте скорее, — исповедаюсь, чтоб ничего не забыть, — всем грешен, простите, Христа ради, — и затем, вздохнув, добавил: — Пошлите скорее за отцом протопопом.

Грацианский не заставил себя долго ждать и явился.

Ахилла приветствовал протоиерея издали глазами, попросил у него благословения и дважды поцеловал его руку.

— Умираю, — произнёс он, — желал попросить вас, простите: всем грешен.

— Бог вас простит, и вы меня простите, — отвечал Грацианский.

— Да я ведь и не злобствовал... но я рассужденьем не всегда был понятен...

— Зачем же конфузить себя... У вас благородное сердце...

— Нет, не стоит сего... говорить, — перебил, путаясь, дьякон. — Все я не тем занимался, чем следовало... и напоследях... серчал за памятник... Пустая фантазия: земля и небо сгорят, и все провалится. Какой памятник! То была одна моя несообразность!

— Он уже мудр! — уронил, опустив головку, Захария. Дьякон метнулся на постели.

274

— Простите меня, Христа ради, — возговорил он спешно, — и не вынуждайте себя быть здесь, меня опять распаляет недуг… Прощайте!

Учёный протопоп благословил умирающего, а Захария пошёл проводить Грацианского и, переступив обратно за порог, онемел от ужаса:

Ахилла был в агонии и в агонии не столько страшной, как поражающей: он несколько секунд лежал тихо и, набрав в себя воздуху, вдруг выпускал его, протяжно издавая звук: «у-у-у-х!», причём всякий раз взмахивал руками и приподнимался, будто от чего-то освобождался, будто что-то скидывал.

Захария смотрел на это, цепенея, а утлые доски кровати все тяжче гнулись и трещали под умирающим Ахиллой, и жутко дрожала стена, сквозь которую точно рвалась на простор долго сжатая стихийная сила.

— Уж не кончается ли он? — хватился Захария и метнулся к окну, чтобы взять маленький требник, но в это самое время Ахилла вскрикнул сквозь сжатые зубы:

— Кто ты, огнелицый? Дай путь мне!

Захария робко оглянулся и оторопел, огнелицего он никого не видал, но ему показалось со страху, что Ахилла, вылетев сам из себя, здесь же где-то с кем-то боролся и одолел…

Робкий старичок задрожал всем телом и, закрыв глаза, выбежал вон, а через несколько минут на соборной колокольне заунывно ударили в колокол по умершем Ахилле.

ГЛАВА 20

Старогородская хроника кончается, и последнею её точкой должен быть гвоздь, забитый в крышку гроба Захарии.

Тихий старик не долго пережил Савелия и Ахиллу. Он дожил только до великого праздника весны, до Светлого Воскресения, и тихо уснул во время самого богослужения.

Старогородской поповке настало время полного обновления.

www.ingramcontent.com/pod-product-compliance
Lightning Source LLC
Chambersburg PA
CBHW030655260626
47157CB00007B/2654